商品及び役務の区分解説

〔国際分類第１２－２０２４版対応〕

特 許 庁 商 標 課 編

発明推進協会

目　　次

国際分類第１２－２０２４版対応の作成にあたり

「標章の登録のための商品及びサービスの国際分類に関するニース協定」に基づく国際分類は、世界知的所有権機関（ＷＩＰＯ）で開催された第３３会期ニース国際分類専門家委員会（２０２３年５月）の決定に基づき、第１２－２０２４版へ改訂されました。

この国際分類第１２－２０２４版に対応するため、商品及び役務の区分に属する商品又は役務について規定する商標法施行規則別表も一部改正されました（令和５年経済産業省令第５４号　令和５年１２月８日公布　令和６年１月１日施行）。

そこで、この度、商標法施行規則別表の一部改正に対応した「商品及び役務の区分解説〔国際分類第１２－２０２４版対応〕」を作成いたしました。

この「商品及び役務の区分解説」が、商品及び役務の区分や商品又は役務の表示に関する理解を深める一助となれば幸いです。

令和６年３月

特許庁審査業務部商標課長

根岸　克弘

「商品及び役務の区分解説」の作成の趣旨の変遷

１．国際分類第１２－２０２３版対応の作成にあたり

「標章の登録のための商品及びサービスの国際分類に関するニース協定」に基づく国際分類は、世界知的所有権機関（ＷＩＰＯ）で開催された第３２会期ニース国際分類専門家委員会（２０２２年４月）の決定に基づき、第１２－２０２３版へ改訂されました。

この国際分類第１２－２０２３版に対応するため、商品及び役務の区分に属する商品又は役務について規定する商標法施行規則別表も一部改正され、令和４年経済産業省令第１００号（令和４年１２月１５日公布）が令和５年１月１日に施行されました。

そこで、この度、昨年作成した〔国際分類第１１－２０２２版対応〕に続き、商標法施行規則別表の一部改正に対応した「商品及び役務の区分解説〔国際分類第１２－２０２３版対応〕」を作成いたしました。

この「商品及び役務の区分解説」が、商品及び役務の区分や商品又は役務の表示に関する理解を深める一助となれば幸いです。

令和５年１０月

２．国際分類第１１－２０２２版対応の作成にあたり

「商品及び役務の区分解説」は、「商品及び役務の区分解説〔国際分類第１０版対応〕」を最後に作成されておりませんでしたが、この間、「標章の登録のための商品及びサービスの国際分類に関するニース協定」に基づく国際分類は、第２２会期から第３１会期までのニース国際分類専門家委員会において議論を重ね、令和４年１月に第１１－２０２２版が発効しています。

そして、これまでの国際分類の改訂にあわせて、商標法施行規則別表も改正され、令和３年経済産業省令第８２号（令和３年１２月１５日公布）が令和４年１月１日に施行されています。

昨今、多種多様な新しい商品・サービスが生まれる中、ニース国際分類専門家委員会における議論や最新の国際分類に対応した「商品及び役務の区分解説」の作成を望む御要望を多く頂いたことから、この度、「商品及び役務の区分解説〔国際分類第１１－２０２２版対応〕」を作成いたしました。

この「商品及び役務の区分解説」が、商品及び役務の区分や商品又は役務の表示に関する理解を深める一助となれば幸いです。

令和４年９月

３．国際分類第１０版対応の作成にあたり

「標章の登録のための商品及びサービスの国際分類に関するニース協定」に基づく国際分類は世界知的所有権機関（ＷＩＰＯ）で開催された第２１会期ニース国際分類専門家委員会（２０１０年１１月）において、国際分類第１０版へ改訂することが決定されました。

この国際分類の改訂に対応し、商品及び役務の区分に属する商品又は役務について規定

する商標法施行規則別表についても、一部改正（平成２３年経済産業省令第６６号　平成２３年１２月５日公布）を行い、国際分類第１０版に対応した商標法施行規則別表が平成２４年1月1日に施行されました。

そこで、この度、商標法施行規則別表の一部改正に対応した「商品及び役務の区分解説」を〔国際分類第１０版対応〕として作成することといたしました。

さらに、今般の国際分類の改訂においては、あわせて、商品又は役務の類似範囲の見直しを行っているところ、その実施に当たって見直しされた類似群の情報を求める意見を頂いていることを踏まえ、商品及び役務の区分を定める商標法施行規則別表の趣旨をより理解していただくための参考として、類似範囲が見直された類似商品・役務の類似群の解説も加え、そのような要望にも対応したものとなっております。

平成２４年３月

４．国際分類第９版対応の作成にあたり

「標章の登録のための商品及びサービスの国際分類に関するニース協定」に基づく国際分類が、世界知的所有権機関（ＷＩＰＯ）で開催された第 19 会期ニース国際分類専門家委員会（2003 年 10 月）及び第 20 会期ニース国際分類専門家委員会（2005 年 10 月）において、国際分類第９版へ改訂することが決定されました。

また、我が国においては、小売業者等が使用する商標を役務に係る商標（サービスマーク）として保護するため、「意匠法等の一部を改正する法律（平成１８年法律第５５号）」によって商標法が改正されました。

この国際分類の改訂や商標法の改正に対応し、商品及び役務の区分を定める商標法施行令別表第一の一部改正（平成１８年政令第３４２号　平成１８年１０月２７日公布）とともに、商品及び役務の区分に属する商品又は役務について規定する商標法施行規則別表の一部改正（平成１８年経済産業省令　第９５号平成１８年１０月２７日公布）が行われたところであり、国際分類第９版に対応した改正部分が平成１９年１月１日に、商標法の改正に対応した改正部分が平成１９年４月１日に施行されました。

そこで、この度、これら政省令の改正に対応した「商品及び役務の区分解説」を〔国際分類第９版対応〕として作成することといたしました。

平成１８年１２月

５．国際分類第８版対応の作成にあたり

「標章の登録のための商品及びサービスの国際分類に関するニース協定」に基づく国際分類「第７版」が、昨年１０月に世界知的所有権機関（ＷＩＰＯ）で開催された第１８会期専門家委員会で改訂されました。

この国際分類の改訂は、類別表の改正（第４２類を第４２類～第４５類の４つの新分類に分割する等）、商品及びサービスのアルファベット順の一覧表の改正（各類に属する商品又は役務の追加・変更・削除）等をその内容としています。

改訂された「第８版」は、平成１４年1月1日から発効しますので、我が国は、これを履行するために、商品及び役務の区分を定める商標法施行令別表第一の一部改正（平成１３年政令第２６５号　平成１３年８月８日公布）及びこの商品及び役務の区分に属する商品又は役務について規定する商標法施行規則別表の一部改正（平成１３年経済産業省令第２０２号　平成１３年１０月２日公布）を行いました。

そこで、この度、これらの改正に対応した新たな「商品及び役務の区分解説」を〔国際分類第８版対応〕として作成することといたしました。

平成１３年１２月

６．改訂第３版の作成にあたり

本書すなわち「商品区分解説」は、区分に属する商品が如何なるものかを説明するものとして昭和３５年６月１日に初版が作成されました。

その後、改正の都度改訂を重ね、活用いただいておりますが、平成４年４月１日に「ニース協定に基づく標章登録のための商品及びサービスの国際分類」を主たる体系として採用した機会に「商品及び役務区分解説」としてタイトルを変更しました。今回は、平成７年１１月に開催されたニース協定第１７会期専門家委員会において、現在の「国際分類第６版」の内容を一部変更（アルファベット順一覧表に商品・サービスを追加、削除、表現の変更、類の変更等）することが採択され、「国際分類第７版」として平成９年１月１日に発効することとなり、この変更に伴う商標法施行規則別表の改正が通商産業省令第六十六号として平成８年９月２５日に公布され、平成９年１月１日から施行されることとなりましたので、前記改正に対応すべく新たに追加された商品及び役務等を中心に加筆・修正を行い改訂第３版として作成するものです。

平成８年１２月

７．序

国際分類の採用は、商標制度の国際的ハーモナイゼーションの一環として、昭和３４年法制定当時からの懸案とされてきたが、特許庁内に設けられた商標制度検討委員会における数年に亘る慎重な検討の結果採用することとし、国会の承認を得て、平成２年２月２０日に「標章の登録のための商品及びサービスの国際分類に関するニース協定」に加入し、商品に関して副次的体系として使用してきた。その後、サービスマーク登録制度の導入のための平成３年の商標法改正を機に、商品、役務（サービス）ともにこれを主たる体系として採用することとし、国際分類に即した分類が平成４年４月１日より施行されることとなった。

商品及び役務の区分の内容

商品及び役務の区分は、商標法施行令第１条の別表（以下、「政令別表」という。）と商標法施行規則第３条の別表（以下、「省令別表」という。）の両者で構成されている。

一　政令別表

商標法第６条に規定する「商品及び役務の区分」そのものであり、各区分の表示は、国際分類の類別注釈を踏まえて代表的な名称付けをしたものである。

商標法施行令第１条に「各区分に属する商品又は役務は国際分類に即して通商産業省令で定める」と規定することによって、我が国の「商品及び役務」の分類は国際分類を主たる体系として採用するものであり、各区分に属する「商品又は役務」の実質的内容は商標法施行規則に委任している。

二　省令別表

商標法施行令第１条により委任された各区分に属する商品又は役務を、国際分類に即して例示したものである。注意しなければならない点を次に述べる。

（１）　旧商品分類は、省令別表において政令別表の表示を頂点に下位概念の商品を順次階層的に配列（概念括り）し、各区分に属すべき商品の範囲を明確にしているのに対し、新分類は、国際分類を主たる体系として採用するものであるため、各区分に属すべき商品又は役務を必ずしも概念別に整理した上で省令別表に例示しているものとはいえない。

従って、各区分に属すべき商品又は役務は、省令別表に例示されている商品又は役務を確認しなければならない。

また、省令別表に掲げられていない商品及び役務であって、国際分類に掲げられているものは、国際分類に表示された類に従って分類されるが、省令別表及び国際分類のいずれにも掲げられていない商品及び役務については、省令別表の備考に従って分類されることとなる。

（２）　各区分において、包括表示を付して整理し、列挙している商品及び役務は例示である。

なお、例示されていない商品及び役務が包括表示下の商品群又は役務群に属すると認められる場合、その商品及び役務は、国際分類上その類に属する商品又は役務の範囲において、その包括表示下の商品群又は役務群に包括されるものと解釈する。

（３）　商品については明治１７年の商標条例以降、明治２１年の商標条令、明治３２年、明治４２年、大正１０年及び昭和３４年の各商標法を経て、平成３年改正商標法に至る数次の改正に伴って、「商品の類別」、「商品の区分」も変遷し、改正商標法における包括表示と昭和３４年商標法以前の包括概念とはその内容が必ずしも一致するものとはなっていない。

また、国際分類上、他の類に属することの明らかな商品は、原則としてその包括表示より除かれる。

区分解説の作成方針

（１）　本区分解説においては、国際分類を主たる体系として採用した関係上、特定の商品又は役務の分類を確認する際の参考に資するため、各区分解説に先立ち、国際分類の類別表より一般的注釈を掲げ、各区分解説においては、冒頭に商標法施行令別表の表示の次に国際分類の各区分の類別表（注釈を含む。）を掲げた。

類別注釈については、当該類について、他の類の類別注釈で言及しているものがあれば、それをも取り込んで掲げた。

（２）　各区分の商品又は役務についての解説は、政令各類に付された名称が、各類に属すべき商品又は役務の全てを包括するものではなく、また国際分類中の類別表に掲げられる商品及び役務も、その商品又は役務が原則として属する類の範囲をおおむね表示してなるにすぎないものであるから、政令若しくは類別表に基づき行うことは適当とは認められず、これらは参考として掲げるに止め、国際分類に即して定められた通商産業省令別表に基づき作成した。

平成４年３月

【凡　例】

１．本区分解説の構成について

本区分解説では、特定の商品又は役務の分類を確認する際の参考に資するとの意味合いから、各区分の解説に先立ち、商品・サービス国際分類表の一般的注釈を掲げるとともに、各区分の解説においては、まず、冒頭に商標法施行令第１条の別表（以下「政令別表」といいます。）の各区分に名称付けされたその表示を掲げ、次に、商品・サービス国際分類表の類見出し及び注釈を掲げました。

なお、本解説に記載されている考え方は、基本的事項をお示ししたものです。また、本解説の公表後、運用に変更が生じる場合がございますので、御留意ください。

２．商品の区分解説について

（１）商品の区分解説は、政令別表の「商品及び役務の区分」（第１類～第３４類）の順に従い、各区分内においては、商標法施行規則第６条の別表（以下「省令別表」という。）に準じて作成した類似商品・役務審査基準において□（四角括弧）で囲われた見出しの商品について、「　」（かぎ括弧）を付して太字で表示し、原則として、類似群コードの順に作成しています。

（２）商品の区分解説においては、原則、上記の類似商品・役務審査基準に掲載された商品をベースに構成しています。商品の表示は、普通の「　」（かぎ括弧）で括っていますが、ここで括られた商品は、説明のために便宜的に記載しているものもあり、必ずしも採択可能な商品を表示したものではない場合もあります。

（３）商品の解説中には、以下のように、当該商品と他類間類似の関係にある商品を例示しています。

（例１）

なお、この商品と類似群は同じですが、 第２類（カナダバルサム　コパール　等）、第３類（家庭用帯電防止剤　家庭用脱脂剤　等）、第４類（固形潤滑剤）、 第１９類（タール　ピッチ）及び第３０類（アイスクリーム用凝固剤　ホイップクリーム用安定剤　料理用食肉軟化剤）に属する商品も存在します。

（例２）

また、これらの商品と類似群が同じですが、のり及び接着剤のうち、化粧用又は洗濯用である「かつら装着用接着剤　洗濯用でん粉のり　洗濯用ふのり　つけまつ毛用接着剤」は第３類に、「事務用又は家庭用ののり及び接着剤」は第１６類に属します。

（４）商品の分類の参考として、国際分類の類見出し及び注釈のほか、商品のアルファベット順一覧表に掲載されている商品の一部を例示として掲載しています。

３．役務の区分解説について

（１）役務の区分解説は、政令別表の「商品及び役務の区分」（第３５類～第４５類）の順に従い、各区分内においては、「省令別表」に準じて作成した類似商品・役務審査基準において□（四角括弧）で囲われた見出しの役務について、「　」（かぎ括弧）を付して太字で表示し、原則として、類似群コードの順に作成しています。

なお、一部の役務については、「○○に関する役務」「本類に属する貸与の役務」として、まとめて記載しています。

（２）役務の区分解説においては、原則、上記の類似商品・役務審査基準に掲載された役務をベースに構成しています。役務の表示は、普通の「　」（かぎ括弧）で括っていますが、ここで括られた役務は、説明のために便宜的に記載しているものもあり、必ずしも採択可能な役務を表示したものではない場合もあります。

（３）役務の解説中には、以下のように、当該役務と他類間類似の関係にある役務を例示しています。

（例１）
なお、このサービスと類似群は同じですが、第４４類（動物の飼育　動物の治療　動物の美容）、第４５類（ペットの世話）に属するサービスも存在します。

（例２）
なお、このサービスと類似群は同じですが、「建築物の設計　測量」は第４２類に属します。

（４）役務の分類の参考として、国際分類の類見出し及び注釈のほか、役務のアルファベット順一覧表に掲載されている役務の一部を例示として掲載しています。

商品・サービス国際分類表〔第１２－２０２４版対応〕

一般的注釈

類見出しに掲げる商品又はサービスは、その商品又はサービスが原則として属する類の範囲をおおむね表示したものである。したがって、個々の商品又はサービスの分類を特定するためには、アルファベット順一覧表を参照すべきである。

商　　品

ある商品を類別表、注釈及びアルファベット順一覧表によって分類することができない場合には、次の(a)から(f)までに示すところの基準を適用して分類する。

(a)完成品は、原則として、その機能又は用途によって分類する。完成品の機能又は用途がどの類見出しにも記載されていない場合には、当該完成品は、アルファベット順一覧表に表示されている比較可能な他の完成品から類推して分類する。

当該他の完成品がない場合には、商品の材料又は作動方式のような他の補助的な基準を適用する。

(b)完成品が複数の用途を有する複合物（例えば、ラジオ付き時計）である場合には、各機能又は各用途に対応するいずれの類にも分類することができる。しかしながら、もし商品が主たる用途を有する場合は、この類に分類するものとする。類見出しにおいて対応する機能又は用途が定められていない場合には、(a)に規定するその他の基準を適用する。

(c)未加工又は半加工の原材料は、原則として、当該原材料を構成する物質を基準として分類する。

(d)他の商品の一部となることを目的として作られた商品は、同様の商品を通常は他の用途に使用することができない場合にのみ、原則として、当該他の商品と同じ類に分類する。他のすべての場合には、上記(a)に示す基準を適用する。

(e)ある商品（完成品であるかないかを問わない。）がその材料に従って分類され、かつ、当該商品が異なる複数の材料から成る場合には、原則として、当該商品は主たる材料に従って分類する。

(f)商品を収納するために当該商品に適合させた容器は、原則として、当該商品と同じ類に分類する。

サービス

あるサービスを類別表、注釈及びアルファベット順一覧表によって分類することができない場合には、次の(a)から(e)に示すところの基準を適用して分類する。

(a)サービスは、原則として、サービスの類見出し及びその注釈に掲げる事業分野に従って分類するか、又は、それができない場合には、アルファベット順一覧表に掲げる比較可能なサービスから類推して分類する。

(b)賃貸サービスは、原則として、賃貸の目的物によって提供されるサービス（例えば、第３８類に示すところの電話機の貸与）と同じ類に分類する。リース方式による賃貸サービスは、賃貸サービスに類似しているために、同じ方法で分類するものとする。しかしながら、分割払い購入資金の貸付け又は賃借り満期購入方式の金融は、財政サービスとして第３６類に分類する。

(c)助言･情報又は指導の提供のサービスは、原則として、助言･情報又は指導の内容に対応するサービスの区分と同じ区分に分類するものとする。例えば、輸送の指導及び助言（第３９類）、事業経営の指導及び助言（第３５類）、金融の指導及び助言（第３６類）、美容の指導及び助言（第４４類）。助言・指導・情報が電子的手段（例えば、電話、コンピュータ）によって提供されることは、これらのサービスの分類に影響を及ぼすものではない。

(d)サービスが提供される手段は、原則としてサービスの分類に影響を及ぼさない。例えば、金融又は財務に関する助言は、第３６類に分類され、サービスが対面、電話、オンライン、仮想空間のいずれで提供されるかを問わない。ただし、提供の手段や場所によって、サービスの目的や結果が変化する場合は、この限りではない。例えば、あるサービスが仮想空間で提供される場合がこれにあたる。例えば、第３９類に属する輸送サービスは、ある物理的な場所から別の場所への物品又は人の移動を伴う。しかし、仮想空間では、これらのサービスは同じ目的や結果を有しないため、適切な分類のために明確にされる必要がある。例：娯楽のための仮想空間において提供される模擬旅行の実施（第４１類）

(e)フランチャイズの枠組みにおけるサービスは、原則として、フランチャイザーが提供する特定のサービスと同じ類に分類する（例えば、フランチャイズに関する事業の助言（第３５類）、フランチャイズに関する財政サービス（第３６類）、フランチャイズに関する法律事務（第４５類））。

1
商品の区分解説

第１類　工業用、科学用又は農業用の化学品

【類見出し】
工業用、科学用、写真用、農業用、園芸用及び林業用の化学品；
未加工人造樹脂、未加工プラスチック；
消火剤及び防火剤；
焼戻し剤及びはんだ付け剤；
獣皮用なめし剤；
工業用接着剤；
パテ及びその他のペースト状充填剤；
堆肥、肥料；
工業用及び科学用の生物学的製剤.

【注釈】
第１類には、主として、工業用、科学用及び農業用の化学品（他の類に属する商品の製造に用いられるものを含む。）を含む。

この類には、特に、次の商品を含む：
感光紙；
タイヤ修理用合成物；
保存用塩（食品の保存に用いられるものを除く。）；
特定の食品工業用添加物、例えば、ペクチン、レシチン、酵素、化学保存剤；
化粧品製造用及び医薬品製造用の特定の成分、例えば、ビタミン、保存剤、酸化防止剤；
特定のろ過剤、例えば、鉱物性物質から成るろ過剤、植物性物質から成るろ過剤及び粒状セラミック製ろ過剤.

この類には、特に、次の商品を含まない：
未加工天然樹脂（第２類）、半加工樹脂（第17類）；
医療用及び獣医科用の化学剤（第５類）；
殺菌剤、除草剤及び有害動物駆除剤（第５類）；
文房具としての又は家庭用の接着剤（第16類）；
食品保存用の塩（第30類）；
根覆い用わら（第31類）.

【解説】
「化学品」（０１Ａ０１）

この商品には、一般に、無機工業薬品、有機工業薬品、「界面活性剤」「化学剤」の大部分が含まれます。

なお、この商品と類似群は同じですが、第２類（カナダバルサム　コパール　等）、第３類（家庭用帯電防止剤　家庭用脱脂剤　等）、第４類（固形潤滑剤）、第１９類（タール　ピッチ）及び第３０類（アイスクリーム用凝固剤　ホイップクリーム用安定剤　料理用食肉軟化剤）に属する商品も存在します。

１．「１　無機酸類」ないし「９　空気」

「無機酸類」ないし「空気」には無機の化学的基礎製品であって、工業原料又は実験用として取引されるもの及び未だ用途が限定されないで取引されるものが含まれます。

したがって、同物質であっても、他の用途に限定された取引の段階にあるものは含まれません。

いかなる用途として取引されるかは、商標権者の業種、商品の包装等から判断されることになります。

例えば、「硫酸アンモニウム」が、工業原料として取引される場合は「化学品」中の「硫酸塩」の概念に含まれますが、肥料として取引される場合はここには含まれず、本類「肥料」に属します。

しかし、未だ何に使用されるかわからない取引段階にあるものは、たとえ後にその大部分が他の用途に使用されるものであっても上記「硫酸塩」の概念に属します。

以下、用途が限定されたものとして取引される場合の取扱いを例を挙げて説明します。

（１）「アルカリ類」

「消石灰」は、肥料として取引されるものは、本類「肥料」に属します。

「水酸化アルミニウム」は、顔料（アルミナ白）として取引されるものは、第２類「顔料」に属します。

（２）「無機塩類」

（ア）「ハロゲン化物及びハロゲン酸塩」

「塩化アンモニウム」や「塩化カリ」は肥料として取引されるものは、本類「肥料」中の「化学肥料」に属します。

「工業塩」は、工業原料として使用される塩化ナトリウムの意味であり、食用として使用される塩化ナトリウムは、第３０類「調味料」に属します。

「さらし粉」は、漂白剤として取引されるものはこの概念には属さず、その用途により、例えば、洗濯用のものは第３類「洗濯用漂白剤」に、洗濯用以外のものは、主に、本類「化学品」中の「化学剤」にそれぞれ属します。

また、「消毒剤」として取引されるものは、第５類「薬剤」に属します。

しかし、化学会社がドラム缶に入れて売る場合のように、未だ何の用途に用いられるかわからない商品は、この概念に属します。

（イ）「硫酸塩」

「硫酸アンモニウム」や「硫酸カリ」は、肥料として取引されるものは、本類「肥料」中の「化学肥料」に属します。

「チオ硫酸ソーダ」は、写真定着液として取引されるものは本類「写真材料」に属します。

「硫酸バリウム」は顔料として取引されるものは、第２類「顔料」に属します。

しかし、化学会社で未だ何の用途か限定せずに売られるものは、この概念に属します。

（ウ）「硝酸塩」

「硝酸アンモニウム」は、肥料として取引されるものは、本類「肥料」に属します。

「硝酸銀」は、「写真感光剤」として取引されるものは、本類「写真材料」に属します。

（エ）「炭酸塩」

「重炭酸ソーダ」は、「ベーキングパウダー」として取引されるものは、第３０類に属します。

「炭酸カルシウム」は、顔料として取引されるものは、第２類「顔料」に属します。

（３）「酸化物」

（ア）「非金属酸化物」

「過酸化水素」は、洗濯用の「漂白剤」として取引されるものは第３類「洗濯用漂白剤」に、医薬品として取引されるものは、第５類「薬剤」に属します。

（イ）「金属酸化物」

「酸化チタン」は、顔料として取引される「チタン白」は第２類「顔料」に属します。

２．「１０　芳香族」ないし「２５　有機金属化合物」

「芳香族」ないし「有機金属化合物」には、工業原料又は実験用として使用される有機の化学的基礎製品が該当します。

これらの概念に属する商品も、「無機酸類」ないし「空気」に属する商品と同様に、同物質であっても他の用途に限定された取引の段階にあるものは含まれず、未だ用途が限定されていない取引段階にある場合は、その大部分が後に他の用途に使用されようと、現段階ではこれらの概念に属します。

３．「２６　界面活性剤」

界面活性剤とは、水又は油に溶けて界面エネルギーを著しく低下させ、その結果、界面における諸性質に大きな変化を与えるものですが、このような作用に適した種々の用途に使用されるものをいいます。ここでは界面活性剤をこの用途の面でとらえて列挙しています。

界面活性剤の代表的作用は洗浄作用ですが、せっけん又は洗剤として取引されるものは第３類「せっけん類」に属しますので、この概念からは除かれます。

したがって、この概念に属するものは、洗浄以外の用途に用いるものとして取引される場合及び一定の用途を定めないで取引される場合の界面活性剤です。

４．「２７　化学剤」

この商品は、無機又は有機の工業薬品のうち、用途又は効能の面に着目して分類したものと解されます。

ただし、用途の面に着目したものであっても、「界面活性剤」はこの商品には含まれません。

また、他の類の用途（例えば、染料、顔料、せっけん類、香料、薬剤等）に使用されるもの又はこの類の他の商品の用途（例えば、陶磁器用釉薬、写真材料等）に使用されるものも、この概念には属しません。

「工業用のり及び接着剤」（０１Ａ０２）

のり及び接着剤のうち、工業用に用いられるものが本類に属します。

また、これらの商品と類似群が同じですが、のり及び接着剤のうち、化粧用又は洗濯用である「かつら装着用接着剤　洗濯用でん粉のり　洗濯用ふのり　つけまつ毛用接着剤」は第３類に、「事務用又は家庭用ののり及び接着剤」は第１６類に属します。

なお、これらの商品とは類似群が異なりますが、医療用である「外科用接着剤」及び「義歯用接着剤」は第５類に属します。

参照：商品のアルファベット順一覧表
第５類「surgical glues」（外科用接着剤　０１Ｂ０１）
第５類「adhesives for dentures」（義歯用接着剤　０１Ｃ０３）

「植物成長調整剤類」（０１Ｂ０２）

この商品には、「植物育成剤」「植物ホルモン剤」「発芽抑制剤」等、一般に「植物成長調整剤」と呼ばれているものと「土壌改良剤」とが含まれます。

なお、この商品と類似群が同じ「燻蒸剤（農薬に当たるものに限る。）　殺菌剤（農薬に当たるものに限る。）　殺そ剤（農薬に当たるものに限る。）　殺虫剤（農薬に当たるものに限る。）　除草剤　防虫剤（農薬に当たるものに限る。）　防腐剤（農薬に当たるものに限る。）」は第５類に属します。

「肥料」（０２Ａ０１）

この商品は、一般に「肥料」と呼ばれているものが該当します。

「肥料」は作物の生育を助けるものですが、同じ植物の成長に関係するものであっても、「植物成長調整剤」と呼ばれているものはこの商品に含まれず、本類「植物成長調整剤類」に属します。

「陶磁器用釉薬」（０３Ｂ０２）

この商品は、素焼の陶磁器の表面に掛けて、装飾と水分の吸収を防ぐために用いる釉薬が該当します。

なお、塗料として取引される釉薬は、この商品と類似群が同じですが、第２類に属します。

参照：商品のアルファベット順一覧表
第２類「glazes [paints, lacquers]」（釉薬　０３Ｂ０２）

「塗装用パテ」（０３Ｃ０１）

この商品は、塗装を行う上での下地処理等に用いられる接合剤が該当します。

また、この商品と類似群は同じですが、第２類（塗料）及び第３類（塗料用剥離剤）に属する商品も存在します。

なお、物体の表面に塗布すると固化し塗膜を構成するものは、第２類「塗料」に属します。

「高級脂肪酸」（０５Ｅ０１）

この商品は、油脂を分解して得られる脂肪酸のうち水に対して不溶性のものが該当します。例示されている商品のほか、「リノール酸」「リノレン酸」等がこの商品に含まれます。

なお、「グリセリン」は本類「化学品」中の「アルコール類」に属します。また、「ぎ酸」「酢酸」等の低級脂肪酸も、本類「化学品」中の「有機酸及びその塩類」に属します。

「非鉄金属」（０６Ａ０２）

本類に属する「非鉄金属」は、「スカンジウム」「ランタン」等の「希土類元素」や、「ウラニウム」「プルトニウム」等の核燃料物質等が該当します。

とりわけ、核燃料物質は、金属元素又は同位元素であり、第４類「燃料」には該当しません。

また、この商品と類似群は同じですが、第２類（塗装用・装飾用・印刷用又は美術用の非鉄金属はく及び粉　塗装用・装飾用・印刷用又は美術用の貴金属はく及び粉）、第６類（非鉄金属及びその合金）及び第１４類（貴金属）に属する商品が存在します。

なお、「金鉱」「銀鉱」「鉄鉱」「銅鉱」等、一般に「金属鉱石」と呼ばれる商品は第６類「金属鉱石」に属します。

参照：商品のアルファベット順一覧表
第１類「rare earths」（希土類元素　０６Ａ０２）

「非金属鉱物」（０６Ｂ０１）

この商品は、鉱物のうち有用元素を含有し、採掘の対象となるもので、金、銀、銅などの金属類を含有する「金属鉱石」以外の商品（非金属鉱石）、例えば、「硫黄（非金属鉱物）」や「ボーキサイト」等が該当します。

また、この商品と類似群は同じですが、第６類（金属鉱石）、第１４類（宝玉の原石）、第１７類（雲母）、第１９類（建築用又は構築用の非金属鉱物）及び第２０類（海泡石　こはく）に属する商品が存在します。

なお、「金鉱」「銀鉱」「鉄鉱」「銅鉱」等、一般に「金属鉱石」と呼ばれる商品は第６類「金属鉱石」に属します。

「写真材料」（１０Ｅ０１）

この商品は、化学的製品、紙類、プラスチック、ガラス等の材質を問わず、写真撮影、現像、焼付けに使用される材料が該当します。
また、いまだ撮影されていない生フィルムや映画用のものも含まれます。
なお、この商品とは類似群が異なる商品ですが、映画用の撮影済み「映写フィルム」は第９類に、「写真」は第１６類に属します。

「試験紙（医療用のものを除く。）」（２５Ａ０１）
この商品は、化学薬品を紙に浸潤又は塗布したものであって、その化学薬品の化学反応を利用するものが該当します。
なお、この商品と類似群は同じですが、第５類（防虫紙）、第１６類（紙類）、第１７類（コンデンサーペーパー　バルカンファイバー）及び第２７類（壁紙）に属する商品が存在します。

「工業用人工甘味料」（３１Ａ０３）
この商品は、製菓・製パン・漬物等の工業用の甘味剤として用いられるものが該当します。
なお、この商品と類似群が同じ「角砂糖　果糖　氷砂糖（調味料）　砂糖　麦芽糖　はちみつ　ぶどう糖　粉末あめ　水あめ（調味料）　料理用人工甘味料」は第３０類に属します。

「工業用粉類」（３３Ａ０３）
この商品には、原則として穀物及び豆を粉にしたものであって、「のり　接着剤」等の工業製品の原材料として用いられるものが含まれます。
また、この商品と類似群が同じですが、専ら食用に供される「食用粉類」は第３０類に属します。

「原料プラスチック」（３４Ａ０１）
この商品は、成形等の加工を何ら施さない原料としてのプラスチックが該当します。
また、これらの半加工品は、この商品には含まれず、第１７類「プラスチック基礎製品」に属します。

「パルプ」（３４Ｄ０１）
この商品は、紙、レーヨン、セロファンなどの主原料となる「パルプ」が該当します。

第２類　塗料、着色料及び腐食の防止用の調製品

【類見出し】
ペイント、ワニス、ラッカー；
防錆剤・防錆油・防錆グリース及び木材保存剤；
着色剤、染料；
印刷用、マーキング用、版用インキ；
天然樹脂（未加工のもの）；
塗装用、装飾用、印刷用及び美術用の金属箔及び金属粉.

【注釈】
第２類には、主として、ペイント、着色剤及び腐蝕防止剤を含む。

この類には、特に、次の商品を含む：
工業用、手工業用及び美術用のペイント、ワニス及びラッカー；
ペイント用のシンナー、増粘剤、定着剤及びドライヤー、ワニス及びラッカー；
木材用及び皮革用媒染剤；
防錆油及び木材防腐油；
被服用染料；
食品用及び飲料用色素.

この類には、特に、次の商品を含まない：
未加工人造樹脂（第１類）、半加工樹脂（第 17 類）；
金属用媒染剤（第１類）；
洗濯用青み付け剤及び洗濯用漂白剤（第３類）；
化粧用染料（第３類）；
絵の具箱（学用品）（第 16 類）；
文房具としてのインキ（第 16 類）；
絶縁用のペイント及びワニス（第 17 類）.

【解説】

「カナダバルサム　コパール　サンダラック　セラック　ダンマール　媒染剤　腐蝕防止剤　防錆剤　マスチック　松脂　木材保存剤」（０１Ａ０１）

これらの商品は、腐蝕の防止等に用いられるものが該当します。

また、これらの商品と類似群は同じですが、第１類（化学品）、第３類（家庭用帯電防止剤　家庭用脱脂剤　等）、第４類（固形潤滑剤）、第１９類（タール　ピッチ）及び第３０類（アイスクリーム用凝固剤　ホイップクリーム用安定剤　料理用食肉軟化剤）に属する商品も存在します。

「染料」（０３Ａ０１）

この商品は、一般に物体に着色する目的で使用されるいわゆる色料のうち、水、油、アルコール等に溶解するものが該当します。

なお、この商品とは類似群が異なりますが、化粧用に用いられる染料は第３類「化粧品」に属します。

参照：商品のアルファベット順一覧表
第３類「cosmetic dyes」（化粧用染料　０４Ｃ０１）

「顔料」（０３Ｂ０１）

この商品は、一般に物体に着色する目的で使用されるいわゆる色料のうち、水、油、アルコール等に不溶性のものが該当します。

なお、「チタン白」は「酸化チタン」と同物質ですが、前者は顔料として取引されるものですから、この商品に含まれ、後者は工業原料として又は用途を限定せずに取引されるものですから、第１類「化学品」中の「酸化物」に属します。

「塗料」（０３Ｃ０１）

この商品は、主として流動性の物質で物体の表面に塗布すると固化し塗膜を構成するものが該当します。

また、この商品と類似群は同じですが、第１類（塗装用パテ）及び第３類（塗料用剥離剤）に属する商品も存在します。

なお、この商品と類似群が異なる商品ですが、「絶縁塗料」は、その主たる目的が電気絶縁であるため、第１７類「電気絶縁材料」に属します。

「印刷インキ　絵の具」（０３Ｄ０１，２５Ｂ０１）

１．「印刷インキ（「謄写版用インキ」を除く。）」（０３Ｄ０１）

この商品は、あくまでも印刷の用途に着目したものが該当します。

２．「謄写版用インキ　絵の具」（２５Ｂ０１）

「絵の具」は、絵の彩色に用いる材料のうち、水・油などで溶いて使うものが該当します。

また、絵の彩色に用いる材料であっても、「クレヨン」や「色鉛筆」は第１６類「文房具類」に属します。

なお、この商品と類似群は同じですが、第８類（パレットナイフ）、第１６類（文房具類）及び第１７類（接着テープ（医療用・事務用又は家庭用のものを除く。））に属する商品も存在します。

「防錆グリース」（０５Ｂ０１）

この商品は、「工業用油」（第４類）の概念の商品ですが、錆の防止を目的とすることから、本類に属します。

「塗装用・装飾用・印刷用又は美術用の非鉄金属はく及び粉　塗装用・装飾用・印刷用

又は美術用の貴金属はく及び粉」（０６Ａ０２）

　これらの商品は、塗装用、装飾用、印刷用又は美術用に限定された非鉄金属又は貴金属のはく及び粉が該当します。

　また、これらの商品と類似群は同じですが、第１類（非鉄金属）、第６類（非鉄金属及びその合金）及び第１４類（貴金属）に属する商品が存在します。

第３類　洗浄剤及び化粧品

【類見出し】
化粧品、せっけん類及び歯磨き（医療用のものを除く。）；
歯磨き（医療用のものを除く。）；
香料、薫料及び香水類、精油；
洗濯用漂白剤その他の洗濯用剤；
洗浄剤（製造工程用及び医療用のものを除く。）、つや出し剤及び研磨剤.

【注釈】
第３類には、主として、化粧品（医療用のものを除く。）、せっけん類（医療用のものを除く。）及び歯磨き（医療用のものを除く。）並びに家庭用及び他の環境で使用される洗浄剤を含む。

この類には、特に、次の商品を含む：
化粧品である衛生剤；
ティッシュに浸み込ませた化粧水；
人用又は動物用の防臭剤；
室内用芳香剤；
ネイルアート用ステッカー；
つや出しワックス；
紙やすり.

この類には、特に、次の商品を含まない：
化粧品製造用成分、例えば、ビタミン、保存剤及び酸化防止剤（第１類）；
製造工程用の油脂除去剤（第１類）；
煙突用化学洗浄剤（第１類）；
防臭剤（人用及び動物用のものを除く。）（第５類）；
医療用シャンプー、医療用せっけん、医療用ローション及び医療用歯磨き（第５類）；
エメリーボード、つめやすり、手研ぎ用砥石及び回転砥石（手持工具）（第８類）；
化粧用具及び清掃用具、例えば、化粧用ブラシ（第21類）、雑巾及び清浄用パッド（第21類）.

【解説】
「家庭用帯電防止剤　家庭用脱脂剤　さび除去剤　染み抜きベンジン　洗濯用柔軟剤　洗濯用漂白剤」（０１Ａ０１）
　これらの商品は、専ら家庭で用いられる化学的製品のうち洗濯用等に用いられるものが該当します。

また、これらの商品と類似群は同じですが、第１類（化学品）、第２類（カナダバルサム　コパール　等）、第４類（固形潤滑剤）、第１９類（タール　ピッチ）及び第３０類（アイスクリーム用凝固剤　ホイップクリーム用安定剤　料理用食肉軟化剤）に属する商品も存在します。

「かつら装着用接着剤　洗濯用でん粉のり　洗濯用ふのり　つけまつ毛用接着剤」（０１Ａ０２）

これらの商品は、のり及び接着剤のうち、化粧用又は洗濯用に用いられるものが本類に属します。

また、これらの商品と類似群は同じですが、のり及び接着剤のうち、「工業用のり及び接着剤」は第１類に、「事務用又は家庭用ののり及び接着剤」は第１６類に属します。

なお、これらの商品とは類似群が異なりますが、医療用である「外科用接着剤」及び「義歯用接着剤」は第５類に属します。

参照：商品のアルファベット順一覧表
第５類「surgical glues」（外科用接着剤　０１Ｂ０１）
第５類「adhesives for dentures」（義歯用接着剤　０１Ｃ０３）

「口臭用消臭剤　動物用防臭剤」（０１Ｂ０１）

「口臭用消臭剤」は、専ら口臭の消臭を目的としたものが該当し、「動物用防臭剤」は動物の防臭を目的としたものが該当します。

また、これらの商品と類似群が同じですが、防臭剤のうち、「防臭剤（身体用及び動物用のものを除く。）」は第５類「薬剤（農薬に当たるものを除く。）」に属します。

さらに、これらの商品と類似群が同じ「薬剤（農薬に当たるものを除く。）　医療用試験紙」は第５類に属します。

なお、これらの商品とは類似群が異なりますが、防臭剤のうち、「身体用防臭剤」は本類「化粧品」に属します。

「塗料用剥離剤」（０３Ｃ０１）

この商品は、ペイント、エナメル、ラッカー、ワニス等の古塗膜を剥がすのに用いる材料が該当します。

また、この商品と類似群は同じですが、第１類（塗装用パテ）及び第２類（塗料）に属する商品も存在します。

「靴クリーム　靴墨」（０３Ｅ０１）

これらの商品には、靴専用のもののみが含まれ、靴に色をつける目的のものだけでなく、つやを出す目的のものも含まれます。

また、この商品と類似群は同じですが、第４類（靴油）に属する商品が存在します。

なお、これらの商品と類似群は異なりますが、洗浄効果を有する化学剤を布又は紙等にしみこませた、いわゆる「軽便靴クリーナー」は第２１類に属します。

「つや出し剤」（０３Ｆ０１）

この商品には、一般的に物体のつやを出す目的で使用されるものが含まれます。

また、この商品と類似群が同じ「保革油」は「油脂」に該当するため、第４類に属します。

なお、この商品と類似群は異なりますが、靴専用の「靴クリーム　靴墨」は本類に属し、「靴油」は第４類に属します。

「せっけん類」（０４Ａ０１）

この商品には、洗浄作用を目的とする化学的製品が含まれ、通常、せっけん又は洗剤（家庭用石油系洗剤　家庭用高級アルコール系洗剤　等）と呼ばれるものが含まれます。

なお、この商品と類似群が同じ「製造工程用洗浄剤」及び「煙突用化学洗浄剤」は第１類に属します。

また、この商品と類似群が異なる「医療用せっけん」は、「医薬品」に該当することから、この商品には含まれず、第５類「薬剤（農薬に当たるものを除く。）」に属します。

参照：商品のアルファベット順一覧表

第１類「detergents for use in manufacturing processes」（製造工程用洗浄剤　０４Ａ０１）

第１類「chimney cleaners, chemical」（煙突用化学洗浄剤　０４Ａ０１）

第３類「detergents, other than for use in manufacturing operations and for medical purposes」（洗浄剤（製造工程用及び医療用のものを除く。）　０４Ａ０１）

第５類「medicated soap」（医療用せっけん　０１Ｂ０１）

「歯磨き」（０４Ｂ０１）

この商品は、口腔内を清潔にすることを目的とする化学的製品のうち医療用ではないものが該当し、医療用の商品は第５類に属します。

なお、「洗口液」もこの商品に含まれます。

参照：商品のアルファベット順一覧表

第５類「medicated dentifrices」（医療用歯磨き　０１Ｂ０１）

第５類「medicated toothpaste」（医療用練り歯磨き　０１Ｂ０１）

「化粧品」（０４Ｃ０１）

この商品には、主に、医薬品、医療機器等の品質、有効性及び安全性の確保等に関する法律（以下「薬機法」といいます。）に規定する「化粧品」の大部分及び「医薬部外品」のうち、人体に対する作用が緩和なものであって、人の身体を清潔にし、美化し、魅力を増し、容貌を変え又は皮膚若しくは毛髪を健やかに保つことを目的として、身体に塗擦、散布等の方法で使用するものが該当し、女性用のみならず、男性用又は乳児用の商品も含まれます。また、「ペット用化粧品」も、この商品に類似する商品として本類に含まれます。

なお、「ベビーオイル」や「ベビーパウダー」のうち、「ベビーオイル（医療用のものを除く。）」及び「ベビーパウダー（医療用のものを除く。）」が本類に属し、「医療用ベビーオイル」及び「医療用ベビーパウダー」は第５類に属します。

さらに、この商品とは類似群が異なりますが、関連する商品として、第３類「つけづめ　つけまつ毛」、第８類「ひげそり用具入れ　ペディキュアセット」等、第１０類「耳かき」、第１８類「携帯用化粧道具入れ」、第２０類「懐中鏡　鏡袋」、第２１類「化粧用具（「電気式歯ブラシ」を除く。）」及び第２６類「つけあごひげ　つけ口ひげ　ヘアカーラー（電気式のものを除く。）」に属する商品などが存在します。

参照：商品のアルファベット順一覧表

第３類「cosmetics for animals」（ペット用化粧品　０４Ｃ０１）

第５類「medicated toiletry preparations」（医療用化粧品、せっけん類及び歯磨き　０１Ｂ０１）

「香料」（０４Ｄ０１）

この商品には、植物性天然香料、その他の各種香料が含まれます。

また、食品香料は、精油からなるものは本類に、精油以外からなる食品香料は第３０類に属します。

「薫料」（０４Ｄ０２）

この商品は、「香料」を原料として製造されるものが該当します。

なお、「薫料」同様に芳香を発することを主目的とする製品のうち、主として人の肌につけて使用されるものは、この商品には含まれず、本類「化粧品」中の「香水類」に属します。

「研磨紙　研磨布　研磨用砂　人造軽石　つや出し紙」（１３Ｂ０３）

これらの商品は、研磨やつや出しを目的とした「紙」「布」「砂」等でできたものが該当します。

また、これらの商品と類似群が同じ「革砥　鋼砥　砥石」は第８類に属します。

「つけづめ　つけまつ毛」（２１Ｆ０１）

これらの商品は、「化粧用具」に該当する商品のうち、つめやまつ毛に関する化粧品に類推される商品であることから、本類に属します。

なお、これらの商品と類似群は同じですが、第８類（ひげそり用具入れ　ペディキュアセット　等）、第１０類（耳かき）、第１８類（携帯用化粧道具入れ）、第２０類（懐中鏡　鏡袋）、第２１類（化粧用具（「電気式歯ブラシ」を除く。））及び第２６類（つけあごひげ　つけ口ひげ　ヘアカーラー（電気式のものを除く。））に属する商品も存在します。

第４類　工業用油、工業用油脂、燃料及び光剤

【類見出し】
工業用の油及びグリース、ワックス；
潤滑剤、潤滑油及び潤滑グリース；
塵埃吸収剤、塵埃湿潤剤及び塵埃吸着剤；
燃料及び点火又は照明（灯火）用燃料；
照明用のろうそく及び灯芯.

【注釈】
第４類には、主として、工業用の油及び油脂、燃料並びに点火又は照明（灯火）用燃料を含む。

この類には、特に、次の商品を含む：
石造物又は革の保存用油；
ろう、工業用ワックス；
電気エネルギー；
内燃機関用燃料、バイオ燃料；
燃料用添加剤（化学品を除く。）；
燃料用木材.

この類には、特に、次の商品を含まない：
工業用の特殊な油及び油脂、例えば、なめし用油（第１類）、木材防腐油、防錆油及び防錆グリース（第２類）、精油（第３類）；
ろうそくタイプの美容用マッサージオイル（第３類）及びろうそくタイプの医療用マッサージオイル（第５類）；
特殊なワックス、例えば、接ぎ木用ろう（第１類）、裁縫用ワックス、つや出しワックス、脱毛用ワックス（第３類）、歯科用ワックス（第５類）、封ろう（第16類）；
石油ストーブ芯（第11類）及び紙巻きたばこ用ライター専用の芯（第34類）.

【解説】

「固形潤滑剤」（０１Ａ０１）

この商品は、潤滑剤のうち、固形のものが該当します。

なお、この商品と類似群は同じですが、第１類（化学品）、第２類（カナダバルサム　コパール　等）、第３類（家庭用帯電防止剤　家庭用脱脂剤　等）、第１９類（タールピッチ）及び第３０類（アイスクリーム用凝固剤　ホイップクリーム用安定剤　料理用食肉軟化剤）に属する商品も存在します。

「靴油」（０３Ｅ０１）

この商品は、靴専用のものが該当します。

また、この商品と類似群は同じですが、第３類（靴クリーム　靴墨）に属する商品が存在します。

「保革油」（０３Ｆ０１）

この商品は、油脂に当たるものが該当します。

また、この商品と類似群は同じ「つや出し剤」は第３類に属します。

「燃料」（０５Ａ０１,０５Ａ０２）

１．「固体燃料」（０５Ａ０１）

この商品には、燃焼させることを主たる目的とする物質で、「石炭」「まき」等の固体の商品が該当します。

ただし、核燃料物質とされる「ウラニウム」「トリウム」「プルトニウム」は、この商品には含まれず、第１類「非鉄金属」に属します。

２．「液体燃料　気体燃料」（０５Ａ０２）

この商品には、燃焼させることを主たる目的とする物質で、「ガソリン」「ベンジン」等の液体の商品や、「天然ガス」等の気体の商品が該当します。

なお、アルコールは、燃料として使用される「燃料用変性アルコール」や「アルコール（燃料用のもの）」は、この商品に含まれますが、「エチルアルコール」や「グリセリン」など、工業原料又は実験用として使用される化学的基礎製品としての商品は、第１類「化学品」中の「アルコール類」に属します。

参照：商品のアルファベット順一覧表

第４類「alcohol [fuel]」（アルコール（燃料用のもの）　０５Ａ０２）

「工業用油」（０５Ｂ０１）

この商品は、原油を精製して得られる精油のうち、主として「燃料」として用いられるもの以外のものが該当し、この商品には鉱物性油が含まれるのに対し、この商品とは類似群が異なる本類「工業用油脂」には、動物性又は植物性油脂が含まれます。

また、この商品に含まれる「潤滑油」には石油系のもののみではなく、合成潤滑油も含まれます。

なお、この商品と類似群が同じ「防錆グリース」は、錆の防止を目的とすることから、第２類に属します。

「工業用油脂」（０５Ｃ０１）

この商品には、主として工業用に使用される動物性又は植物性油脂及び工業用の加工油脂が含まれます。

なお、未だ食用か工業用か、その用途が限定されていないものもこの商品に含まれますが、専ら食用として取引されるものは、この商品には含まれず、第２９類「食用油脂」に属します。

「ろう」（０５Ｄ０１）

この商品は、「スキーワックス」「みつろう」等の「ろう」として取引されるものが該当します。

また、この商品と類似群は同じですが、第１６類（封ろう）に属する商品も存在します。

なお、一定の用途に使用されるものとして更に加工したものは、この商品には含まれず、例えば、「ろうそく」は本類「ろうそく」に、「家具用つや出し剤」「床用つや出し剤」は第３類「つや出し剤」に属します。

「ランプ用灯しん」（１９Ｂ２５）

この商品は、ランプに使用するための灯しんが該当します。

なお、この商品を使用する「ガスランプ　石油ランプ　ほや」は第１１類に属します。

「ろうそく」（１９Ｂ２６）

この商品は、灯火用の商品で、糸等を芯にし、ろうを棒状に固めたものが該当します。

なお、この商品と類似群が異なる「ガスランプ　石油ランプ　ほや」は第１１類に属し、「ろうそく立て」は第２１類に属します。

第５類　薬剤

【類見出し】
医療用薬剤、医療用剤及び獣医科用剤；
医療用の衛生剤；
食餌療法用食品・飲料・薬剤（獣医科用のものを含む。）、乳児用食品；
サプリメント・動物用サプリメント（薬剤に属するものを除く。）；
膏薬、包帯；
歯科用充てん材料、歯科用ワックス；
消毒剤；
有害動物駆除剤；
殺菌剤、除草剤.

【注釈】
第５類には、主として、薬剤及び他の医療用剤又は獣医科用剤を含む。

この類には、特に、次の商品を含む：
身体衛生用剤（化粧品を除く。）；
乳児用及び失禁用おむつ；
防臭剤（人用及び動物用のものを除く。）；
医療用シャンプー、医療用せっけん、医療用ローション及び医療用歯磨き；
通常の食事を補うため又は健康に益するためのサプリメント；
医療用又は獣医科用の食事の代替品並びに食餌療法用食品及び飲料（獣医科用のものを含む。）.

この類には、特に、次の商品を含まない：
医薬品製造用成分、例えば、ビタミン、保存剤及び酸化防止剤（第１類）；
化粧品（医療用のものを除く。）、せっけん類（医療用のものを除く。）及び歯磨き（医療用のものを除く。）としての衛生剤（第３類）；
人用又は動物用の防臭剤（第３類）；
支持包帯、整形外科用包帯（第10類）；
食事の代替品並びに食餌用食品及び飲料（医療用又は獣医科用のものを除く。）であって適当な食品又は飲料の類に分類されるもの、例えば、低脂肪のポテトチップス（第29類）、高タンパク質シリアルバー（第30類）、アイソトニック飲料（第32類）.

【解説】

「薬剤　医療用試験紙」（０１Ｂ０１,０１Ｂ０２）

１．「薬剤（農薬に当たるものを除く。）　医療用試験紙」（０１Ｂ０１）

「薬剤（農薬に当たるものを除く。）」に該当する商品は、次のものです。

（１）薬機法に規定する「医薬品」の大部分

薬機法の「医薬品」には「衛生用品」が含まれており、「ガーゼ」や「脱脂綿」等も「医薬品」と定義されていますが、「薬剤（農薬に当たるものを除く。）」には属しません。

一方、物質そのものとしては、第１類に属する「化学品」、第４類に属する「工業油脂」、第３０類に属する「調味料」等と同様のものであっても、薬機法の規定に基づく日本薬局方の規格に適合し、医薬品として取引される商品はこの商品に含まれます。

（２）薬機法に規定する「医薬部外品」のうち、治療を目的とする等の商品

「医薬部外品」のうち「医療用ベビーパウダー」「医療用ベビーオイル」は、この商品に含まれます。

ただし、「医薬部外品」であっても、その使用目的において身体を清潔にし、美化し、魅力を増す等の用途に使用されるもの、例えば、「医療用化粧品」は、この商品と類似する商品として本類に属します。

また、物質そのものとしては、第１類に属する「化学品」、第４類に属する「工業油脂」、第３０類に属する「調味料」等と同じものであっても、薬機法の規定に基づく日本薬局方の規格に適合し、かつ医薬品として取引される場合はこの概念に属します。例としては、「工業用人工甘味料」（第１類）と「矯味剤」（第５類）、「ぶどう糖」（第３０類）と「糖類剤」（第５類）、「シロップ」（第３２類）と「医療用シロップ」（第５類）等が考えられます。

この概念において、抗生物質を製剤したものは、すべて「抗生物質製剤」に含まれます。

「薬剤（農薬に当たるものを除く。）」の中での分類方法としては、注射剤、錠剤、カプセル剤、丸薬、散薬等の剤型による分類法も考えられますが、この類においては、原則として薬効又は用途による分類法をとっています。なお、本分類法は、総務省刊行の「日本標準商品分類」に細かく分類されている「医薬品及び関連製品」の薬効分類に準拠しながら、それを商標の観点から修正したものです。

（ア）「（３）感覚器官用薬剤」

「眼科用剤」「耳鼻科用剤」は、眼科又は耳鼻科に特有なものが多いので、他に「内科用剤」「外科用剤」のような表示がないにもかかわらず、特に列挙しました。これらには、眼科又は耳鼻科に専用される薬剤だけが含まれます。

ただし、抗生物質を製剤したものは、この概念には含まれず、「抗生物質製剤」に属します。

（イ）「（７）消化器官用薬剤」

抗生物質を製剤したものは、この概念には含まれず、「抗生物質製剤」に属します。

「歯科用剤」は、上記「感覚器官用薬剤」の「眼科用剤」「耳鼻科用剤」と同様です。

（ウ）「（１０）外皮用薬剤」

「化のう性疾患用剤」「寄生性皮膚疾患用剤」は、化学療法剤であっても、内服用ではなく外皮用として用いられるものは、この概念に属します。

「医療用せっけん」は「外皮用薬剤」に属します。

「毛髪用剤」は、医薬品として取引されるものだけが「外皮用薬剤」に該当し、「頭髪用化粧品」としての「ヘアトニック」等は含まれません。

（エ）「（１３）滋養強壮変質剤」

「糖類剤」は医薬品として取引されるぶどう糖等です。

「薬用酒」は成分としてはほとんど同じ酒でも、医薬品として取引される場合は「薬用酒」であり、酒類として取引される場合は、第３３類「薬味酒」に含まれます。

（オ）「（２０）抗生物質製剤」

内服薬をはじめ、抗生物質を製剤したものは、すべてこの概念に属します。

（カ）「（２１）化学療法剤」

内服薬のみがこの概念に属します。塗布薬は「外皮用薬剤」に属します。

（キ）「（２４）調剤用剤」

それ自体としては何ら薬効を持たないが、薬を飲みやすいようにするために加えるものです。

「矯味剤」は、サッカリン、砂糖等の第１類「工業用人工甘味料」、第３０類「調味料」に属するものとほとんど同じであっても、日本薬局方の規定に合い、かつ医薬品として取引されるものはここに属します。

（ク）その他「（３０）蚊取線香」ないし「防腐剤（農薬に当たるものを除く。）」

「殺菌剤」は、水道殺菌、衣料殺菌、器具殺菌等、公衆衛生を目的として用いられるものは、この概念に属しますが、水稲殺菌、園芸殺菌等の農業用に使用される「殺菌剤」は、この概念に属さず、本類「殺菌剤（農薬に当たるものに限る。）」に属します。

なお、人間の身体に直接つけて菌を殺す医薬品（例えば「皮膚用殺菌消毒剤」）は「外皮用薬剤」に属します。

また、これらの商品と類似群は同じですが、第３類（口臭用消臭剤　動物用防臭剤）に属する商品が存在します。

２．「燻蒸剤（農薬に当たるものに限る。）　殺菌剤（農薬に当たるものに限る。）　殺そ剤（農薬に当たるものに限る。）　殺虫剤（農薬に当たるものに限る。）　除草剤　防虫剤（農薬に当たるものに限る。）　防腐剤（農薬に当たるものに限る。）」（０１Ｂ０２）

これらの商品は、「薬剤」に該当する商品のうち「農薬」と定義される商品の大部分が該当します。

農薬取締法によりますと、「農薬」とは、農作物（樹木及び農林産物を含む。）を害する菌、線虫、だに、昆虫、ねずみ、草その他の動植物又はウイルスの防除に用いられる殺菌剤、殺虫剤、除草剤その他の薬剤及び農産物等の生理機能の増進又は抑制に用いられる成長促進剤、発芽抑制剤その他の薬剤をいうとされています。

ただし、これらの商品と類似群が同じ「植物育成剤」「植物ホルモン剤」「発芽抑制剤」等、一般に「植物成長調整剤類」と呼ばれている商品は、第１類に属します。

「医療用油紙　医療用接着テープ　オブラート　ガーゼ　カプセル　眼帯　耳帯　生理帯　生理用タンポン　生理用ナプキン　生理用パンティ　脱脂綿　ばんそうこう　包帯　包帯液　胸当てパッド　綿棒」（０１Ｃ０１）

これらの商品は、主として薬局、薬店で販売され、一般に家庭でも使われる衛生用品が該当しますが、これらの商品中には薬機法の医薬品の一部（例えば、ガーゼ、脱脂綿等）や医師が使用する「ガーゼ」「脱脂綿」も含まれます。

「胸当てパッド」は、母乳の漏れを防ぐためのパッドが該当します。

また、これらの商品と類似群が同じですが、第８類（ピンセット）、第１０類（医療用指サック　衛生マスク　等）、第２１類（デンタルフロス）に属する商品が存在します。

「歯科用材料」（０１Ｃ０３）

専ら歯科医師が使用する医療関係品には、器具器械と材料的なものとがありますが、「歯科用材料」は、専ら歯科医師が使用する医療関係品のうち、材料的な商品で、薬剤を除いたものが該当します。

また、この商品と類似群が同じ「人工鼓膜用材料　補綴充てん用材料（歯科用のものを除く。）」は第１０類に属します。

なお、この商品と類似群が異なる商品ですが、専ら歯科医師が使用する医療関係品のうち、器具器械に該当する商品は、第１０類「医療用機械器具（「歩行補助器・松葉づえ」を除く。）」中の「歯科用機械器具」に属します。

「おむつ　おむつカバー」（１７Ａ１０）

これらの商品は、乳児用又は大人用等の商品の用途、布製又は紙製等の材質を問わず、本類に属します。

なお、愛玩動物等の動物用のものは、これらの商品とは類似群が異なりますが、本類に属します。

参照：商品のアルファベット順一覧表
第５類「diapers for pets」（ペット用おむつ　１９Ｂ３３）

「はえ取り紙」（１９Ｂ３０）

この商品は、はえの駆除用品の一種で、誘引剤が付いた粘着テープを天井や鴨居などから吊し、寄ってくるはえを捕獲するものが該当します。

また、この商品と類似群が同じ「ねずみ取り器　はえたたき」は第２１類に属します。

「防虫紙」（２５Ａ０１）

この商品は、蛾その他の虫類の食害を防ぐために石炭酸、ナフタリン等の化学薬品を塗布した紙が該当します。

なお、この商品と類似群は同じですが、第１類（試験紙（医療用のものを除く。））、第１６類（紙類）、第１７類（コンデンサーペーパー　バルカンファイバー）及び第２７類（壁紙）に属する商品が存在します。

「乳幼児用粉乳」（３１Ｄ０１）

この商品は、主に出生から離乳期までの乳幼児の育児用として適するように乳の成分を調整したものが該当します。

また、この商品と類似群は同じですが、第２９類（乳製品）、第３０類（アイスクリームのもと　シャーベットのもと）及び第３２類（乳清飲料）に属する商品も存在します。

なお、乳幼児の飲食に供することを目的とした「乳幼児用飲料」や「乳幼児用食品」は、この商品とは類似群が異なりますが、本類に属します。

「サプリメント」（３２Ｆ１５）

この商品は、人体に欠乏しやすいビタミン・ミネラル・アミノ酸・不飽和脂肪酸などを、錠剤・カプセル・飲料などの形にしたもので、医薬品に該当しない商品です。

なお、専ら愛玩動物等の動物に与える栄養補助を目的とした「栄養補助用飼料添加物（薬剤に属するものを除く。）」は、この商品と類似群は異なりますが、本類に属します。

「食餌療法用飲料　食餌療法用食品」（３２Ｆ１６）

これらの商品には、食物の品質・成分・分量などを調節して、疾病を治療し、または罹患臓器を庇護しながら全身栄養を全うすることを目的として製造・販売されている飲料・食品が該当します。

「乳幼児用飲料　乳幼児用食品」（３２Ｆ１７）

これらの商品には、乳幼児の飲食に供することを目的としたものであり、いわゆるベビーフードや、特に乳幼児用に加工した飲料や食品が含まれます。

なお、主に出生から離乳期までの赤ちゃんの育児用として適するように乳の成分を調整した「乳幼児用粉乳」は本類に属しますが、これらの商品には含まれません。

また、幼児の飲食に供する食品であっても、通常の食品に類するものと考えられて、例えば、第２９類「幼児用の野菜を主原料とする惣菜」、第３０類「幼児用の調理済み麺類」のように、第２９類又は第３０類に属する商品も存在します。

参照：商品のアルファベット順一覧表

第２９類「vegetable-based prepared meals for toddlers」（幼児用の野菜を主原料とする惣菜　３２Ｆ０４　３２Ｆ０６）

第３０類「noodle-based prepared meals for toddlers」（幼児用の調理済み麺類　３２Ｆ０６）

「栄養補助用飼料添加物（薬剤に属するものを除く。）」（３３Ｂ０１）

この商品は、専らペット等の動物に与える栄養補助を目的としたものが該当します。

また、この商品と類似群は同じですが、第３１類（飼料）に属する商品が存在します。

「人工受精用精液」（３３Ｄ０５）

この商品は、人為的に卵子に受精させるための精液であって、犬、牛、羊、豚等のものが該当します。

第６類　卑金属及びその製品

【類見出し】
金属及びその合金、鉱石；
建築用及び構築用の金属製専用材料；
金属製可搬式建造物組立てセット；
金属製のケーブル及びワイヤ（電気用のものを除く。）；
小型金属製品；
貯蔵用又は輸送用金属製コンテナ；
金庫.

【注釈】
第６類には、主として、未加工及び半加工の金属（鉱石を含む。）並びに特定の金属製の商品を含む。

この類には、特に、次の商品を含む：
例えば、３Ｄプリンター用のように、さらなる処理に用いられる金属箔又は金属粉；
金属製建築材料、例えば、鉄道線路用金属材料、金属製管；
小型金属製品、例えば、ボルト、ねじ、くぎ、家具用キャスター、窓用締め具；
金属製可搬式建造物組立セット、例えば、プレハブ住宅組立セット、水泳用プール組立セット、野生動物用おり及びかご、スケートリンク組立セット；
自動式又は非自動式の特定の金属製分配装置、例えば、タオル用ディスペンサー、チケット発行器具、犬の排泄物処理用袋のディスペンサー、トイレットペーパーディスペンサー；
機能又は用途によって他に分類されない特定の金属製の商品、例えば、多目的の金属製包装用容器、金属製の像、金属製の胸像、及び金属製造形品.

この類には、特に、次の商品を含まない：
化学的特性に関する産業・科学研究における化学物質として用いられる金属及び鉱石、例えば、ボーキサイト、水銀、アンチモン、アルカリ類及びアルカリ土類金属（第１類）；
塗装用、装飾用、印刷用及び美術用の金属箔及び金属粉（第２類）；
機能又は用途に応じて分類される特定の分配装置、例えば、工業用の液体ディスペンサー（第７類）、電子式チケット発行端末装置（第９類）、医療用の投薬用ディスペンサー（第 10 類）、接着テープディスペンサー（第 16 類）；
電気ケーブル（第９類）及びケーブル及びロープ（電気用及び金属製のものを除く。）（第 22 類）；

衛生設備の部品としての管（第 11 類）、フレキシブル管、フレキシブルチューブ、フレキシブルホース（金属製のものを除く。）（第 17 類）、硬質管（金属製のものを除く。）（第 19 類）；
ペット用ケージ（第 21 類）；
その機能又は用途によって分類される特定の金属製の商品、例えば、手持工具（手動式のもの）（第８類）、クリップ（第 16 類）、家具（第 20 類）、台所用器具（第 21 類）、家庭用容器（第 21 類）.

【解説】

「鉄及び鋼」（０６Ａ０１）

この商品には、主として鉄及び鋼の地金、半加工品及びくずが含まれます。

完成品となったものは、それぞれの用途に従って他の類に属します。

「鋼管」のように、半加工品と同程度の加工が施された商品であっても、その後にほとんど加工を必要とせず、それ自体のみで使用できるものは、この商品に含まれます。

また、「鋳鉄」「鋼半成品」であっても、半加工品の段階のものは、この商品に含まれます。

「非鉄金属及びその合金」（０６Ａ０２）

この商品には、主として非鉄金属及びその合金の地金、半加工品及びくずが含まれます。

また、この商品と類似群は同じですが、第１類（非鉄金属）、第２類（塗装用・装飾用・印刷用又は美術用の非鉄金属はく及び粉　塗装用・装飾用・印刷用又は美術用の貴金属はく及び粉）及び第１４類（貴金属）に属する商品が存在します。

「金属鉱石」（０６Ｂ０１）

この商品は、金、銀、銅などの金属類を含有する鉱石（すなわち、地金等になる前の段階までのもの）が該当します。

また、この商品と類似群は同じですが、第１類（非金属鉱物）、第１４類（宝玉の原石）、第１７類（雲母）、第１９類（建築用又は構築用の非金属鉱物）及び第２０類（海泡石　こはく）に属する商品が存在します。

「建築用又は構築用の金属製専用材料」（０７Ａ０１）

この商品は、専ら建築又は構築に使用される材料のうち、金属製のものが該当します。

「専用材料」の意味は、専ら建築又は構築に用途を限定されたものとして取引される材料のことであって、例えば、鉄板等を加工し、建築用又は構築用の専用材料として取引される「建築用又は構築用の金属製天井板」は、この商品に該当します。

「金属製建造物組立てセット」（０７Ａ０４）

「建造物組立てセット」は、一式のセットとして取引に供される特定の使用目的を有する簡易な組立式建造物の専用部材であって、金属製のものが本類に属し、金属製以外の商品は第１９類に属します。

「金属製荷役用パレット　荷役用ターンテーブル　荷役用トラバーサー」（０９Ａ０３）

「荷役用パレット」は、金属製のものは本類に属し、金属製以外の商品は第２０類に属します。

なお、この商品と類似群が同じですが、第７類（土木機械器具　荷役機械器具）及び第１２類（牽引車　荷役用索道）に属する商品も存在します。

「金属製人工魚礁」（０９Ａ０５）

「人工漁礁」は、水産資源を育成・保護し、また乱獲を防ぐために海中に設置した岩石・コンクリート - ブロック・廃船などの構造物であって、金属製のものは本類に属し、金属製以外の商品は第１９類に属します。

なお、この商品と類似群が同じですが、第７類（漁業用機械器具）に属する商品も存在します。

「金属製養鶏用かご」（０９Ａ４６）

「養鶏用かご」は、金属製のものは本類に属し、金属製以外の商品は第１９類に属する商品です。

「金属製の吹付け塗装用ブース」（０９Ａ６４）

「吹付け塗装用ブース」は、金属製のものは本類に属し、金属製以外の商品は第１９類に属します。

なお、この商品と類似群が同じ「塗装機械器具」は第７類に属する商品です。

「金属製セメント製品製造用型枠」（０９Ａ７１）

「セメント製品製造用型枠」は、金属製のものは本類に属し、金属製以外の商品は第１９類に属します。

金属製の滑車・ばね及びバルブ（機械要素に当たるものを除く。）（０９Ｆ０２，０９Ｆ０３，０９Ｆ０５）

１．「金属製滑車（機械要素に当たるものを除く。）」（０９Ｆ０２）

「滑車」は、金属製であって、機械要素以外のものは本類に属します。

「機械要素」とは、各産業分野で使用されている多くの種類の機械器具の「軸」「ベアリング」「滑車」「歯車」「ばね」「バルブ」のような部品をまとめて表示したものです。

なお、この商品と類似群が同じですが、「機械要素」に該当する商品のうち、「動力伝導装置（陸上の乗物用のものを除く機械要素）」は第７類に、「動力伝導装置（陸上の乗物用の機械要素）」は第１２類に属する商品です。

２．「金属製ばね（機械要素に当たるものを除く。）」（０９Ｆ０３）

「ばね」は、金属製であって、機械要素以外のものは本類に属します。

なお、この商品と類似群が同じですが、「機械要素」に該当する商品のうち、「緩衝器（陸上の乗物用のものを除く機械要素）　ばね（陸上の乗物用のものを除く機械要素）」は第７類に、「緩衝器（陸上の乗物用の機械要素）　ばね（陸上の乗物用の機械要素）」は第１２類に属する商品です。

３．「金属製バルブ（機械要素に当たるものを除く。）」（０９Ｆ０５）

「バルブ」は、金属製であって、機械要素以外のものは本類に属します。

なお、この商品と類似群は同じですが、第７類（バルブ（陸上の乗物用のものを除く機械要素））、第１１類（水道用栓　タンク用水位制御弁　パイプライン用栓）、第１７類（ゴム製又はバルカンファイバー製のバルブ（機械要素に当たるものを除く。））、第１９類（送水管用バルブ（金属製又はプラスチック製のものを除く。））及び第２０類（プラスチック製バルブ（機械要素に当たるものを除く。））等に属する商品も存在します。

「金属製管継ぎ手　金属製フランジ」（０９Ｆ０６）

「管継ぎ手」及び「フランジ」は、金属製のものは本類に属します。

また、これらの商品と類似群が同じ「ガスケット　管継ぎ手（金属製のものを除く。）パッキング」は第１７類に属します。

「キー　コッタ」（０９Ｆ０７）

これらの商品は、機械要素である「キー」（軸からの動力を他の機械要素（歯車など）へ効率良く伝えるための機械要素）や「金属製コッターピン」が該当します。

「てんてつ機」（０９Ｇ０６）

この商品は、「鉄道線路の分岐する箇所につけ、これを切り換えて車両を他の線路に導く装置。転轍機。」のことを指します。

また、この商品と類似群が同じ「鉄道用信号機」は第９類に属します。

「金属製道路標識（発光式又は機械式のものを除く。）」（０９Ｇ０７）

「道路標識」は、発光式又は機械式ではない金属製の商品が本類に属し、発光式又は機械式ではない金属製以外の商品は第１９類に属します。

また、この商品と類似群が同じ「乗物の故障の警告用の三角標識　発光式又は機械式の道路標識」は第９類に属します。

「金属製航路標識（発光式のものを除く。）」（０９Ｇ０８）

「航路標識」は、発光式でない金属製の商品が本類に属し、発光式でない金属製以外の商品は第１９類に属します。

なお、この商品と類似群が同じ「航路標識（発光式）」は第９類に属します。

参照：商品のアルファベット順一覧表

第９類「beacons, luminous」（航路標識（発光式）　０９Ｇ０８）

「金属製貯蔵槽類」（０９Ｇ５９,０９Ｇ６０）

１．「金属製液体貯蔵槽　金属製工業用水槽」（０９Ｇ５９）

これらの商品は、金属製の液体（液化ガスを除く。）用の貯蔵槽が該当し、石製は第１９類に属し、金属製及び石製以外の材質（プラスチック製等）の商品は第２０類に属します。

２．「ガス貯蔵槽又は液化ガス貯蔵槽用のアルミニウム製の浮中ぶた　金属製液化ガス貯蔵槽　金属製ガス貯蔵槽」（０９Ｇ６０）

これらの商品は、金属製のガス用の貯蔵槽（金属製液化ガス貯蔵槽　金属製ガス貯蔵槽）及びそれに使用するアルミニウム製の浮中ぶたが該当し、石製は第１９類に属し、金属製及び石製以外の材質（プラスチック製等）の商品は第２０類に属します。

「いかり」（１２Ａ０１）

この商品は、船を停泊させるために水底に沈めるおもりが該当します。

また、この商品と類似群は同じですが、第９類（消防艇）、第１２類（船舶並びにその部品及び附属品（「エアクッション艇」を除く。））及び第２２類（船舶用オーニング　ターポリン　帆）に属する商品も存在します。

「金属製輸送用コンテナ」（１２Ａ７４）

この商品は、金属製の輸送用の商品が該当し、金属製ではないものは第２０類に属します。

「かな床　はちの巣」（１３Ｂ０１）

これらの商品は、金属製品であるため本類に属します。

なお、これらの商品と類似群が同じ「手動工具（「すみつぼ類・革砥・鋼砥・砥石」を除く。）」は第８類に属します。

「金属製金具」（１３Ｃ０１,１３Ｃ０２）

１．「金属製金具（「安全錠・鍵用金属製リング・金属製鍵・南京錠」を除く。）」（１３Ｃ０１）

「金具」は、それ自体単独で使用されるのでなく、何かに取付ける性質の金属製品がこの概念に含まれます。

ただし、「カーテン金具」は、金属製のものであっても本類に属さず、第２０類に属します。

また、この商品と類似群は同じですが、第１１類（水道蛇口用座金　水道蛇口用ワッシャー）、第１７類（ゴム製又はバルカンファイバー製の座金及びワッシャー）、第１８類（蹄鉄）、第２０類（カーテン金具　金属代用のプラスチック製締め金具　等）及び第２６類（かばん金具　がま口用留め具　被服用はとめ）に属する商品も存在します。

なお、「戸車」「ちょうつがい」等の建築専用材料、「靴ひも代用金具」や「金属製靴保護金具」等の靴用金具等は、この商品には含まれません。

２．「安全錠　鍵用金属製リング　金属製鍵　南京錠」（１３Ｃ０２）

これらの商品は、「鍵」や「錠」に該当するもので、金属製であって、電気式ではない商品が該当します。

ただし、「掛金」のように、鍵のような用途に使用するものですが、鍵と錠との関係にあるものではなく、平易な金具どうしを組み合わせて、戸などが開かないようにする単純な構造のもの又はその一部分は、金属製のものは本類「金属製金具（「安全錠・鍵用金属製リング・金属製鍵・南京錠」を除く。）」に、非金属製のものは第２０類に属します。

また、これらの商品と類似群は同じですが、第１４類（キーホルダー）及び第２０類（錠（電気式又は金属製のものを除く。））に属する商品も存在します。

「ワイヤロープ」（１８Ａ０２）

この商品は、「鋼製の素線をより合わせて製作したロープ」で、原則として用途が限定されていないものが該当します。

「金網」（１８Ｂ０２）

この商品は、原則として用途が限定されていないものが該当します。

なお、建築や土木工事に使う金網の一種である「ラス」は本類「建築用又は構築用の金属製専用材料」に、「調理用具」である「焼き網」は第２１類に属します。

「金属製包装用容器」（１８Ｃ０１,１８Ｃ１３）

１．「金属製包装用容器（「金属製栓・金属製ふた」を除く。）」（１８Ｃ０１）

この商品は、金属製の容器であって、主として包装に使用されるものが該当します。

「包装用容器」は、主に、商品の取引の際その商品を入れるために用いるものですから、消費者が小売店から買うようなことは少なく、その点で「包装用容器」は、特殊な商品です。すなわち、一般的には、消費者は商品の中身を購入することによって必然的にその外側の「包装用容器」をも手に入れる結果となります。このような性格を持つ容器が「包装用容器」です。

「包装用容器」について商標権を得る必要があるのは、主に、「包装用容器」自体の生産者又は取引者と考えられ、「包装用容器」に入れる商品の中身の生産者又は取引者は、理論的には「包装用容器」についての権利をとる必要はありません。なぜなら、例えば、ビール会社はビールびんに自己の商標を付したとしても、それはビールびんの商標でなく、ビール自体の商標です。つまり、他人がビールびんについて、ビールの商標と同じ商標権を所持していたとしても、それは空のビールびんについてのみその効力が及ぶのであって、ビールが入っているビールびんについて使用すれば、それはビール自体の商標の使用となり、ビールについての商標権者に対する侵害となり得るからです。

なお、「カメラのケース」「バイオリンのケース」「眼鏡のケース」等は、これらのケースがなくても、それぞれカメラ、バイオリン、眼鏡のみで、通常取引されるものであり、かつ、需要者がケースだけを買うことも特異な例ではありませんので、「包装用容器」には属さず、それぞれカメラ、バイオリン、眼鏡の附属品に該当します。

２．「金属製栓　金属製ふた」（１８Ｃ１３）

これらの商品は、包装用容器に用いるものです。

「栓」及び「ふた」は、金属製のものは本類に、ゴム製のものは第１７類に、コルク製、プラスチック製、木製のものは第２０類に、ガラス製のものは第２１類に属します。

「金属製のネームプレート及び標札」（１９Ｂ２１）

「ネームプレート」及び「標札」は、金属製の商品は本類に、金属製以外の商品は第２０類に属します。

ただし、「家屋番号札」は、発光式のものを除く金属製のものは本類に、発光式のものは第１１類に、金属製及び発光式でないものは第２０類に属します。

参照：商品のアルファベット順一覧表

第６類「house numbers of metal, non-luminous」（金属製家屋番号札（発光式のものを除く。）　１９Ｂ２１）

第１１類「luminous house numbers」（発光式家屋番号札　１９Ｂ２１）

第２０類「house numbers, not of metal, non-luminous」（家屋番号札（金属製及び発光式のものを除く。）　１９Ｂ２１）

「金属製手持式旗ざお」（１９Ｂ２２）

この商品は、旗をつけて掲げるための金属製の手持式のさおが該当し、金属製以外の商品は第２０類に属します。

また、この商品と類似群は同じですが、第１６類（紙製のぼり　紙製旗）及び第２４類（のぼり及び旗（紙製のものを除く。））に属する商品が存在します。

なお、この商品と類似群は異なりますが、「旗掲揚柱」は、金属製の商品が本類に属し、金属製以外の商品は第１９類に属します。

「金属製植物の茎支持具」（１９Ｂ３２）

この商品は、植物の茎を支える金属製の器具が該当し、金属製以外の商品は第２０類に属します。

また、この商品と類似群が同じ「植木鉢　家庭園芸用の水耕式植物栽培器　じょうろ」は第２１類に属します。

「金属製のきゃたつ及びはしご」（１９Ｂ３４）

「きゃたつ」及び「はしご」は、金属製の商品は本類に、金属製以外の商品は第２０類に属します。

なお、これらの商品と同じ類似群ですが、「なわばしご」は第２２類に属します。

参照：商品のアルファベット順一覧表

第２２類「rope ladders」（なわばしご　１９Ｂ３４）

「金属製郵便受け」（１９Ｂ３５）

「郵便受け」は、金属製の商品は本類に、石製の商品は第１９類に、金属製又は石製以外の材質の商品は第２０類に属します。

「金属製帽子掛けかぎ」（１９Ｂ３６）

「帽子掛けかぎ」は、金属製の商品は本類に、金属製以外の商品は第２０類に属します。

「スーパーマーケットで使用する金属製手提げ用買物かご」（１９Ｂ４２）

この商品は、主に、消費者等がスーパーマーケットで買物をする際に、商品を入れて使用するための、金属製の手提げタイプのかごが該当します。

なお、この商品と類似群が同じ「スーパーマーケットで使用する手提げ用買物かご（金属製のものを除く。）」は第２０類に属しますが、主に、消費者等が八百屋、魚屋等の小売店で買物をする際に、購入品を持ち帰るために、自ら持参するかごである「家庭用買物かご」は、材質を問わず、第２１類に属します。

「金属製家庭用水槽」（１９Ｂ４９）

「家庭用水槽」は、金属製の商品は本類に、石製の商品は第１９類に、金属製又は石製以外の商品は第２０類に属します。

「金属製工具箱」（１９Ｂ５３）

「工具箱」は、金属製の商品は本類に属し、金属製以外の商品は第２０類に属します。

「紙タオル取り出し用金属製箱　金属製のタオル用ディスペンサー」（１９Ｂ５４）

「紙タオル取り出し用箱」及び「タオル用ディスペンサー」は、金属製の商品は本類に属し、金属製以外の商品は第２０類に属します。

また、これらの商品と類似群が同じ「せっけん用ディスペンサーボトル」は第２１類に属します。

「金属製建具　金庫」（２０Ａ０１）

「建具」は、金属製の商品は本類に属し、金属製以外の商品は第１９類に属します。

また、「金庫」は、材質を問わず本類に属します。

なお、これらの商品と類似群が同じ「宝石箱」は第１４類に、「家具」は第２０類に属します。

参照：商品のアルファベット順一覧表
第６類「cashboxes [metal or non-metal]」（金庫（金属製又は非金属製）　２０Ａ０１）

「金属製屋外用ブラインド」（２０Ｄ０１）

「屋外用ブラインド」は、主に日差しを遮ることを目的とした屋外に設置される商品が該当し、金属製の商品は本類に属し、金属製又は織物製以外の商品は第１９類に属し、織物製の商品は第２２類に属します。

また、この商品と類似群が同じ「農業用プラスチックシート」は第１７類に、「雨覆い天幕」は第２２類に属します。

「金属製立て看板」（２０Ｄ０４）

「立て看板」は、金属製の商品は本類に、紙製又は厚紙製の商品は第１６類に、木製又はプラスチック製の商品は第２０類に、ガラス製又は磁器製の商品は第２１類に属します。

また、この商品と類似群は同じ「ネオンサイン」は第９類に、「アドバルーン」は第２０類に属します。

なお、この商品と類似群は異なりますが、「電子看板」も第９類に属します。

参照：商品のアルファベット順一覧表
第１６類「signboards of paper or cardboard」（紙製又は厚紙製の看板　２０Ｄ０４）
第９類「neon signs」（ネオンサイン　２０Ｄ０４）
第９類「digital signs」（電子看板　１１Ｂ０１　１１Ｃ０１）

「金属製人工池」（２０Ｄ０６）

「人工池」は、屋外に設置される人工的な池が該当し、金属製の商品は本類に属し、金属製以外の商品は第１９類に属します。

「金属製の可搬式家庭用温室」（２０Ｄ０７）

「可搬式家庭用温室」は、屋外に設置される商品が該当し、金属製のものは本類に属し、金属製以外の商品は第１９類に属します。

「金属製記念カップ　金属製記念たて」（２０Ｅ０１）

「記念カップ」及び「記念たて」は、スポーツ大会や学術大会等で、優勝者や優秀者等を表彰するために贈られる杯・たてなどが該当し、金属製の商品が本類に、貴金属製の商品が第１４類に、石製・コンクリート製又は大理石製の商品が第１９類に、木製・ろう製・石膏製又はプラスチック製の商品が第２０類に、磁器製・陶器製・土器製・テラコッタ製又はガラス製の商品が第２１類に属します。

「金属製の墓標及び墓碑用銘板」（２０Ｆ０１）

「墓標」や墓碑用の「銘板」は、金属製のものが本類に属し、金属製以外の商品は第１９類に属します。

また、これらの商品と類似群が同じですが、第２０類（葬祭用具）、第２４類（遺体覆い　経かたびら　等）、第２６類（造花の花輪）、第３１類（生花の花輪）に属する商品が存在します。

「金属製靴合わせくぎ　金属製靴くぎ　金属製靴びょう」（２２Ａ０２）

これらの商品は、金属製のものが本類に属し、金属製以外の商品は第２０類に属します。

なお、これらの商品と類似群は同じですが、第１４類（貴金属製靴飾り）、第２１類（靴ブラシ　靴べら　等）、第２２類（靴用ろう引き縫糸）、第２５類（靴保護具）及び第２６類（靴飾り（貴金属製のものを除く。）　靴はとめ　等）に属する商品が存在します。

「つえ用金属製石突き」（２２Ｃ０１）

「つえ用金属製石突き」は、つえの地面を突く部分にはめる金具であり、そのうちの金属製のものが本類に属します。

また、この商品と類似群が同じ「ステッキ　つえ　つえ金具　つえの柄」は第１８類に属します。

「拍車」（２４Ｃ０２）

この商品は、靴のかかとに取り付ける金具であり、馬の進行を御するのに用いるものです。

なお、この商品と類似群が同じ「乗馬用具」は第１８類に、「乗馬靴」は第２５類に属します。

「アイゼン　カラビナ　ハーケン」（２４Ｃ０３）

これらの商品は、金属製の登山用具が該当します。

また、これらの商品と類似群が同じですが、第８類（ピッケル）、第２１類（コッフェル）、第２２類（ザイル　登山用又はキャンプ用のテント）、第２４類（スリーピングバッグ）及び第２８類（登山用ハーネス）に属する商品が存在します。

なお、「登山靴」は、これらの商品には含まれず、第２５類「運動用特殊靴（「乗馬靴」及び「ウインドサーフィン用シューズ」を除く。）」に含まれます。

「金属製彫刻」（２６Ｃ０１）

「彫刻」のうち、金属製のものは本類に属し、複製物も含まれます。

なお、この商品と類似群が同じ「石製彫刻　コンクリート製彫刻　大理石製彫刻」は第１９類に、「石こう製彫刻　プラスチック製彫刻　木製彫刻」は第２０類に属します。

第７類　加工機械、原動機（陸上の乗物用のものを除く。）その他の機械

【類見出し】
機械、工作機械及び動力付き手持工具；
原動機（陸上の乗物用のものを除く。）；
機械用の継手及び伝導装置の構成部品（陸上の乗物用のものを除く。）；
農業用器具（手動式の手持工具を除く。）；
ふ卵器；
自動販売機.

【注釈】
第７類には、主として、機械、工作機械、原動機を含む。

この類には、特に、次の商品を含む：
すべての種類の原動機の部品、例えば、すべての種類の原動機用のスターター、消音器及びシリンダー；
電気式清浄装置及び電気式研磨装置、例えば、電気式靴磨き機、電気式じゅうたん洗浄機及び電気掃除機；
３Ｄプリンター；
工業用ロボット；
輸送用でない特殊な乗物、例えば、道路清掃用機械、道路建設用機械、ブルドーザー、除雪機及びこれらの乗物用ゴムクローラ.

この類には、特に、次の商品を含まない：
手持の工具及び器具（手動式のもの）（第８類）；
人工知能搭載のヒューマノイドロボット、実験用ロボット、教育支援用ロボット（産業用・医療用・遊戯用のものを除く。）、防犯用監視ロボット（第９類）、外科手術用ロボット（第10類）、自律走行式自動車（第12類）、自動演奏式ドラム（第15類）、おもちゃのロボット（第28類）；
陸上の乗物用の原動機（第12類）；
乗物用無限軌道、及びすべての乗物用タイヤ（第12類）；
特殊な機械、例えば、現金自動預払機（第９類）、人工呼吸装置（第10類）、冷却用機器（第11類）.

【解説】
「金属加工機械器具」（０９Ａ０１）

この商品は、専ら金属を複雑な形状に加工するための機械器具が該当し、電気の作用がその機械器具の機能にとって単に補助的な役割をなすもの、例えば、動力源として電動機を使用しているにすぎない機械器具であれば、この商品に含まれます。

１．「１　金属工作機械器具」

この商品には、金属を複雑な形状に加工するための機械器具が該当します。

２．「２　金属一次製品製造機械器具」

この商品には、金属基礎製品（線、棒、板、管等）を製造するための機械器具が該当します。

３．「３　金属二次製品加工機械器具」

この商品には、二次加工の点では「金属工作機械器具」と同様ですが、「金属工作機械器具」が複雑な加工をするためのものであるのに対し、この概念に属するものは、比較的単純な加工をするための機械器具です。

４．「５　動力付き手持工具」

「動力付き手持工具」については、動力付きの「金属加工用レンチ」 はこの概念に属しますが、手動による「レンチ（手持工具に当たるものに限る。）」は第８類「手動工具（「すみつぼ類・革砥・鋼砥・砥石」を除く。）」に属します。

５．「６　切削工具」

この商品は、「金属工作機械器具」又は「動力付き手持工具」の部品的なものが該当します。例えば、「旋盤」の刃の部分が「バイト」ですが、「旋盤」に取り付けられている状態のバイトは「旋盤」の一部ですから、ここにいう「バイト」ではありません。すなわち「バイト」単独で取引される場合のみ、この概念に属します。

なお、この商品とは類似群が異なりますが、「ペンチ」「やっとこ」等の手動工具及び「金切りばさみ」のような手動利器は、金属を加工するものであっても「手動工具」又は「手動利器」に該当し、第８類に属します。

「鉱山機械器具」（０９Ａ０２）

この商品は、専ら鉱山において用いられる機械器具が該当します。

「土木機械器具　荷役機械器具」（０９Ａ０３）

１．「１　土木機械器具」

この商品は、専ら土木工事用に用いられる機械器具が該当します。

なお、この商品とは類似群が異なりますが、例えば「つるはし」等「手動工具」に該当するものは第８類に、また、「しゅんせつ船」は「船舶」に該当するため、第１２類に属します。

２．「２　荷役機械器具」

この商品は、専ら荷役に使用される機械器具が該当します。

また、「エレベーター」及び「エスカレーター」は、人間を運ぶものであっても、この商品に含まれます。

ただし、これらの商品と類似群が同じ、車体のコンテナに商品を保管し配送する「配達用自走式ロボット」は、輸送のための商品であるため、第１２類に属します。

なお、これらの商品と類似群は同じですが、第６類（金属製荷役用パレット　荷役用ターンテーブル　荷役用トラバーサー）、第１２類（牽引車　荷役用索道）及び第２０類（荷役用パレット（金属製のものを除く。））に属する商品も存在します。

参照：商品のアルファベット順一覧表

第１２類「self-driving robots for delivery」（配達用自走式ロボット　０９Ａ０３）

「漁業用機械器具」（０９Ａ０５）

この商品は、「網揚げ機」等専ら漁業を行う際に使用する機械器具に該当する商品です。

また、「トロールウィンチ」は、機械の形態、構造としては「荷役機械器具」と同様ですが、漁業専用のものであるため、この商品に含まれます。

なお、この商品と類似群が同じですが、第６類（金属製人工漁礁）及び第１９類（人工漁礁（金属製のものを除く。））に属する商品も存在します。

「化学機械器具」（０９Ａ０６）

この商品は、化学的製品を製造する際に専ら使用される機械器具の大部分が該当します。

また、この商品と類似群が同じですが、第１１類（化学製品製造用乾燥装置　化学製品製造用換熱器　等）に属する商品も存在します。

なお、例えば、ろ過機については、化学的製品の製造用以外にも、牛乳のろ過、食料の加工、醸造等、種々の用途に使用されますが、このように、化学的製品の製造用以外の用途に限定して取引されるものは、この「化学機械器具」には含まれず、各々の専用される機械器具に含まれます。

「繊維機械器具」（０９Ａ０７）

この商品は、専ら繊維製品の製造に用いられる機械器具が該当します。

また、この商品に含まれるのは、「原料から糸を紡ぎ、糸を織り、染色整理などを行う機械」であり、生地を縫製加工する「ミシン」はこの商品には含まれず、本類「ミシン」に属します。

なお、この商品と類似群は同じですが、第８類（組ひも機（手持工具に当たるものに限る。）　人力織機）、第１１類（化学繊維製造用乾燥機）及び第２６類（漁網製作用杼）に属する商品も存在します。

「食料加工用又は飲料加工用の機械器具」（０９Ａ０８）

この商品は、事業場において専ら業務用として飲食料を加工製造するために使用される機械器具の大部分が該当します。

ただし、食料又は飲料を加工するものであっても、本類には属しますが、この商品とは類似群が異なる、厨房において専ら業務用の調理機械として使用する「業務用攪はん混合機　業務用皮むき機　業務用切さい機」や、主として家庭において使用され本体にモーターを内蔵する「電気ミキサー」も存在します。

なお、この商品と類似群が同じ「牛乳殺菌機　業務用アイスクリーム製造機　業務用製パン機」や、この商品と類似群が異なる「電気がま」「電気トースター」「電気コーヒー沸かし」「電子レンジ」等は、第１１類に属します。

また、「ほうちょう」等、第８類「手動利器」に属するものも、この商品には含まれません。

「製材用・木工用又は合板用の機械器具」（０９Ａ０９）

この商品は、専ら木材を伐採したり、角材や板等に加工したりするために使用される機械器具の大部分が該当します。

また、この商品と類似群が同じですが、「ベニヤ製造用乾燥機」は第１１類に属します。

なお、「木工用のこぎり盤」等の動力付きの木工用手持工具はこの商品に含まれますが、「かんな」「きり」「のこぎり」「のみ」「おの」「まさかり」等の手動式の手動利器及び手動工具の大部分は、製材又は木工に使用されるものですが、この商品には含まれず、第８類に属します。

「パルプ製造用・製紙用又は紙工用の機械器具」（０９Ａ１０）

この商品は、木材その他の植物原料又は古繊維から主としてパルプ及び紙を製造する機械器具及びこれらの紙から紙加工品を製造する機械器具が該当します。

「印刷用又は製本用の機械器具」（０９Ａ１１）

この商品は、印刷又は製本に用いられる機械器具が該当します。

また、印刷に関連する商品として、この商品と類似群が同じ第９類（写真凸版用スクリーン）、第１６類（印刷用インテル　活字）及び第２４類（印刷機用織物製ブランケット）に属する商品も存在します。

参照：商品のアルファベット順一覧表

第９類「screens for photoengraving」（写真凸版用スクリーン　０９Ａ１１）

第２４類「printers' blankets of textile」（印刷機用織物製ブランケット　０９Ａ１１）

「ミシン」（０９Ａ１３）

この商品は、織物等を縫い合わせる機械が該当します。

なお、「原料から糸を紡ぎ、糸を織り、染色整理などを行う機械」である「繊維機械器具」は本類に属しますが、この商品は「繊維機械器具」には含まれません。

「農業用機械器具」（０９Ａ４１,０９Ａ４３,０９Ａ４５,０９Ａ４７）

この商品は、耕うんや収穫その他の農業用に使用される機械器具が該当します。

なお、専ら農業用に使用される「トラクター」は、この商品には含まれず、第１２類「自動車並びにその部品及び附属品」に属します。

１．「耕うん機械器具（手持工具に当たるものを除く。）　栽培機械器具　収穫機械器具

植物粗製繊維加工機械器具　飼料圧搾機　飼料裁断機　飼料配合機　飼料粉砕機」（０９Ａ４１）

これらの商品と類似群が同じですが、第８類（くわ　鋤　レーキ（手持工具に当たるものに限る。））及び第１１類（収穫物乾燥機　飼料乾燥装置）に属する商品も存在します。

２．「牛乳ろ過器　搾乳機」（０９Ａ４３）

「牛乳ろ過器」は、牛乳のろ過に専用される機械器具が該当します。

「搾乳機」は、牛や山羊などの乳をしぼりとる機械器具が該当します。

なお、「ろ過機」については、食料の加工、醸造等種々の用途に使用されますが、このような一定の用途を限定して取引されるものは、各々の専用される機械器具に属します。

３．「育雛器　ふ卵器」（０９Ａ４５）

「育雛器」は、卵からかえした雛を育てる器具が該当します。

「ふ卵器」は、人工的に卵を孵化させる器具が該当します。

また、これらの商品と類似群が同じ「検卵器」は第９類に属します。

４．「蚕種製造用又は養蚕用の機械器具」（０９Ａ４７）

この商品は、蚕種製造業者又は養蚕業者が使用する「蚕種検査用機械器具」などが該当します。

「靴製造機械　製革機械」（０９Ａ６１）

これらの商品は、専ら「靴」や「革」を製造するための機械器具が該当します。

また、これらの商品と類似群が同じですが、第８類（靴製造用靴型（手持工具に当たるものに限る。））に属する商品も存在します。

「たばこ製造機械」（０９Ａ６２）

この商品は、主として紙巻たばこ、葉巻たばこ、きざみたばこ、パイプたばこなどを製造する機械器具が該当します。

「ガラス器製造機械」（０９Ａ６３）

この商品は、主としてガラス器などを製造する機械器具が該当します。

「塗装機械器具」（０９Ａ６４）

この商品は、塗装に用いる機械器具が該当します。

また、この商品と類似群が同じ「吹付け塗装用ブース」は、金属製のものは第６類に属し、金属製以外の商品は第１９類に属します。

「包装用機械器具」（０９Ａ６５）

この商品は、「こん包機」等、包装のために使用する機械器具が該当します。

「陶工用ろくろ」（０９Ａ６６）

この商品は、円形の陶磁器を成形するときに用いる台が該当します。

「プラスチック加工機械器具」（０９Ａ６７）

この商品は、プラスチックを成形加工し成形製品を製造する機械器具で、「押出成形機」や「射出成形機」などの各種成形機が該当します。

「半導体製造装置」（０９Ａ６８）

この商品は、半導体を製造するために使用する機械器具が該当します。

「ゴム製品製造機械器具」（０９Ａ６９）

この商品は、「加硫装置」「ゴム混合機」等のゴム製品を製造するために使用する機械器具が該当します。

「石材加工機械器具」（０９Ａ７０）

この商品は、石材を切断、研削等の加工をするために使用する機械器具が該当します。

「動力機械器具（陸上の乗物用のものを除く。）　動力機械器具の部品」（０９Ｂ０１,０９Ｂ０２）

１．「動力機械器具（陸上の乗物用のもの及び「水車・風車」を除く。）　動力機械器具（「水車・風車」を除く。）の部品」（０９Ｂ０１）

これらの商品は、動力を発生させる機械器具の大部分が該当し、動力機械器具（「水車・風車」を除く。）の部品も含まれます。

この商品中の「タービン」には、蒸気を利用するものに「蒸気タービン」、水を用いるものに「水力タービン」等があり、流体を動翼にあてて、流体の運動エネルギーを回転運動に変換し、回転動力を得る原動機が該当します。

なお、これらの商品と類似群が同じですが、第１１類（ボイラー（動力機械部品・機関用のものを除く。））及び第１２類（陸上の乗物用の動力機械器具（その部品を除く。））に属する商品も存在します。

２．「水車　風車」（０９Ｂ０２）

「水車」は、「水力タービン」以外の簡単な構造の水車が該当します。

なお、「水車」とは類似群が異なりますが、「水力タービン」については、「陸上の乗物用の水力タービン」は第１２類に、陸上の乗物用以外の「水力タービン」は本類に属します。

「風水力機械器具」（０９Ｃ０１）

この商品は、液体又は気体を噴出させたり、高所へ押し上げたり、高圧のタンクへ押し込んだりするために、液体又は気体に圧力を加える機械器具が該当します。

液体関係の機械器具が「ポンプ」であり、気体関係の機械器具が「送風機」及び「圧縮機」です。

各例示商品は機械の構造によっていますが、用途が限定されたものとして取引される場合も、この概念に属します。

なお、この商品とは類似群が異なりますが、手動式の乗物のタイヤ用の空気ポンプは、使用対象ごとに、第１２類「自動車の部品及び附属品」「二輪自動車の部品及び附属品」又は「自転車の部品及び附属品」にそれぞれ属します。

「機械式の接着テープディスペンサー　自動スタンプ打ち器」（０９Ｄ０１）

事務用機械器具のうち、「機械式の接着テープディスペンサー　自動スタンプ打ち器」のような商品は本類に属します。

また、これらの商品と類似群は同じですが、第９類（青写真複写機　金銭登録機　等）及び第１６類（あて名印刷機　印字用インクリボン　等）に属する商品も存在します。

「自動販売機」（０９Ｅ２１）

この商品は、対価を支払うことにより、物品が自動的に出てくる装置であって、飲料の販売などに用いられるものです。

なお、この商品と類似群が同じ「チケット自動販売機」は本類に、この商品に類似する「現金自動預払機」は第９類に属します。

参照：商品のアルファベット順一覧表

第７類「ticket vending machines」（チケット自動販売機　０９Ｅ２１）

第９類「automated teller machines [ATM]」（現金自動預払機　０９Ｄ０１　０９Ｅ２１）

「ガソリンステーション用装置」（０９Ｅ２２）

この商品は、ガソリンスタンド、ガソリンステーション用の商品が該当します。

「電気洗濯機」（０９Ｅ２３,１１Ａ０６）

この商品は、業務用及び家庭用の商品が該当します。

１．「業務用電気洗濯機」（０９Ｅ２３）

この商品には、業務用の商品が該当します。

なお、この商品と類似群が同じですが、第１１類（業務用衣類乾燥機）に属する商品も存在します。

２．「家庭用電気洗濯機」（１１Ａ０６）

この商品には、家庭用の商品が該当します。

なお、この商品と類似群が同じですが、本類（家庭用食器洗浄機　家庭用電気式ワックス磨き機　等）、第８類（電気アイロン）及び第１１類（家庭用電熱用品類（美容用又は衛生用のものを除く。））に属する商品も存在します。

「修繕用機械器具」（０９Ｅ２４）

この商品は、修繕に用いる機械器具が該当します。

「機械式駐車装置」（０９Ｅ２６）

この商品は、駐車場で用いる装置が該当します。

なお、この商品と類似群が同じですが、「駐車場用硬貨作動式ゲート」は第９類に属します。

「乗物用洗浄機」（０９Ｅ２７）

この商品は、いわゆる「洗車機」と称される商品が該当します。

なお、この商品とは類似群が異なりますが、被服類の洗浄用機械器具は本類「電気洗濯機」に、食器類の洗浄用機械器具は本類「食器洗浄機」に属します。

「業務用攪はん混合機　業務用皮むき機　業務用切さい機」（０９Ｅ２８）

これらの商品は、厨房において専ら業務用の調理機械として使用する商品が該当します。

また、これらの商品と類似群が同じですが、第１１類（業務用加熱調理機械器具　業務用食器乾燥機　等）に属する商品も存在します。

「食器洗浄機」（０９Ｅ２８,１１Ａ０６）

この商品には、業務用及び家庭用のものが該当します。

１．「業務用食器洗浄機」（０９Ｅ２８）

この商品は、業務用の商品が該当します。

また、この商品と類似群が同じですが、第１１類（業務用加熱調理機械器具　業務用食器乾燥機　等）に属する商品も存在します。

２．「家庭用食器洗浄機」（１１Ａ０６）

この商品は、家庭用の商品が該当します。

なお、この商品と類似群が同じですが、本類（家庭用電気洗濯機　家庭用電気式ワックス磨き機　等）、第８類（電気アイロン）及び第１１類（家庭用電熱用品類（美容用又は衛生用のものを除く。））に属する商品も存在します。

「電気式ワックス磨き機　電気掃除機」（０９Ｅ２９,１１Ａ０６）

これらの商品は、業務用及び家庭用のものが該当します。

１．「業務用電気式ワックス磨き機　業務用電気掃除機」（０９Ｅ２９）

これらの商品は、業務用の商品が該当します。

２．「家庭用電気式ワックス磨き機　家庭用電気掃除機」（１１Ａ０６）

これらの商品は、家庭用の商品が該当します。

なお、これらの商品と類似群が同じですが、本類（家庭用電気洗濯機　家庭用食器洗浄機　電気ミキサー）、第８類（電気アイロン）及び第１１類（家庭用電熱用品類（美容用又は衛生用のものを除く。））に属する商品も存在します。

「消毒・殺虫又は防臭用散布機（農業用のものを除く。）」（０９Ｅ３０）

この商品は、農業用以外の消毒・殺虫又は防臭用の散布機が該当します。

「機械要素（陸上の乗物用のものを除く。）」（０９Ｆ０１,０９Ｆ０２,０９Ｆ０３,０９Ｆ０４,０９Ｆ０５）

各産業分野で使用されている多くの種類の機械器具には、「軸」「ベアリング」「滑車」「歯車」「ばね」「バルブ」のようにその構造、形態、寸法等は多少相違するものの、同じ名称の部品が使用されていますが、このような機械の部品を「機械要素」という表示でまとめたものです。

なお、機械器具にも使用されますが、建築・構築等といった別の用途にも用いられるもの（例えば、ボルト、ナット、リベット等）は「機械要素」には含まれません。

１.「軸（陸上の乗物用のものを除く機械要素）　軸受（陸上の乗物用のものを除く機械要素）　軸継ぎ手（陸上の乗物用のものを除く機械要素）」（０９Ｆ０１）

「軸」「軸受」及び「軸継ぎ手」は、「機械要素」のうち、機械の回転を支える「ベアリング」等が該当し、陸上の乗物用以外の商品は本類に、陸上の乗物用の商品は第１２類に属します。

２.「動力伝導装置（陸上の乗物用のものを除く機械要素）」（０９Ｆ０２）

「動力伝導装置」は、モーター、エンジン等の原動機の回転力を使用する産業機器の必要な回転数に変換して伝えるものが該当し、陸上の乗物用以外の商品は本類に、陸上の乗物用の商品は第１２類に属します。

また、この商品と類似群が同じ「金属製滑車（機械要素に当たるものを除く。）」は第６類に属します。

３.「緩衝器（陸上の乗物用のものを除く機械要素）　ばね（陸上の乗物用のものを除く機械要素）」（０９Ｆ０３）

「緩衝器」及び「ばね」は、衝突の衝撃を和らげる目的の商品等が該当し、陸上の乗物用以外の商品は本類に、陸上の乗物用の商品は第１２類に属します。

また、これらの商品と類似群が同じ「金属製ばね（機械要素に当たるものを除く。）」は第６類に属します。

４.「制動装置（陸上の乗物用のものを除く機械要素）」（０９Ｆ０４）

「制動装置」は、いわゆる「ブレーキ」が該当し、陸上の乗物用以外の商品は本類に、陸上の乗物用の商品は第１２類に属します。

５.「バルブ（陸上の乗物用のものを除く機械要素）」（０９Ｆ０５）

「バルブ」は、機械要素に該当するものは本類に属します。

また、「バルブ」は、機械要素以外の金属製「バルブ」は第６類に、「水道用栓　タンク用水位制御弁　パイプライン用栓」は第１１類に、「ゴム製又はバルカンファイバー製のバルブ（機械要素に当たるものを除く。）」は第１７類に、「送水管用バルブ（金属製又はプラスチック製のものを除く。）」は第１９類に、「プラスチック製バルブ（機械要素に当たるものを除く。）」は第２０類に属します。

「芝刈機」（０９Ｇ５４）

この商品は、芝を一定の高さに刈りそろえる機械で、手動式及び動力式の商品が含まれます。

「電動式カーテン引き装置　電動式扉自動開閉装置」（０９Ｇ５５）

「扉自動開閉装置」については、電動式のものと電子応用のものとがあり、電動式の商品は本類に、「電子応用扉自動開閉装置」は第９類「電子応用機械器具」に属します。

「業務用廃棄物圧縮装置　業務用廃棄物破砕装置」（０９Ｇ６３）

これらの商品は、業務用の廃棄物を圧縮、破砕するための装置が該当します。

「３Ｄプリンター」（０９Ｈ０１）

この商品は、立体物を造形する製造用機械の一種の商品であり、本類に属します。

「起動器　交流電動機及び直流電動機（陸上の乗物用の交流電動機及び直流電動機（その部品を除く。）を除く。）　交流発電機　直流発電機」（１１Ａ０１）

電動機のうちの陸上の乗物用電動機（その部品は除く。）以外の商品並びに起動器及び発電機は、本類に属します。

なお、陸上の乗物用電動機（その部品は除く。）は第１２類に属します。

また、これらの商品と類似群が同じですが、第９類（配電用又は制御用の機械器具　回転変流機　等）に属する商品も存在します。

「電気ミキサー」（１１Ａ０６）

この商品は、主に家庭用で使用する、本体にモーターを内蔵する電気器具で、果実・野菜などを細かく砕き、野菜ジュース等を作るものが該当します。

また、この商品とは類似群が異なりますが、「家庭用ミキサー（電気式のものを除く。）」は第２１類に属します。

なお、この商品と類似群が同じですが、本類（家庭用電気洗濯機　家庭用食器洗浄機　等）、第８類（電気アイロン）及び第１１類（家庭用電熱用品類（美容用又は衛生用のものを除く。））に属する商品も存在します。

参照：商品のアルファベット順一覧表

第２１類「blenders, non-electric, for household purposes」（家庭用ミキサー（電気式のものを除く。）　１９Ａ０５）

「電機ブラシ」（１１Ｄ０１）

この商品は、電気機械器具の部品であって器具といえないものが該当します。

なお、この商品と類似群は同じですが、第９類（磁心　抵抗線　電極）及び第１７類（電気絶縁材料）に属する商品も存在します。

「ミシン針」（１３Ａ０２）

この商品は、本類に属する「ミシン」に使用される針であることから、本類に属し、第２６類の針類には含まれません。

第８類　手動工具

【類見出し】
手持の工具及び器具（手動式のもの）；
刃物類；
携帯用武器（火器を除く。）；
かみそり（電動式のものを含む。）.

【注釈】
第８類には、主として、掘削、形削り、切削及び穴あけのような作業を行うための手動式の手持工具及び器具を含む。

この類には、特に、次の商品を含む：
農業用、園芸用及び造園用の手持工具；
大工、芸術家、その他職人に使用される手動式の手持工具、例えば、ハンマー、のみ及び彫刻用工具；
手動式の手持工具の柄、例えば、ナイフ、大がま用のもの；
電気式及び非電気式の身繕い用及び身体のアート用の手持器具、例えば、かみそり、頭髪カール器、入れ墨用器具並びにマニキュア用及びペディキュア用器具；
手動式ポンプ；
食卓用刃物類、例えば、洋食ナイフ、フォーク及びスプーン（貴金属製のものを含む。）.

この類には、特に、次の商品を含まない：
工作機械及び原動機によって駆動する器具（第７類）；
外科用刃物類（第 10 類）；
自転車のタイヤ用空気ポンプ（第 12 類）、ゲーム用ボール専用のポンプ（第 28 類）；
携帯武器（火器）（第 13 類）；
ペーパーナイフ及び文書用シュレッダー（事務用のもの）（第 16 類）；
その機能又は用途によって各類に分類されるものの柄、例えば、つえの柄、傘用柄（第 18 類）、ほうき用柄（第 21 類）；
給仕用具、例えば、角砂糖挟み、アイストング（氷ばさみ）、パイ取分け用へら及び給仕用レードル、並びに台所用器具、例えば、バースプーン、すりこぎ、すりばち、くるみ割り器及びへら（第 21 類）；
フェンシング用武具（第 28 類）.

【解説】
「ピンセット」（０１Ｃ０１）
この商品は、一般的に使用される「ピンセット」が該当します。

また、この商品と類似群は同じですが、第５類（医療用油紙　医療用接着テープ　等）、第１０類（医療用指サック　衛生マスク　等）及び第２１類（デンタルフロス）に属する商品が存在します。

なお、この商品とは異なる類似群ですが、医療用に使用されるピンセットは、第１０類に属します。

「組ひも機（手持工具に当たるものに限る。）　人力織機」（０９Ａ０７）

この商品は、組ひもを編むための手持工具が該当します。

また、この商品と類似群は同じですが、第７類（繊維機械器具）、第１１類（化学繊維製造用乾燥機）及び第２６類（漁網製作用杼）に属する商品も存在します。

「くわ　鋤　レーキ（手持工具に当たるものに限る。）」（０９Ａ４１）

これらの商品は、工具として使用する手動式の器具に類推されることから、本類に属します。

なお、これらの商品と類似群が同じですが、第７類（耕うん機械器具（手持工具に当たるものを除く。）　栽培機械器具　等）及び第１１類（収穫物乾燥機　飼料乾燥装置）に属する商品が存在します。

「靴製造用靴型（手持工具に当たるものに限る。）」（０９Ａ６１）

靴製造用靴型のうち、手持工具に当たる商品は本類に属し、機械部品に当たる商品は第７類に属します。

また、この商品と類似群が同じ「靴製造機械　製革機械」も第７類に属します。

参照：商品のアルファベット順一覧表

第７類「shoe lasts [parts of machines]」（靴型（機械部品）　０９Ａ６１）

「電気アイロン」（１１Ａ０６）

この商品は、洋服等のしわをのばす等に使用される「アイロン」のうち、電気式の商品が該当します。

また、主として家庭において使用されるものですが、一般営業用としても使用される場合が多いものです。

さらに、この商品と類似群は異なりますが、「業務用アイロン装置」は第７類に属します。

なお、この商品と類似群は同じですが、第７類（家庭用電気洗濯機　家庭用食器洗浄機　等）及び第１１類（家庭用電熱用品類（美容用又は衛生用のものを除く。））に属する商品も存在します。

参照：商品のアルファベット順一覧表

第７類「ironing machines」（業務用アイロン装置　０９Ｅ２３）

「電気かみそり及び電気バリカン」（１１Ａ０７）

これらの商品は、家庭において使用される個人の身だしなみを整えることを目的とした電気機械器具が該当し、各職業において工具として使用することから、本類に属します。

なお、これらの商品と類似群は同じですが、第１０類（家庭用超音波美顔器）、第１１類（美容用又は衛生用の家庭用電熱用品類）、第２１類（電気式歯ブラシ）及び第２６類（電気式ヘアカーラー）に属する商品も存在します。

「ヘアアイロン」（１１Ａ０７,２１Ｆ０１）

この商品は、頭髪用のこてであって、頭髪を巻くための「カール用ヘアアイロン」や、頭髪をまっすぐに伸ばすための「ストレート用ヘアアイロン」が該当します。

「手動利器」（１３Ａ０１,１３Ａ０３）

この商品は、主として鋭利な部分があって物を切ったり、削ったり、刺したりするもので、動力によらず、手だけで動かすものが該当します。

「金属加工機械器具」に取り付けられる「ドリル」等の刃先の部品は、動力によらず、手だけで動かすものではありませんので、この商品には含まれず、第７類「金属加工機械器具」に属します。

「手動工具」と称されるものでも、鋭利な部分を有するものは、この商品に含まれます。

１．「手動利器（「刀剣」を除く。）」（１３Ａ０１）

この商品は、「はさみ類」「包丁類」「かみそり」「手動バリカン」「さし類」「のみ類」「まさかり類」等の手動の利器が該当します。

なお、「果物ナイフ」や「洋食ナイフ」がこの商品に含まれます。一方、「スプーン」や「フォーク」あるいは「水中ナイフ」は本類に属しますが、この商品には含まれません。

２．「刀剣」（１３Ａ０３）

この商品は、「サーベル」や「日本刀」等、剣や刀が該当します。

「手動工具」（１３Ｂ０１,１３Ｂ０２,１３Ｂ０３）

この商品は、工作に用いる器具であって、動力によらず手だけで動かすもので、手動利器以外のものが該当します。

１．「手動工具（「すみつぼ類・革砥・鋼砥・砥石」を除く。）」（１３Ｂ０１）

この商品と類似群が同じ「かな床　はちの巣」は第６類に属します。

２．「すみつぼ類」（１３Ｂ０２）

「すみつぼ類」は、大工が線を引いたり、寸法を計ったりするために使用する器具が該当します。

３．「革砥　鋼砥　砥石」（１３Ｂ０３）

これらの商品と類似群が同じ「研磨紙　研磨布」等は第３類に属します。

「エッグスライサー（電気式のものを除く。）　かつお節削り器　缶切　スプーン　チー

ズスライサー（電気式のものを除く。）　ピザカッター（電気式のものを除く。）　フォーク」（１９Ａ０５）

これらの商品は、「調理用具」または「台所用品」に該当する商品のうち、手動器具や手動利器に類推される商品であることから、本類に属します。

また、これらの商品と類似群は同じですが、第１６類（家庭用食品包装フィルム）、第２１類（調理用具　アイスペール　等）及び第２４類（織物製テーブルナプキン）に属する商品も存在します。

「チャコ削り器」（１９Ｂ０３）

この商品は、裁縫用具に該当する商品のうち、手動器具や手動利器に類推される「裁縫用チャコ」を削る器具が該当します。

なお、これらの商品と類似群が同じですが、第１６類（型紙　裁縫用チャコ）、第２０類（刺しゅう用枠）、第２１類（アイロン台　霧吹き　等）及び第２６類（編み棒　糸通し器　等）に属する商品が存在します。

「十能　暖炉用ふいご（手持工具に当たるものに限る。）　火ばし」（１９Ｂ２９）

これらの商品は、工具として使用する手動式の器具に該当しますので、本類に属します。

なお、これらの商品と同じ類似群ですが、第２１類（家庭用燃え殻ふるい　五徳　等）に属する商品も存在します。

「護身棒」（１９Ｂ４３）

この商品は、身命の防御のために使用する「警棒」（警察官が携帯する硬質木材の丸棒）等が該当します。

「ひげそり用具入れ　ペディキュアセット　まつ毛カール器　マニキュアセット」（２１Ｆ０１）

これらの商品は、「化粧用具」に該当する商品のうち、手動器具や手動利器に類推される商品であることから、本類に属します。

「ペディキュアセット」や「マニキュアセット」は、「手や足の爪の手入れをする道具」（例えば、爪用やすり・爪切り・ピンセット・爪と甘皮用はさみ等のセット）が該当するもので、第３類に属する「ネイルエナメル」付きのセット商品を表すものではありません。

また、「まつ毛カール器」や「マニキュアセット」は、電気式の商品も、本類に属します。

なお、この商品と類似群は同じですが、第３類（つけづめ　つけまつ毛）、第１０類（耳かき）、第１８類（携帯用化粧道具入れ）、第２０類（懐中鏡　鏡袋）、第２１類（化粧用具（「電気式歯ブラシ」を除く。））及び第２６類（つけあごひげ　つけ口ひげ　ヘアカーラー（電気式のものを除く。））に属する商品も存在します。

「ピッケル」（２４Ｃ０３）

登山用具に該当する商品のうち、「ピッケル」は本類に属します。

また、この商品と類似群は同じですが、第６類（アイゼン　カラビナ　ハーケン）、第２１類（コッフェル）、第２２類（ザイル　登山用又はキャンプ用のテント）、第２４類（スリーピングバッグ）及び第２８類（登山用ハーネス）に属する商品が存在します。

なお、「登山靴」は、この商品には含まれず、第２５類「運動用特殊靴（「乗馬靴」及び「ウインドサーフィン用シューズ」を除く。）」に含まれます。

「水中ナイフ　水中ナイフ保持具」（２４Ｃ０４）

マリンスポーツやスキューバダイビングで使用する商品のうち、「ダイバーズナイフ」と称される「水中ナイフ」は、その保持具も含め、本類に属します。

なお、これらの商品と類似群が同じですが、第９類（ウエイトベルト　エアタンク等）、第１３類（水中銃（運動用具））、第２２類（ウィンドサーフィン用のセイル）、第２５類（ウインドサーフィン用シューズ）及び第２８類（サーフィン用・水上スキー用・スキューバダイビング用運動用具）に属する商品が存在します。

「パレットナイフ」（２５Ｂ０１）

「パレットナイフ」は、手動利器に類推される商品であることから、本類に属します。

また、この商品と類似群が同じですが、第２類（謄写版用インキ　絵の具）、第１６類（文房具類）及び第１７類（接着テープ（医療用・事務用又は家庭用のものを除く。））に属する商品も存在します。

第９類　科学用、航海用、測量用、写真用、音響用、映像用、計量用、信号用、検査用、救命用、教育用、計算用又は情報処理用の機械器具、光学式の機械器具及び電気の伝導用、電気回路の開閉用、変圧用、蓄電用、電圧調整用又は電気制御用の機械器具

【類見出し】

科学用、研究用、ナビゲーション用、測量用、写真用、映画用、視聴覚用、光学用、計量用、測定用、信号用、検知用、試験用、検査用、救命用及び教育用の機械器具；
電気の供給又は使用における伝導用、開閉用、変圧用、蓄電用、調整用又は制御用の機械器具；
音響・映像又はデータの記録用、送信用、再生用、又は処理用の機械器具；
記録された及びダウンロード可能な記録媒体、コンピュータソフトウェア、未記録のデジタル式又はアナログ式の記録用及び保存用媒体；
硬貨作動式機械用の始動装置；
金銭登録機、計算用装置；
コンピュータ及びコンピュータ周辺機器；
潜水服、水中マスク、潜水用耳栓、潜水用及び水泳用鼻クリップ、潜水用手袋、潜水用呼吸装置；
消火装置.

【注釈】

第９類には、主として、科学用又は研究用機械器具、視聴覚用及び情報技術用装置、並びに安全及び救命用具を含む。

この類には、特に、次の商品を含む：
実験室用科学研究機器；
訓練用の器具及びシミュレーター、例えば、蘇生訓練用マネキン人形、乗物運転技能訓練用シミュレーター；
航空機、船舶及び無人の乗物の制御及び監視用機器、例えば、ナビゲーション装置、送信装置、測定用コンパス、全地球測位装置（ＧＰＳ）、乗物用自動操縦装置；
安全用機器、例えば、救命網、信号灯、交通信号機、消防車、音響式警報器、セキュリティートークン（暗号化装置）；

重大な又は生命を脅かす怪我に対する身体防護用衣服、例えば、事故・放射線又は火熱に対する身体防護用衣服、防弾服、保護ヘルメット、運動用ヘッドガード、運動用マウスガード、飛行士用保護服、作業用ひざ当て；
光学用機器、例えば、眼鏡、コンタクトレンズ、拡大鏡、検査作業用鏡、のぞき穴；
永久磁石；
腕時計型携帯情報端末、着用可能なアクティビティトラッカー；
コンピュータ用ジョイスティック（テレビゲーム用を除く。）、バーチャルリアリティ用ヘッドセット、眼鏡型携帯情報端末；
眼鏡用容器、スマートフォン用ケース、写真用機器専用ケース；
現金自動預払機、インボイス作成機、材料試験用の器具及び機械；
電子たばこ用バッテリー及び充電器；
楽器用エフェクター；
実験用ロボット、教育支援用ロボット、防犯用監視ロボット、人工知能搭載のヒューマノイドロボット.

この類には、特に、次の商品を含まない：
ジョイスティック（機械部品）（ゲーム機用のものを除く。）（第７類）、乗物用ジョイスティック（第12類）、テレビゲーム機用ジョイスティック、おもちゃ用及びゲーム機用コントローラー（第28類）；
その機能又は用途によって各類に分類される硬貨作動式装置、例えば、硬貨作動式洗濯機（第７類）、硬貨作動式ビリヤード台（第28類）；
工業用ロボット（第７類）、外科手術用ロボット（第10類）、おもちゃのロボット（第28類）；
脈拍計、心拍数測定用機器、体組成計（第10類）；
実験室用ランプ、実験室バーナー（第11類）；
ダイビング用ライト（第11類）；
爆発性霧中信号、信号用ロケット照明弾（第13類）；
生物組織の顕微鏡用切片（教育用のものに限る。）、顕微鏡観察に用いる生物の教材用標本（第16類）；
特定のスポーツをするときに着用される被服及び器具、例えば、保護用パッド（運動用被服の部分品）、フェンシング用マスク、ボクシング用グローブ（第28類）.

【解説】

「潜水用耳栓」（０１Ｃ０４）

耳栓のうち、潜水用の商品は本類に属し、水泳用、睡眠用や防音用の商品は第１０類に属します。

「検卵器」（０９Ａ４５）

この商品は、孵化中の種卵を検査するための機械が該当します。

また、この商品と類似群が同じ「育雛器　ふ卵器」は第７類に属します。

「青写真複写機　金銭登録機　硬貨の計数用又は選別用の機械　写真複写機　製図用又は図案用の機械器具　タイムスタンプ　タイムレコーダー　パンチカードシステム機械　票数計算機　郵便切手の貼り付けチェック装置」（０９Ｄ０１）

事務用機械器具のうち、「金銭登録機」「タイムスタンプ」のような商品は本類に属します。

また、これらの商品と類似群は同じですが、第７類（機械式の接着テープディスペンサー　自動スタンプ打ち器）及び第１６類（あて名印刷機　印字用インクリボン　等）に属する商品も存在します。

「駐車場用硬貨作動式ゲート」（０９Ｅ２６）

この商品は、駐車場で用いる装置が該当し、「駐車場用硬貨作動式ゲート」は本類に、「機械式駐車装置」は第７類に属します。

「救命用具」（０９Ｇ０１）

この商品は、救命胴衣や救命帯等、人命を救助することを目的とした商品が該当します。

なお、この商品と同じ類似群である「落下傘」は第１２類に属します。

「消火器　消火栓　消火ホース　消火ホース用ノズル　スプリンクラー消火装置」（０９Ｇ０２）

これらの商品は、消火器等、消火をその本質的機能とする器具等が該当します。

「火災報知機　ガス漏れ警報器　盗難警報器」（０９Ｇ０４）

これらの商品は、火災の発生やガス漏れ等を察知し、特異の音響の連続や赤色光線の発光などによって危険の緊迫や故障の発生を急報する装置が該当します。

なお、これらの商品と類似群が同じ「乗物用盗難警報器」については、乗物と同様に第１２類に属します。

「保安用ヘルメット」（０９Ｇ０５）

この商品は、オートバイに乗る際や工事現場で頭部を衝撃などから保護するためにかぶる防護帽が該当し、身体を防護することを目的とする商品であるため本類に属します。

なお、運動競技の際に用いられる「運動用保護ヘルメット」は、この商品には含まれませんが、身体を防護することを目的とする商品であるため本類に属します。

「鉄道用信号機」（０９Ｇ０６）

鉄道用の信号は、前方の列車との間隔を十分に取るため、同じ線路の区間に２編成以上の車両が入らないようにすることで、列車が衝突したり、入ってはいけない線路に列車が入ったりしてしまうことを防ぐためのもので、信号用機械器具に該当することから、本類に属します。

また、この商品と類似群が同じ「てんてつ機」は第６類に属します。

「乗物の故障の警告用の三角標識　発光式又は機械式の道路標識」（０９Ｇ０７）

「乗物の故障の警告用の三角標識」は、高速自動車国道等において故障やその他の理由により自動車を運転することができなくなった際に、自動車が故障その他の理由により停止していることを表示する停止表示器材が該当します。

また、「道路標識」は、発光式又は機械式の商品は本類に属し、発光式又は機械式ではない金属製道路標識は第６類に、金属製又は発光式若しくは機械式ではない道路標識は第１９類に属します。

「潜水用機械器具」（０９Ｇ５１）

この商品は、送気式の潜水機械器具等、主として水中作業に用いられる商品が該当します。

なお、この商品には、専らスポーツに使用する商品は含まれません。

「業務用テレビゲーム機用プログラム」（０９Ｇ５３）

この商品は、主に業務用テレビゲーム機専用のゲーム用プログラムが該当し、ソフトウェアが属する区分である本類に属します。

また、この商品と類似群が同じ「遊園地用機械器具」及び「業務用テレビゲーム機」本体は、第２８類に属します。

なお、この商品とは類似群が異なりますが、「家庭用テレビゲーム機用プログラム　携帯用液晶画面ゲーム機用のプログラムを記憶させた電子回路及びＣＤ－ＲＯＭ」は本類に、「家庭用テレビゲーム機」及び「携帯用液晶画面ゲーム機」は第２８類に属します。

「乗物運転技能訓練用シミュレーター」（０９Ｇ６４）

この商品は、乗物を運転するための技能訓練用シミュレーターが該当します。

「運動技能訓練用シミュレーター」（０９Ｇ６５）

この商品は、運動のための技能訓練用シミュレーターが該当します。

「理化学機械器具」（１０Ａ０１）

この商品は、主として、自然科学の研究用又は実験用に専ら使用される機械器具が該当します。

ただし、電子の作用がその機械器具の機能の面で本質的な要素になっているようなもの（例えば、「サイクロトロン」）は本類「電子応用機械器具及びその部品」に含まれ、この商品には含まれません。

また、各種の計測機器等の中には、実験用に用いられるものも多いですが、それらもこの商品には含まれず、本類「測定機械器具」に属します。

この商品の下位概念の「実験用機械器具」には、「実験用ガラス器具」等が含まれます。

「実験用陶磁製器具」は、実験用の乳鉢や乳棒等が該当します。

「実験用炉」は、専ら実験に用いられる小規模な炉に限られ、例えば、るつぼ炉、管状炉、マッフル炉等が該当しますが、企業において鉄鋼等の製造に使用されるような商品は、第１１類「工業用炉」に属します。

「模型及び標本」は、人体模型、博物学標本、アルコールづけ標本等、研究用及び試験用のもののみが該当します。

なお、広義の模型には、「おもちゃの模型」「建築模型」「食品見本模型」等がありますが、これらは、「理化学機械器具」とはいえないことから、この商品には含まれず、それぞれ、第２８類、第１６類、第２０類に属します。

「写真機械器具　映画機械器具　光学機械器具」（１０Ｂ０１）

１．「１　写真機械器具」

この商品は、主に、写真撮影のための機械器具及び附属品が該当します。

この商品の下位概念の「レンズ」は、写真機械器具専用の「カメラ用レンズ」が該当します。

「撮影機」は写真機械器具の一種ですが、映画専用であることから、「写真機械器具」ではなく「映画機械器具」に属します。

「カメラ用ケース」は、カメラを収納するための専用のものとして、需要者がケースだけを購入する場合もあり、カメラの附属品としてこの商品に含まれます。

なお、「デジタルカメラ」は、静止画像を電子的に記録するビデオカメラであることから、この商品には含まれず、本類「電気通信機械器具」に属します。

２．「２　映画機械器具」

この商品は、映画の撮影、現像、仕上げ、録音、映写等に専用される機械器具が該当します。

ただし、映画の撮影等に用いるものであっても、映画以外にも使用される商品、例えば、「スポットライト」は第１１類「電球類及び照明用器具」に属します。

３．「３　光学機械器具」

この商品は、光の屈折・反射などの性質を応用した機械器具で、一般的な「望遠鏡」や「顕微鏡」等が該当します。

なお、光の屈折・反射などの性質を応用した器械であっても、「カメラ」は「写真機械器具」に、「映写機」は「映画機械器具」に属し、この商品には含まれません。

また、電子の作用が機械器具の機能面で本質的な要素となっているようなもの、（例えば「電子顕微鏡」）は、この商品には含まれず、本類「電子応用機械器具及びその部品」に属します。

「測定機械器具」（１０Ｃ０１）

「自動調節機械器具」は、主体が測定機械器具なので、この商品に含まれることとなりますが、遠隔の地にある機械を自動調節する「遠隔測定制御機械器具」は、「電気通信機械器具」が主体となるため、この商品には含まれず、本類「電気通信機械器具」に属します。

なお、電子の作用が機械器具の機能の面で本質的な要素となっているようなもの、例えば「ガイガー計数器」「超音波応用測深器」等はこの商品には含まれず、本類「電子応用機械器具及びその部品」に属します。

また、電気又は磁気により測定するものは「測定機械器具」に属しますが、電気の単位又は磁気の単位を測定する商品は、本類「電気磁気測定器」に含まれます。

さらに、専ら医療用に使用する測定機械器具については、第１０類「医療用機械器具（「歩行補助器・松葉づえ」を除く。）」に属します。

「配電用又は制御用の機械器具　回転変流機　調相機」（１１Ａ０１）

「配電用又は制御用の機械器具」は、配電盤や変圧器等、電力を配給すること、制御することを目的とした機械器具が該当します。

また、これらの商品と類似群が同じ「起動器　交流電動機及び直流電動機（陸上の乗物用の交流電動機及び直流電動機（その部品を除く。）を除く。）　交流発電機　直流発電機」は第７類に、「陸上の乗物用の交流電動機又は直流電動機（その部品を除く。）」は第１２類に属します。

なお、「配電用又は制御用の機械器具」の下位概念の「配電用又は制御用抵抗器」や「配電用又は制御用蓄電器」は、配電用又は制御用の専用商品が該当しますが、電気通信専用の特殊な機械器具として取引される「電気通信機械器具用抵抗器」「電気通信機械器具用蓄電器」等は、本類の「電気通信機械器具」に属します。

「太陽電池」（１１Ａ０１,１１Ａ０３）

この商品は、半導体の光起電力効果を利用して太陽エネルギーを電気エネルギーに変換する装置が該当します。

「電池」（１１Ａ０３）

この商品は、「乾電池」「蓄電池」等が該当します。

「電気磁気測定器」（１１Ａ０４）

この商品は、「電圧計」「磁気測定器」等、電気の単位又は磁気の単位を測定するものが該当します。

なお、電気又は磁気により測定する商品は、この商品には含まれず、本類「測定機械器具」に属します。

「電線及びケーブル」（１１Ａ０５）

この商品は、電流を通ずる導体として用いる金属線や電線・光ファイバーなどに外被をかぶせたものが該当します。

「電気通信機械器具」（１１Ｂ０１）

この商品の下位概念には、「電話機械器具」や「無線通信機械器具」等が含まれるところ、「携帯電話機」は、「無線通信機械器具」には含まれず、「電話機械器具」に属します。

ただし、「スマートフォン」は、本類「携帯情報端末」に属します。

電気通信機械器具の部品としてのみ使用される特殊な形態又は寸法のもの（例えば「アンテナ」「キャビネット」等）も、この商品に含まれます。

「デジタルカメラ」は、静止画像を電子的に記録するビデオカメラであることから、「ビデオカメラ」とともに、この商品の下位概念の「映像周波機械器具」に含まれます。

なお、光学式の「カメラ」については、本類「写真機械器具」に属します。

「携帯情報端末」（１１Ｂ０１,１１Ｃ０１）

この商品は、「腕時計型携帯情報端末」「スマートフォン」「携帯情報端末の部品及び附属品」等が該当します。

「電子応用機械器具及びその部品」（１１Ｃ０１,１１Ｃ０２）

この商品は、電子の作用を応用したもので、電子の作用をその機械器具の機能の本質的な要素としているものが該当します。

１．「電子応用機械器具（「ガイガー計数器・高周波ミシン・サイクロトロン・産業用Ｘ線機械器具・産業用ベータートロン・磁気探鉱機・磁気探知機・地震探鉱機械器具・水中聴音機械器具・超音波応用測深器・超音波応用探傷器・超音波応用探知機・電子応用扉自動開閉装置・電子顕微鏡」を除く。）　電子管　半導体素子　電子回路（「電子計算機用プログラムを記憶させた電子回路」を除く。）　電子計算機用プログラム」（１１Ｃ０１）

「電子計算機用プログラム」には、インターネット上でダウンロードにより提供される電子計算機用プログラムや、記録媒体に記憶した電子計算機用プログラムが含まれます。

２．「ガイガー計数器　高周波ミシン　サイクロトロン　産業用Ｘ線機械器具　産業用ベータートロン　磁気探鉱機　磁気探知機　地震探鉱機械器具　水中聴音機械器具　超音波応用測深器　超音波応用探傷器　超音波応用探知機　電子応用扉自動開閉装置　電子顕微鏡」（１１Ｃ０２）

これらの商品は、「電子応用機械器具」のうち、Ｘ線、超音波等を利用した主に産業用又は研究用の商品が該当します。

なお、放射線量を測定する目的の「ガイガー計数器」は、電子の作用がその機能の面で本質的な要素とすることから、これらの商品に含まれ、本類「測定機械器具」には属しません。

また、Ｘ線を利用した商品であっても、医療用や診断用の「医療用Ｘ線装置」は第１０類「医療用機械器具（「歩行補助器・松葉づえ」を除く。）」に属します。

「磁心　抵抗線　電極」（１１Ｄ０１）

これらの商品は、電気機械器具の部品であって器具といえないものが該当します。

なお、これらの商品と類似群は同じですが、第７類（電機ブラシ）及び第１７類（電気絶縁材料）に属する商品も存在します。

「消防艇」（１２Ａ０１）

この商品は、消防ポンプ等、消火のための設備を装備した小型船が該当します。

なお、この商品と類似群は同じですが、第６類（いかり）、第１２類（船舶並びにその部品及び附属品（「エアクッション艇」を除く。））及び第２２類（船舶用オーニング　ターポリン　帆）に属する商品も存在します。

「科学用人工衛星」（１２Ａ０３）

この商品は、科学用に使用される目的で製造された人工衛星が該当します。

「消防車」（１２Ａ０５）

この商品は、消防ポンプやはしごなど、消火及び人命救助に必要な設備を装備した自動車が該当します。

なお、この商品と類似群は同じですが、第１２類（自動車並びにその部品及び附属品）及び第１３類（戦車）に属する商品が存在します 。

「防じんマスク　防毒マスク　溶接マスク」（１７Ａ０５）

これらの商品は、ちりやほこり、有毒ガス等から目や呼吸器を守るために、顔面に着用するマスク等が該当します。

「防火被服　防災頭巾」（１７Ａ０６）

「防火被服」は、消防士等が火災現場で着用する耐火性・耐熱性に優れる商品が該当します。

「防災頭巾」は、災害のとき頭部から肩を守るための頭巾が該当します。

「事故防護用手袋」（１７Ａ０８）

この商品は、事故や、工場等で使用するＸ線から手を守るための手袋が該当し、絶縁機能を有する「事故防護用絶縁手袋」もこの商品に含まれます。

また、この商品と類似群は同じですが、第２１類（家事用手袋）に属する商品も存在します。

なお、この商品と類似群が異なりますが、診断、治療又は手術等、主として病院において医療用に用いられる「医療用手袋」は第１０類に、主として、装飾や防寒等を目的として着用する「手袋」は第２５類に属します。

「眼鏡」（２３Ｂ０１）

この商品には、視力の矯正を目的とする矯正用めがねのほか、目を保護する各種めがね（「水中マスク」「水中眼鏡」「防じん眼鏡」等）や「コンタクトレンズ」も含まれます。

また、「眼鏡ケース」は、専ら眼鏡を収納するためのものとして、それ自体で取引されるものですので、「眼鏡の部品及び附属品」に含まれます。

「家庭用テレビゲーム機用プログラム　携帯用液晶画面ゲーム機用のプログラムを記憶させた電子回路及びＣＤ－ＲＯＭ」（２４Ａ０１）

これらの商品は、主に「家庭用テレビゲーム機」や「携帯用液晶画面ゲーム機」専用のゲーム用プログラムが該当し、ソフトウェアが属する区分である本類に属します。

ただし、これらの商品と類似群が同じ「家庭用テレビゲーム機」及び「携帯用液晶画面ゲーム機」の本体は第２８類「おもちゃ」に属します。

なお、これらの商品とは類似群が異なりますが、「業務用テレビゲーム機用プログラム」は本類に、「業務用テレビゲーム機」本体は第２８類に属します。

また、これらの商品と同じ類似群ですが、第１６類（いろがみ　写し絵　等）、第２０類（揺りかご　幼児用歩行器）及び第２８類（おもちゃ　人形）に属する商品も存在します。

「スロットマシン用プログラム　ぱちんこ器具用プログラム」（２４Ｂ０２）

これらの商品は、「スロットマシン」や「ぱちんこ器具」専用のプログラムが該当し、ソフトウェアが属する区分である本類に属します。

ただし、これらの商品と類似群が同じ「スロットマシン」及び「ぱちんこ器具」の本体は、第２８類「遊戯用器具」に属します。

また、これらの商品と同じ類似群ですが、第２４類（ビリヤードクロス）に属する商品も存在します。

「運動用保護ヘルメット　ホイッスル」（２４Ｃ０１）

「運動用保護ヘルメット」は、運動競技の際に用いられ、頭部を衝撃などから保護するために着用する防護帽が該当します。

また、これらの商品と類似群は同じですが、第１３類（スターターピストル）、第２５類（運動用特殊靴（「乗馬靴」及び「ウインドサーフィン用シューズ」を除く。）　運動用特殊衣服（「水上スポーツ用特殊衣服」を除く。））、第２７類（体操用マット）及び第２８類（運動用具（登山用・サーフィン用・水上スキー用・スキューバダイビング用のものを除く。））に属する商品が存在します。

なお、スポーツ用以外で使用する頭部を保護するヘルメット（例えば、「保安用ヘルメット」）は、「運動用保護ヘルメット」には含まれませんが、身体を防護することを目的とする商品ですので本類に属します。

「ウエイトベルト　エアタンク　シュノーケル　レギュレーター　水上スポーツ用特殊衣服」（２４Ｃ０４）

スキューバダイビングやサーフィンなどのマリンスポーツに使用する商品のうち、これらの商品は、主に潜水用として使用することから、本類に属します。

また、「水上スポーツ用特殊衣服」には、「サーフィン用ウェットスーツ」「水上スキー用ウェットスーツ」等、専らマリンスポーツの際に使用するものが該当します。

これらの商品と類似群は同じですが、第８類（水中ナイフ　水中ナイフ保持具)、第１３類（水中銃（運動用具))、第２２類（ウィンドサーフィン用のセイル)、第２５類（ウインドサーフィン用シューズ）及び第２８類（サーフィン用・水上スキー用・スキューバダイビング用運動用具）に属する商品が存在します。

「メトロノーム　電子楽器用自動演奏プログラムを記憶させた電子回路及びＣＤ－ＲＯＭ　楽器用エフェクター」（２４Ｅ０１）

これらの商品は、主として音楽の演奏の際に用いられる商品のうち、「メトロノーム」のような、主に楽器以外の商品が本類に属します。

なお、これらの商品と類似群が同じ「楽器　楽譜台　指揮棒　音さ」は第１５類に属します。

「レコード　インターネットを利用して受信し及び保存することができる音楽ファイル」（２４Ｅ０２）

これらの商品は、記録媒体に記録されたあるいはインターネットを利用してダウンロードによって取引される音楽・音声データが該当します。

「インターネットを利用して受信し及び保存することができる画像ファイル　録画済みビデオディスク及びビデオテープ」（２４Ｅ０２,２６Ｄ０１）

これらの商品は、記録媒体に記録されたあるいはインターネットを利用してダウンロードによって取引される画像データが該当します。

「電子出版物」（２６Ａ０１,２６Ｄ０１）

この商品は、ＣＤ－ＲＯＭ等の記録媒体やインターネットなどで提供される電子化された出版物です。

この商品は、「書籍」と「画像データ」の両面を併せもつことから、「書籍」及び「画像データ」の類似群が付与されます。

「映写フィルム　スライドフィルム　スライドフィルム用マウント」（２６Ｄ０１）

「映写フィルム」は、映画用の撮影したフィルムが該当します。

「スライドフィルム」は、主に「スライド映写機」で使用する「フィルム」が該当し、「スライドフィルム用マウント」は、「スライドフィルム」の附属品です。

また、これらの商品と類似群が同じ「写真」は第１６類に、「写真立て」は第２０類に属します。

なお、いまだ撮影されていない生の「フィルム」は、第１類「写真材料」に属します。

第１０類　医療用機械器具及び医療用品

【類見出し】
外科用、内科用、歯科用及び獣医科用の機器；
義肢、義眼及び義歯；
整形外科用品；
縫合用材料；
障害者用の治療用装置及び補装具；
マッサージ機器；
乳幼児のほ乳用機器及び器具；
性的活動用機器及び器具.

【注釈】
第１０類には、主として、外科用、内科用、歯科用及び獣医科用の機器及び器具であって、概して人及び動物の機能又は状態の診断、治療又は改善のために使用される商品を含む。

この類には、特に、次の商品を含む：
支持包帯、整形外科用包帯；
医療用特殊被服、例えば、医療用圧迫衣服、静脈瘤用ストッキング、拘束服、整形外科用履物；
月経用、避妊用、分娩用の商品、機器及び装置、例えば、月経用カップ、ペッサリー、コンドーム、分娩用マットレス、鉗子；
人工又は合成材料から成る移植のための治療用及び補綴用品及び装置、例えば、人工材料から成る外科用インプラント、人工胸部、脳ペースメーカー、生分解性骨固定用インプラント；
調剤台、その他の医療用特殊調度品、例えば、医療用又は歯科用の肘掛いす、医療用エアマットレス、手術台.

この類には、特に、次の商品を含まない：
医療用包帯及び吸収性衛生用品、例えば、ばんそうこう、包帯、包帯用ガーゼ、胸当てパッド、乳児用おむつ、失禁用おむつ、タンポン（第 5 類）；
生組織から成る外科用インプラント（第 5 類）；
医療用巻たばこ（たばこの葉を用いていないものに限る。）（第 5 類）及び電子たばこ（第 34 類）；
車椅子及びモビリティスクーター（第 12 類）；
マッサージ台（第 20 類）.

【解説】

「医療用指サック　衛生マスク　おしゃぶり　氷まくら　三角きん　支持包帯　手術用キャットガット　吸い飲み　スポイト　乳首　氷のう　氷のうつり　哺乳用具　魔法哺乳器」（０１Ｃ０１）

これらの商品は、主に「おしゃぶり」「氷のう」等、一般に家庭でも使われる衛生用品で、かつ、第５類に属さない商品が該当します。

「衛生マスク」は、一般人が病菌・花粉等の侵入又は放出を防ぐために鼻及び口をおおって着用する衛生用品であり、医療的機能の側面を有することから、本類に属します。

なお、これらの商品と類似群が異なりますが、「医療従事者用マスク」や「人工呼吸器用マスク」も本類に属します。

また、これらの商品と類似群が同じですが、第５類（医療用油紙　医療用接着テープ等）、第８類（ピンセット）及び第２１類（デンタルフロス）に属する商品が存在します。

参照：商品のアルファベット順一覧表
第１０類「masks for use by medical personnel」（医療従事者用マスク　１７Ａ０５）
第１０類「respiratory masks for artificial respiration」（人工呼吸器用マスク　１０Ｄ０１）

「避妊用具」（０１Ｃ０２）

この商品は、妊娠を避けるために用いるものが該当します。

「人工鼓膜用材料　補綴充てん用材料（歯科用のものを除く。）」（０１Ｃ０３）

これらの商品には、医療補助品に該当する商品のうち、人工鼓膜用の材料や、医療用の補綴や充てん用の材料が該当します。

また、これらの商品と類似群が同じ「歯科用材料」は第５類に属します。

なお、専ら歯科医師が使用する器具器械に該当する商品は、これらの商品には含まれず、第１０類「医療用機械器具（「歩行補助器・松葉づえ」を除く。）」中の「歯科用機械器具」に属します。

「水泳用耳栓　睡眠用耳栓　防音用耳栓」（０１Ｃ０４）

耳栓は、水泳用、睡眠用や防音用の商品は本類に属し、潜水用の商品は第９類に属します。

「業務用超音波美顔器　業務用美容マッサージ器」（０９Ｅ２５）

これらの商品は、業務用に用いられる、超音波式の美顔器や、治療用以外のマッサージ器が該当します。

また、これらの商品と類似群は同じですが、第１１類（タオル蒸し器　美容院用頭髪乾燥機　等）及び第２０類（美容院用椅子　理髪用椅子）に属する商品が存在します。

「医療用機械器具」（１０Ｄ０１,１０Ｄ０２）

１．「医療用機械器具（「歩行補助器・松葉づえ」を除く。）」（１０Ｄ０１）

この商品は、医院又は病院で専ら使用される機械器具が該当します。

また、通常、電子を応用した商品は第９類「電子応用機械器具」に属しますが、電子を応用したものでも「医療用」に該当するものはこの商品に属します。

「診断用機械器具」は、診断の性質上、測定を目的とする機械器具も含まれますが、専ら診断のために用いられるものですから、第９類「測定機械器具」には含まれず、この商品に属します。

「病院用機械器具」は、診察室又は手術室以外でも直接患者の処置に使用するものも含まれます。

「歯科用機械器具」には、歯科医が使用する特殊なものが含まれます。

歯科以外の医師も使用する「鉗子」「鑷子」等は、この商品の下位概念の「手術用機械器具」に属する商品ですが、「歯科用機械器具」には含まれません。

「医療用の補助器具及び矯正器具（「歩行補助器・松葉づえ」を除く。）」には、主として医師が処置し又は医師の指導で使用される器具器械的なものに限られますが、「医療用サポーター」「脱腸帯」「腹帯」等も含まれます。また、「扁平足用サポーター」は、「医療用サポーター」に該当し「医療用の補助器具及び矯正器具（「歩行補助器・松葉づえ」を除く。）」に含まれます。

なお、専ら医師が使用するものであっても、例えば「手術用キャットガット」等材料的なものはこの商品に含まれず、本類「医療用指サック　衛生マスク　おしゃぶり　氷まくら　三角きん　支持包帯　手術用キャットガット　吸い飲み　スポイト　乳首　氷のう　氷のうつり　哺乳用具　魔法哺乳器」に属します。

また、この商品とは類似群が異なりますが「保温用サポーター」は第２５類に、「運動用サポーター」は第２８類に、それぞれ属します。

２．「歩行補助器　松葉づえ」（１０Ｄ０２）

これらの商品は、「松葉づえ」等、足の不自由な人が歩行や移動をする際に、補助的に用いられるものが該当します。

また、これらの商品と類似群が同じ「車椅子」は第１２類に属します。

なお、「幼児用歩行器」は本類「歩行補助器」には含まれず、第２０類に属します。

「家庭用超音波美顔器」（１１Ａ０７）

この商品は、家庭用の超音波式の美顔器が該当します。

ただし、この商品と類似群が同じ「家庭用蒸気式電気美顔器」は、第１１類「美容用又は衛生用の家庭用電熱用品類」に属します。

なお、この商品と類似群は同じですが、第８類（電気かみそり及び電気バリカン）、第１１類（美容用又は衛生用の家庭用電熱用品類）、第２１類（電気式歯ブラシ）及び第２６類（電気式ヘアカーラー）に属する商品も存在します。

「家庭用電気マッサージ器」（１１Ａ０８）

この商品は、家庭用に用いられる治療用以外のマッサージ器が該当します。

なお、専ら治療を目的としたマッサージ器は、本類「医療用機械器具（「歩行補助器・松葉づえ」を除く。）」の下位概念の「治療用マッサージ器」に属します。

「医療用手袋」（１７Ａ０９）

この商品は、手術時に使用する等医療行為を行う際に手に着用する商品が該当します。

なお、この商品とは類似群が異なりますが、「事故防護用手袋」は第９類、「家事用手袋」は第２１類、「手袋」は第２５類に属します。

「しびん　病人用差込み便器」（１９Ｂ３９）

これらの商品は、寝所の近くに置いて小便をするのに用いる「しびん」や、寝たきりの病人等の排泄の際に使用する「病人用差込み便器」が該当します。

また、この商品と類似群が同じ「寝室用簡易便器」は第２１類に属します。

「耳かき」（２１Ｆ０１）

この商品は、耳垢などを取る道具が該当します。

また、この商品と類似群は同じですが、第３類（つけづめ　つけまつ毛）、第８類（ひげそり用具入れ　ペディキュアセット　等）、第１８類（携帯用化粧道具入れ）、第２０類（懐中鏡　鏡袋）、第２１類（化粧用具（「電気式歯ブラシ」を除く。））及び第２６類（つけあごひげ　つけ口ひげ　ヘアカーラー（電気式のものを除く。））に属する商品が存在します。

第１１類　照明用、加熱用、蒸気発生用、調理用、冷却用、乾燥用、換気用、給水用又は衛生用の装置

【類見出し】

照明用、暖房用、冷却用、蒸気発生用、調理用、乾燥用、換気用、給水用及び衛生用の器具及び装置.

【注釈】

第１１類には、主として、環境制御器具及び装置、特に、照明用、調理用、冷却用及び消毒用のものを含む。

この類には、特に、次の商品を含む：
空気調和装置及び設備；
炉（実験室用のものを除く。）、例えば、歯科用炉、電子レンジ、製パン用オーブン；
ストーブ（暖房装置）；
太陽集熱器；
煙突用煙道、煙突用送風機、炉床、家庭用暖炉；
滅菌装置、焼却炉；
照明用器具及び装置、例えば、照明用発光管、探照灯、発光式家屋番号札、乗物用反射器、乗物用ライト；
ランプ、例えば、電球、ガス灯、実験室用ランプ、石油ランプ、街灯、安全灯；
日焼け用器具；
浴室用装置、浴槽類、浴室用配管固定具；
便所、小便器；
噴水用機械器具、チョコレートファウンテン；
電熱式パッド、クッション及び電気毛布（医療用のものを除く。）；
湯たんぽ；
電熱式被服；
電気式ヨーグルト製造器、製パン機、コーヒー用機械器具、アイスクリーム製造機；
製氷用装置.

この類には、特に、次の商品を含まない：
蒸気発生装置（機械部品）（第 7 類）；
空気冷却器（第 7 類）；
発電機（第 7 類）；
はんだ付け用小型発炎装置（第 7 類）、映写機用光源ランプ、写真用暗室ランプ（第 9 類）、医療用ランプ（第 10 類）；
実験室用炉（第 9 類）；

光電池（第9類）；
信号灯（第9類）；
医療用電熱式パッド、クッション及び電気毛布（第10類）；
ベビーバス（持ち運びできるもの）（第21類）；
携帯用クーラーボックス（電気式のものを除く。）（第21類）；
統合された熱源を持たない調理器具、例えば、調理用鉄板及び網焼き器（電気式のものを除く。）、ワッフル焼き型（電気式のものを除く。）、調理用圧力鍋（電気式のものを除く。）（第21類）；
足部保温用マフ（電熱式のものを除く。）（第25類）.

【解説】

「便所ユニット　浴室ユニット」（０７Ａ０９）

「便所ユニット」は、用便のための機能をもつ室型ユニットが該当します。

また、この商品とは類似群が異なりますが「金属製建造物組立てセット」は第６類に、「建造物組立てセット（金属製のものを除く。）」は第１９類に属します。

「化学製品製造用乾燥装置　化学製品製造用換熱器　化学製品製造用蒸煮装置　化学製品製造用蒸発装置　化学製品製造用蒸留装置　化学製品製造用熱交換器」（０９Ａ０６）

これらの商品は、化学的製品を製造する際に専ら使用される装置及び機械のうち、熱源を利用し乾燥、蒸発等させる装置が該当します。

また、これらの商品と類似群が同じ「化学機械器具」は第７類に属します。

なお、オゾン発生器については、「衛生用オゾン発生器」はこれらの商品と類似する商品として本類に属しますが、「校正用オゾン発生器」は、これらの商品と類似群が異なる商品として第９類に属します。

参照：商品のアルファベット順一覧表
第１１類「ozone generators for sanitizing purposes」（衛生用オゾン発生器　０９Ａ０６）
第９類「ozone generators for calibration purposes」（校正用オゾン発生器　１０Ｃ０１）

「化学繊維製造用乾燥機」（０９Ａ０７）

この商品は、専ら繊維製品の製造に用いられる機械器具に該当する商品のうち、熱源を利用し乾燥、蒸発等させる装置が該当します。

また、この商品と類似群が同じ「繊維機械器具」は第７類に、「組ひも機（手持工具に当たるものに限る。）　人力織機」は第８類に、「漁網製作用杼」は第２６類に属します。

「牛乳殺菌機　業務用アイスクリーム製造機　業務用製パン機」（０９Ａ０８）

「牛乳殺菌機」は、業務用として使用される、牛乳を低温殺菌等する機械器具が該当します。

「業務用アイスクリーム製造機」は、アイスクリームを製造する業務用の機械器具が該当します。

「業務用製パン機」は、パンを製造する業務用の機械器具が該当し、単に、パンを焼く機能のみの業務用の機械器具は、「業務用製パン機」に含まれず、本類「業務用加熱調理機械器具」に属します。

また、専ら家庭で使用する製パン機やパン焼き器は、本類「家庭用電熱用品類（美容用又は衛生用のものを除く。）」に属します。

なお、この商品と類似群が同じですが、第７類（食料加工用又は飲料加工用の機械器具）に属する商品も存在します。

「ベニヤ製造用乾燥機」（０９Ａ０９）

この商品は、専ら木材を伐採したり、角材や板等に加工したりするために使用される機械器具のうち、熱源を利用して、ベニヤ（板）を乾燥等させる装置が該当します。

また、この商品と類似群が同じ「製材用・木工用又は合板用の機械器具」は第７類に属します。

「工業用炉　原子炉」（０９Ａ１２）

これらの商品は、「溶解炉」「るつぼ」「ロータリーキルン」等、熱を利用して物体を高温度に加熱、熔融あるいは焼成するために使用する炉が該当します。

なお、専ら実験用に使用される「実験用炉」はこれらの商品には含まれず、第９類「理化学機械器具」に属します。

また、家庭用の電気式ではない炉である「暖炉」は本類「ストーブ類（電気式のものを除く。）」に、家庭用の電気式ではないオーブンである「家庭用天火（電気式のものを除く。）」は本類「家庭用加熱器（電気式のものを除く。）」に含まれます。

「収穫物乾燥機　飼料乾燥装置」（０９Ａ４１）

「収穫物乾燥機」は、熱源を利用して、収穫物を乾燥させる装置が該当します。

「飼料乾燥装置」は、熱源を利用して、飼料を乾燥させる装置が該当します。

また、これらの商品と類似群が同じですが、第７類（耕うん機械器具（手持工具に当たるものを除く。）　栽培機械器具　等）及び第８類（くわ　鋤　レーキ（手持工具に当たるものに限る。））に属する商品が存在します。

「ボイラー（動力機械部品・機関用のものを除く。）」（０９Ｂ０１）

この商品は、ボイラーに該当する商品のうち、動力機械部品・機関用のもの以外の商品が該当します。

また、この商品と類似群は同じですが、第７類（動力機械器具（陸上の乗物用のもの及び「水車・風車」を除く。）　動力機械器具（「水車・風車」を除く。）の部品）及び第１２類（陸上の乗物用の動力機械器具（その部品を除く。））に属する商品も存在します。

「業務用暖冷房装置」（０９Ｅ１１）

この商品は、主として、工場等で用いられる業務用の暖冷房装置が該当します。

なお、この商品とは類似群が異なる「家庭用電気式ルームクーラー」や「家庭用電気ストーブ」等、主として家庭において用いられるものは、本類「家庭用電熱用品類（美容用又は衛生用のものを除く。）」に属します。

「業務用冷凍機械器具」（０９Ｅ１２）

この商品は、主として、業務用に用いられる冷凍を目的とする機械器具が該当します。

なお、「家庭用電気冷蔵庫」等、主として家庭において用いられるものは、この商品には含まれず、本類「家庭用電熱用品類（美容用又は衛生用のものを除く。）」に属します。

「業務用衣類乾燥機」（０９Ｅ２３）

この商品は、専ら業務用として使用される衣類乾燥機が該当します。

また、この商品と類似群が同じ「業務用電気洗濯機」は第７類に属します。

「タオル蒸し器　美容院用頭髪乾燥機　美容院用頭髪蒸し器　理髪店用洗髪台」（０９Ｅ２５）

これらの商品は、美容院や理髪店で使用する業務用の「タオル蒸し器」等の商品が該当します。

また、この商品と類似群は同じですが、第１０類（業務用超音波美顔器　業務用美容マッサージ器）及び第２０類（美容院用椅子　理髪用椅子）に属する商品も存在します。

「業務用加熱調理機械器具　業務用食器乾燥機　業務用食器消毒器　業務用調理台　業務用流し台」（０９Ｅ２８）

これらの商品には、業務用として使用される調理用機械器具等が該当します。

また、これらの商品と類似群が同じ「業務用攪はん混合機　業務用皮むき機　業務用切さい機　業務用食器洗浄機」は第７類に属します。

「水道用栓　タンク用水位制御弁　パイプライン用栓」（０９Ｆ０５）

「バルブ」に該当する商品のうち、水道に用いられる栓等に該当するものは本類に属します。

また、この商品と類似群は同じですが、第６類（金属製バルブ（機械要素に当たるものを除く。））、第７類（バルブ（陸上の乗物用のものを除く機械要素））、第１７類（ゴム製又はバルカンファイバー製のバルブ（機械要素に当たるものを除く。））、第１９類（送水管用バルブ（金属製又はプラスチック製のものを除く。））及び第２０類（プラスチック製バルブ（機械要素に当たるものを除く。））に属する商品も存在します。

「汚水浄化槽　し尿処理槽」（０９Ｇ５７）

これらの商品は、専ら業務用に使用される「汚水浄化槽　し尿処理槽」が該当します。

なお、家庭用のものは、本類「家庭用汚水浄化槽　家庭用し尿処理槽」に属します。

「ごみ焼却炉」（０９Ｇ５８,１９Ｂ４８）

この商品には、業務用及び家庭用のものが含まれます。

１．「業務用ごみ焼却炉」（０９Ｇ５８）

この商品は、業務用のごみ焼却炉が該当します。

２．「家庭用ごみ焼却炉」（１９Ｂ４８）

この商品は、家庭用のごみ焼却炉が該当します。

「太陽熱利用温水器」（０９Ｇ６１）

この商品は、太陽光を熱として利用して、水を温め、給湯に利用する装置が該当します。

「業務用浄水装置」（０９Ｇ６２）

この商品は、水をろ過して有害物質を除去する装置で、専ら業務用に使用するものが該当します。

なお、この商品と類似群が異なりますが、「家庭用浄水器（電気式のものを除く。）」も本類に属します。

「電球類及び照明用器具」（１１Ａ０２）

この商品には、電球類及び電気式の照明用器具の大部分が含まれます。

ただし、手術の際に使用する医療専用の照明器具である「手術用照明器具」は、この商品には含まれず、第１０類「医療用機械器具（「歩行補助器・松葉づえ」を除く。）」に属します。

「家庭用電熱用品類」（１１Ａ０６,１１Ａ０７）

この商品は、主として、「家庭用電気ストーブ」や「家庭用電気トースター」等、家庭用の電化製品のうち、暖房用、調理用、冷却用、乾燥用、換気用、衛生用の装置が該当します。

１．「家庭用電熱用品類（美容用又は衛生用のものを除く。）」（１１Ａ０６）

この商品は、「家庭用電熱用品類」に該当するもののうち、主として、美容用又は衛生用以外の商品が該当します。

また、この商品と類似群は同じですが、第７類（家庭用電気洗濯機　家庭用食器洗浄機　等）及び第８類（電気アイロン）に属する商品も存在します。

２．「美容用又は衛生用の家庭用電熱用品類」（１１Ａ０７）

この商品は、「家庭用蒸気式電気美顔器」や「家庭用ヘアドライヤー」など、主として個人の身だしなみや衛生に用いられるものであって、熱や蒸気の作用を利用する商品などが該当します。

なお、この商品と類似群は同じですが、第８類（電気かみそり及び電気バリカン）、第１０類（家庭用超音波美顔器）、第２１類（電気式歯ブラシ）及び第２６類（電気式ヘアカーラー）に属する商品も存在します。

この商品とは類似群が異なる「家庭用電気マッサージ器」は第１０類に属します。

「水道蛇口用座金　水道蛇口用ワッシャー」（１３Ｃ０１）

これらの商品は、「座金」や「ワッシャー」のうち、専ら水道蛇口に用いられるものが該当します。

また、これらの商品と類似群は同じですが、第６類（金属製金具（「安全錠・鍵用金属製リング・金属製鍵・南京錠」を除く。））、第１７類（ゴム製又はバルカンファイバー製の座金及びワッシャー）、第１８類（蹄鉄）、第２０類（カーテン金具　金属代用のプラスチック製締め金具　等）及び第２６類（かばん金具　がま口用留め具　被服用はとめ）に属する商品も存在します。

「ガス湯沸かし器」（１９Ａ０１）

この商品は、湯沸かし器のうち、特にガスを燃料とするものが該当します。

また、この商品と類似群が同じ「鍋類　コーヒー沸かし（電気式のものを除く。）　鉄瓶　やかん」は第２１類に属します。

なお、この商品とは類似群が異なる「家庭用電気ポット」は、この商品には含まれず、本類「家庭用電熱用品類（美容用又は衛生用のものを除く。）」に属します。

「家庭用加熱器（電気式のものを除く。）　家庭用調理台　家庭用流し台」（１９Ａ０２）

「家庭用加熱器（電気式のものを除く。）」は、「家庭用ガスレンジ」「家庭用七輪」「家庭用石油こんろ」等、ガスや木炭、石油等を燃料とした炊事等に用いる器具が該当します。

なお、業務用として使用される加熱調理器は、これらの商品には含まれず、本類「業務用加熱調理機械器具」に属します。

また、調理に使用される商品であっても、「釜」「調理用鉄板」「鍋」「はんごう」「フライパン」「蒸し器」は第２１類「鍋類」に属します。

「家庭用浄水器（電気式のものを除く。）」（１９Ａ０７）

この商品は、専ら家庭用に使用される浄水器であって、電気式以外の商品が該当します。

なお、この商品とは類似群が異なる「家庭用電気浄水器」は本類「家庭用電熱用品類（美容用又は衛生用のものを除く。）」に属します。

「あんどん　ちょうちん」（１９Ｂ２４）

これらの商品は、照明用具に該当することから、本類に属します。

「ガスランプ　石油ランプ　ほや」（１９Ｂ２５）

「ガスランプ」「石油ランプ」は、ガスや石油を燃料とする照明器具が該当します。

「ほや」は、ランプやガス灯などの火を覆うガラス製の筒が該当します。

また、これらの商品と類似群が同じ「ランプ用灯しん」は第４類に属します。

なお、電気式の照明器具は、これらの商品には含まれず、本類「電球類及び照明用器具」に属します。

「あんか　懐炉　湯たんぽ」（１９Ｂ２８）

これらの商品は、簡易な暖房用具が該当します。

なお、電気式の家庭用の暖房器具は、これらの商品には含まれず、本類「家庭用電熱用品類（美容用又は衛生用のものを除く。）」に属します。

また、「ガスストーブ」や「石油ストーブ」等、電気を使用しない「ストーブ」についても、これらの商品には含まれず、本類「ストーブ類（電気式のものを除く。）」に属します。

「家庭用汚水浄化槽　家庭用し尿処理槽」（１９Ｂ４０）

これらの商品は、専ら家庭用として使用される汚水浄化槽や、し尿処理槽が該当します。

なお、業務用のものは、本類「汚水浄化槽　し尿処理槽」に属します。

「身体用保冷パック（医療用のものを除く。）」（１９Ｂ５０）

この商品は、医療以外の目的で、身体を保冷するための化学物質等を利用したパックタイプの用具が該当し、懐などに入れて暖をとるための「懐炉」が属する区分である本類に属します。

なお、この商品と類似群は同じですが、食品及び飲料を保冷するための化学物質等を利用したパックタイプの用具である「食品及び飲料の保冷用アイスパック」は、第２１類に属します。

「洗浄機能付き便座　便器　和式便器用椅子」（１９Ｂ５６）

これらの商品は、「便器」等、トイレの構成物又はトイレに設置することを目的とする商品が該当します。

また、これらの商品と類似群は同じですが、第２１類（トイレットペーパーホルダー）及び第２４類（織物製トイレットシートカバー）に属する商品も存在します。

なお、これらの商品とは類似群が異なりますが、トイレ以外でも使用し、簡易に持ち運び可能な商品である「しびん　病人用差込み便器」は第１０類に、「寝室用簡易便器」は第２１類に属します。

「浴槽類」（１９Ｂ５７）

この商品は、「シャワー器具」や「浴槽」等、浴室や洗面所を構成する商品（主として浴室等に固定されて使用するもの）が該当します。

なお、浴室や洗面所等で使用される商品であっても、浴室・洗面所に固定されておらず、購入者の選択により容易に取り替え等が可能な、浴室・洗面所内で使用される雑貨的な商品は、この商品とは類似群が異なりますが、「浴室用腰掛け」は第２０類に、「湯かき棒　浴室用手おけ」は第２１類に、「シャワーカーテン」は第２４類に、「洗い場用マット」は第２７類に属します。

「ストーブ類（電気式のものを除く。）」（２０Ａ０２）

この商品は、「ガスストーブ」「石油ストーブ」等、電気以外の燃料を使用する暖房器具が該当します。

なお、電気を使用する「家庭用電気カーペット」「家庭用電気こたつ」「家庭用電気ストーブ」等は、この商品には含まれず、本類「家庭用電熱用品類（美容用又は衛生用のものを除く。）」に属します。

第１２類　乗物その他移動用の装置

【類見出し】
乗物；
陸上、空中又は水上の移動用の装置.

【注釈】
第１２類には、主として、陸上、空中又は水上の人又は商品を輸送するための乗物及び装置を含む。

この類には、特に、次の商品を含む：
陸上の乗物用の原動機；
陸上の乗物用の継手及び伝導装置の構成部品；
エアクッション艇；
遠隔操作式乗物（おもちゃを除く。）；
乗物の部品、例えば、バンパー、風防ガラス、ステアリングホイール；
乗物用無限軌道、及びすべての乗物用タイヤ.

この類には、特に、次の商品を含まない：
鉄道用金属材料（第 6 類）；
原動機、継手及び伝導装置の構成部品（陸上の乗物用のものを除く。）（第 7 類）；
すべての種類の原動機の部品、例えば、原動機用のスターター、消音器及びシリンダー；
土木機械用、鉱山機械用、農業機械用、及びその他の過酷な使用に耐える機械用のゴムクローラ（第 7 類）；
幼児用三輪車（おもちゃ）及び子供用片足スクーター（おもちゃ）（第 28 類）；
輸送用でない特殊な乗物又は車輪付き装置、例えば、道路清掃用機械（自走式のもの）（第 7 類）、消防車（第 9 類）、ティーワゴン（第 20 類）；
乗物の特定の部品、例えば、乗物用蓄電池、乗物用走行距離記録計及び乗物用ラジオ受信機（第 9 類）、自動車用及び自転車用ライト（第 11 類）、自動車用カーペット（第 27 類）.

【解説】
「牽引車　荷役用索道」（０９Ａ０３）
　これらの商品は、「牽引車」や「荷役用索道」等、車両を押す、引く、牽引する等により、車両を移動させる装置等が該当します。
　また、これらの商品と類似群が同じ、車体のコンテナに商品を保管し配送する「配達用自走式ロボット」も、輸送のための商品であるため、本類に属します。

なお、「エスカレーター」や「エレベーター」は、人等の移動を目的としていますが、本類には属さず、第７類「荷役機械器具」に属します。
また、これらの商品と類似群が同じですが、第６類（金属製荷役用パレット　荷役用ターンテーブル　荷役用トラバーサー）、第７類（土木機械器具　荷役機械器具）及び第２０類（荷役用パレット（金属製のものを除く。））に属する商品が存在します。
参照：商品のアルファベット順一覧表
第１２類「self-driving robots for delivery」（配達用自走式ロボット　０９Ａ０３）

「陸上の乗物用の動力機械器具（その部品を除く。）」（０９Ｂ０１）

この商品は、部品を除いた陸上の乗物用の動力を発生させる機械器具が該当します。
なお、陸上の乗物用以外の動力を発生させる機械器具及び陸上の乗物用の動力機械の部品は第７類に属します。
この商品中の「陸上の乗物用のタービン」には、ガスを利用するガスタービン、空気を利用する空気タービン、蒸気を利用する蒸気タービン、水を用いる水力タービンがあり、流体を動翼にあてて、流体の運動エネルギーを回転運動に変換し、回転動力を得る原動機が該当します。
また、この商品と類似群が同じですが、第１１類（ボイラー（動力機械部品・機関用のものを除く。））に属する商品も存在します。

「陸上の乗物用の機械要素」（０９Ｆ０１,０９Ｆ０２,０９Ｆ０３,０９Ｆ０４）

各産業分野で使用されている多くの種類の機械器具には、軸、軸受（ベアリング）、滑車、歯車、ばね、バルブのようにその構造、形態、寸法等は多少相違するものの、同じ名称の部品が使用されていますが、このような機械の部品を「機械要素」という表示でまとめたものです。
なお、機械器具にも使用されますが、建築・構築等の別の用途にも用いられるもの（例えば、「ボルト」「ナット」「リベット」等）は機械要素には含まれません。

１．「軸（陸上の乗物用の機械要素）　軸受（陸上の乗物用の機械要素）　軸継ぎ手（陸上の乗物用の機械要素）」（０９Ｆ０１）

「軸」、「軸受」及び「軸継ぎ手」は、陸上の乗物用の商品は本類に、陸上の乗物用以外の商品は第７類に属します。

２．「動力伝導装置（陸上の乗物用の機械要素）」（０９Ｆ０２）

「動力伝導装置」は、モーター、エンジン等の原動機の回転力を使用する産業機器に必要な回転数に変換して伝えるものが該当し、陸上の乗物用の商品は本類に、陸上の乗物用以外の商品は第７類に属します。
また、「動力伝導装置」と類似群が同じ「金属製滑車（機械要素に当たるものを除く。）」は第６類に属します。

３．「緩衝器（陸上の乗物用の機械要素）　ばね（陸上の乗物用の機械要素）」（０９Ｆ０３）

「緩衝器」及び「ばね」は、陸上の乗物用の商品は本類に、陸上の乗物用以外の商品は第７類に属します。

また、これらの商品と類似群が同じ「金属製ばね（機械要素に当たるものを除く。）」は第６類に属します。

４．「制動装置（陸上の乗物用の機械要素）」（０９Ｆ０４）

「制動装置」は、いわゆる、ブレーキが該当し、陸上の乗物用の商品は本類に、陸上の乗物用以外の商品は第７類に属します。

「落下傘」（０９Ｇ０１）

この商品は、航空機から人や物資を投下するとき、空気抵抗によって降下速度を緩めるために用いる傘状の商品が該当します。

なお、この商品と類似群が同じ「救命用具」は第９類に属します。

「乗物用盗難警報器」（０９Ｇ０４）

この商品は、乗物の盗難を防止するため、乗物の盗難を察知した際に、特異な音響の連続や赤色光線の発光などによって盗難発生を急報する装置が該当します。

また、この商品と類似群が同じ「火災報知機　ガス漏れ警報器　盗難警報器」は第９類に属します。

「車椅子」（１０Ｄ０２）

この商品は、歩行の不自由な人などが移動するための、車つきの椅子が該当します。

また、この商品と類似群が同じ「歩行補助器　松葉づえ」は第１０類に属します。

「陸上の乗物用の交流電動機又は直流電動機（その部品を除く。）」（１１Ａ０１）

電動機のうち、陸上の乗物用の交流電動機又は直流電動機（その部品を除く。）は、本類に属します。

また、この商品と類似群が同じ「起動器　交流電動機及び直流電動機（陸上の乗物用の交流電動機及び直流電動機（その部品を除く。）を除く。）　交流発電機　直流発電機」は第７類に、「配電用又は制御用の機械器具　回転変流機　調相機」は第９類に属します。

「船舶並びにその部品及び附属品」（１２Ａ０１,１２Ａ７３）

この商品は、主として、人や物資の移動を目的とする機械器具のうち船舶に関する機械器具の大部分が該当します。

なお、「船舶用エンジン」「船舶用通信機械器具」や「救命用具」は、この商品には含まれず、「船舶用エンジン」は第７類「動力機械器具（陸上の乗物用のもの及び「水車・風車」を除く。）」に属し、「船舶用通信機械器具」は第９類「電気通信機械器具」に属し、「救命用具」は第９類に属します。

１．「船舶並びにその部品及び附属品（「エアクッション艇」を除く。）」（１２Ａ０１）

この商品と類似群は同じですが、第６類（いかり）、第９類（消防艇）及び第２２類（船舶用オーニング　ターポリン　帆）に属する商品も存在します。

２．「エアクッション艇」（１２Ａ７３）

「航空機並びにその部品及び附属品」（１２Ａ０２）

この商品は、主として、人や物資の移動を目的とする機械器具のうち大気中を飛行する機械器具の大部分が該当します。

なお、「航空機用エンジン」や「航空機用通信機械器具」は、この商品には含まれず、「航空機用エンジン」は第７類「動力機械器具」に属し、「航空機用通信機械器具」は第９類「電気通信機械器具」に属します。

また、空を飛ぶ目的に使用されるものであっても、機械器具に該当しない「ハンググライダー」は、この商品には含まれず、第２８類「運動用具（登山用・サーフィン用・水上スキー用・スキューバダイビング用のものを除く。）」に属します。

「鉄道車両並びにその部品及び附属品」（１２Ａ０４）

この商品は、主として、人や物資の移動を目的とする機械器具のうち線路の上を走る車両が該当します。

「スキーリフト」や「ロープウェイ（荷役用のものを除く。）」は、線路の上を走るものではありませんが、この商品に含まれます。

「自動車並びにその部品及び附属品」（１２Ａ０５）

この商品は、主として、人や物資の移動を目的とする機械器具のうち、原動機・かじ取り装置を備えて道路を走行できる車両で、二輪自動車及び自転車以外の商品が該当します。

また、「自動車用シガーライター」は、この商品の下位概念である「自動車の部品及び附属品」に該当します。「自動車用エンジン」や「自動車用時計」は、この商品には含まれず、「自動車用エンジン」は本類「陸上の乗物用の動力機械器具（その部品を除く。）」に属し、「自動車用時計」は第１４類「時計」に属します。

なお、この商品と類似群は同じですが、第９類（消防車）及び第１３類（戦車）に属する商品が存在します 。

「二輪自動車・自転車並びにそれらの部品及び附属品」（１２Ａ０６）

この商品は、主として、人や物資の移動を目的とする機械器具のうち、「オートバイ」や「自転車」が該当します。

また、競技で使用する自転車も、この商品に含まれます。

「人力車　そり　手押し車　荷車　馬車　リヤカー」（１２Ａ７１）

これらの商品は、「人力車」「そり」「リヤカー」等、人や荷物を運ぶために用いられる道具で、エンジン等を使用しない商品が該当します。

「タイヤ又はチューブの修繕用ゴム貼り付け片」（１２Ａ７２）

この商品は、タイヤがパンクした際の修理用品で、空気漏れを防ぐためにタイヤチューブ等に貼るものが該当します。

「乳母車」（１２Ａ７５）

この商品は、乳幼児を運搬するための手押し車が該当します。

第１３類　火器及び火工品

【類見出し】
火器；
銃砲弾及び発射体；
火薬類；
花火.

【注釈】
第１３類には、主として、火器及び火工品を含む。

この類には、特に、次の商品を含む：
救助用の照明弾（火薬類又は火工品に属するものに限る。）；
ピストル型照明弾発射器；
護身用スプレー；
爆発性霧中信号、信号用ロケット照明弾；
空気銃（武器）；
弾薬帯；
運動用小火器、猟銃.

この類には、特に、次の商品を含まない：
兵器用グリース（第 4 類）；
ナイフ（武器）（第 8 類）；
携帯武器（火器を除く。）（第 8 類）；
霧中信号（爆発性のものを除く。）、救助用レーザー信号灯（第 9 類）；
火器用望遠照準器（第 9 類）；
燃焼式トーチ（第 11 類）；
クリスマス用クラッカー（第 28 類）；
雷管（おもちゃ）（第 28 類）；
おもちゃの空気銃（第 28 類）；
マッチ（第 34 類）.

【解説】
「銃砲」（０８Ａ０１）
　この商品には、弾丸を発射させる機械器具並びにその部品及び附属品が含まれます。
　この商品の下位概念に列挙した商品のうち、「銃床」「銃身」「弾倉」「砲架」等は部品及び附属品ですが、これ以外のものでも弾丸を発射させる機械器具の部品及び附属品も、この商品に含まれます。

なお、この商品とは類似群が異なる商品ですが、主として水中スポーツ用として取引される「水中銃（運動用具）」は、この商品には含まれませんが、本類に属し、また、「おもちゃのけん銃」は第２８類「おもちゃ」に属します。

「銃砲弾　火薬　爆薬　火工品及びその補助器具」（０８Ｂ０１）

これらの商品には、「火薬」「爆薬」や「花火玉」等を含む火工品が該当します。

「戦車」（１２Ａ０５）

この商品は、武装・装甲した車体にキャタピラーを備えた攻撃用兵器が該当します。

なお、この商品と類似群は同じですが、第９類（消防車）及び第１２類（自動車並びにその部品及び附属品）に属する商品が存在します 。

「スターターピストル」（２４Ｃ０１）

この商品は、主として運動競技のスタート用に使用されるピストルが該当します。

また、この商品と類似群は同じですが、第９類（運動用保護ヘルメット　ホイッスル）、第２５類（運動用特殊靴（「乗馬靴」及び「ウインドサーフィン用シューズ」を除く。）　運動用特殊衣服（「水上スポーツ用特殊衣服」を除く。））、第２７類（体操用マット）及び第２８類（運動用具（登山用・サーフィン用・水上スキー用・スキューバダイビング用のものを除く。））に属する商品が存在します。

「水中銃（運動用具）」（２４Ｃ０４）

この商品は、水中で魚介類を捕獲するための銃で、水中スポーツに用いられるものが該当します。

また、この商品と類似群が同じですが、第８類（水中ナイフ　水中ナイフ保持具）、第９類（ウエイトベルト　エアタンク　等）、第２２類（ウィンドサーフィン用のセイル）、第２５類（ウインドサーフィン用シューズ）及び第２８類（サーフィン用・水上スキー用・スキューバダイビング用運動用具）に属する商品が存在します。

第１４類　貴金属、貴金属製品であって他の類に属しないもの、宝飾品及び時計

【類見出し】

貴金属及びその合金；
宝飾品、宝玉、宝玉の原石及び半貴石；
計時用具.

【注釈】

第１４類には、主として、貴金属、及び特定の貴金属製の商品又は貴金属を被覆した商品並びに宝飾品、時計及びその構成部品を含む。

この類には、特に、次の商品を含む：
模造宝飾品を含む宝飾品、例えば、人造宝飾品；
カフスボタン、ネクタイピン、ネクタイ留め；
キーホルダー及びキーホルダー用チャーム；
宝飾品用チャーム；
宝石箱；
宝飾品及び時計用構成部品、例えば、宝飾品用留め具及びビーズ、時計用ムーブメント、時計の針、時計のゼンマイ、時計のガラス.

この類には、特に、次の商品を含まない：
腕時計型携帯情報端末（第 9 類）；
チャーム（宝飾品及びキーホルダー用のものを除く。）（第 26 類）；
その材料に従って分類される貴金属製又は貴金属を被覆したものではない美術品、例えば、金属製造形品（貴金属製のものを除く。）（第 6 類）、石製・コンクリート製又は大理石製の造形品（第 19 類）、木製・ろう製・石膏製又はプラスチック製の造形品（第 20 類）、磁器製・陶器製・土器製・テラコッタ製又はガラス製の造形品（第 21 類）；
その機能又は用途によって分類される貴金属製又は貴金属を被覆した特定の商品、例えば、塗装用、装飾用、印刷用及び美術用の金属箔及び金属粉（第 2 類）、歯科用金アマルガム（第 5 類）、刃物類（第 8 類）、電気接点（第 9 類）、金製ペン先（第 16 類）、ティーポット（第 21 類）、金・銀糸を用いた刺しゅう布（第 26 類）、葉巻たばこ用箱（第 34 類）.

【解説】

「貴金属」（０６Ａ０２）

この商品には、貴金属の地金、半加工品及びくずが含まれます。

また、半加工品及び半加工品と同程度の加工を施したものは、用途が限定され、かつ、その後にほとんど加工を必要とせず、それ自体のみで使用できるものであっても「貴金属」に属します。

ただし、完成品となったものについて、例えば、「貴金属製糸」は本類「宝玉及びその模造品」に、また、「貴金属製バッジ」は本類「身飾品（「カフスボタン」を除く。）」に属し、この「貴金属」には含まれません。

また、この商品と類似群は同じですが、第１類（非鉄金属）、第２類（塗装用・装飾用・印刷用又は美術用の非鉄金属はく及び粉　塗装用・装飾用・印刷用又は美術用の貴金属はく及び粉）及び第６類（非鉄金属及びその合金）に属する商品が存在します。

「宝玉及びその原石並びに宝玉の模造品」（０６Ｂ０１,２１Ｄ０１）

１．「宝玉の原石」（０６Ｂ０１）

この商品には、「ダイヤモンドの原石」や「めのうの原石」等未加工の天然原石が該当します。

また、この商品と類似群が同じですが、第１類（非金属鉱物）、第６類（金属鉱石）、第１７類（雲母）、第１９類（建築用又は構築用の非金属鉱物）及び第２０類（海泡石こはく）に属する商品も存在します。

なお、専ら建築用又は構築用として使用される「建築用又は構築用の水晶」は、この商品と類似群が同じ第１９類「建築用又は構築用の非金属鉱物」に属しますが、「宝玉用水晶」は、この「宝玉の原石」とは類似群が異なる本類「宝玉及びその模造品」に属します。

２．「宝玉及びその模造品」（２１Ｄ０１）

この商品には、「エメラルド」や「ダイヤモンド」等、天然原石を彫形、研磨した宝玉そのもの及びこれらの模造品が該当します。

なお、「宝玉」を使用した「ネックレス」や「指輪」については、これらの商品には含まれず、本類「身飾品（「カフスボタン」を除く。）」に属します。

「キーホルダー」（１３Ｃ０２）

この商品は、鍵をたばねるための小道具が該当します。

また、この商品と類似群は同じですが、第６類（安全錠　鍵用金属製リング　等）及び第２０類（錠（電気式又は金属製のものを除く。））に属する商品も存在します。

「宝石箱」（２０Ａ０１）

この商品は、専ら宝石・貴金属類、宝石を使用した身飾品を収納する容器が該当し、その材質を問わず、本類に属します。

また、この商品と類似群は同じですが、第６類（金属製建具　金庫）、第１９類（建具（金属製のものを除く。））及び第２０類（家具）に属する商品が存在します。

「貴金属製記念カップ　貴金属製記念たて」（２０Ｅ０１）

これらの商品は、スポーツ大会や学術大会等で、優勝者や優秀者等を表彰するために贈られる杯・たてなどが該当し、貴金属製の商品が本類に、金属製の商品が第６類に、石製・コンクリート製又は大理石製の商品が第１９類に、木製・ろう製・石膏製又はプラスチック製の商品が第２０類に、磁器製・陶器製・土器製・テラコッタ製又はガラス製の商品が第２１類に属します。

例えば、優勝者等を表彰するために贈られる「記念メダル」は、これらに類似する商品であり、本類に属します。

なお、「身飾品」として使用される「メダル」は、これらの商品とは類似群が異なり、本類「身飾品（「カフスボタン」を除く。）」に属します。

「身飾品」（２１Ａ０２,２１Ｂ０１）

この商品は、主として身に飾ることによって、直接的にその人の美しさを増すものが該当します。

１．「身飾品（「カフスボタン」を除く。）」（２１Ａ０２）

この商品には、「イヤリング」「ネックレス」等が含まれ、「宝石ブローチ」のように、「宝玉」を使用したものも含まれます。

この商品と類似群が同じ「衣服用き章（貴金属製のものを除く。）　衣服用バックル　衣服用バッジ（貴金属製のものを除く。）　衣服用ブローチ　帯留　ワッペン　腕章」は第２６類に属します。

２．「カフスボタン」（２１Ｂ０１）

この商品は、ワイシャツやブラウス等の袖口を留める飾りボタンが該当します。

この商品と類似群が同じ「ボタン類」は第２６類に属します。

「貴金属製靴飾り」（２２Ａ０２）

「靴飾り」は、貴金属製の商品は本類に属し、貴金属製以外の商品は第２６類に属します。

また、この商品と類似群は同じですが、第６類（金属製靴合わせくぎ　金属製靴くぎ　金属製靴びょう）、第２０類（靴合わせくぎ（金属製のものを除く。）　靴くぎ（金属製のものを除く。）　靴びょう（金属製のものを除く。））、第２１類（靴ブラシ　靴べら　等）、第２２類（靴用ろう引き縫糸）、第２５類（靴保護具）及び第２６類（靴飾り（貴金属製のものを除く。）　靴はとめ　等）に属する商品が存在します。

「時計」（２３Ａ０１）

この商品は、「自動車用時計」「ストップウォッチ」等「時計」のほとんどが該当します。

なお、「砂時計」は、時計の一種であるとしても、この商品には含まれず、第９類に属します。

また、「時計付きラジオ受信機」や「腕時計型携帯情報端末」は、この商品に含まれず、第９類に属します。

参照：商品のアルファベット順一覧表

第９類「hourglasses」(砂時計　１９Ａ０５)

第１５類　楽器

【類見出し】
楽器；
楽譜台及び楽器用スタンド；
指揮棒.

【注釈】
第１５類には、主として、楽器並びにそれらの部品及び付属品を含む。

この類には、特に、次の商品を含む：
機械式の楽器及びその付属品、例えば手回し風琴、機械式ピアノ、音の強度調整器（機械式ピアノ用のもの）、自動演奏式ドラム；
オルゴール；
電気式及び電子式の楽器；
楽器用の弦、リード、糸巻及びペダル；
音さ、調律用ハンマー型レンチ；
弦楽器用松やに.

この類には、特に、次の商品を含まない：
音響の記録用、送信用、増幅用及び再生用の装置、例えば楽器用エフェクター、ワウワウペダル、オーディオインターフェース、オーディオミキサー（音響機器）、イコライザー、サブウーファー（第 9 類）；
インターネットを利用して受信し及び保存することができる音楽ファイル（第 9 類）；
ダウンロード可能な電子楽譜（第 9 類）、印刷された楽譜（第 16 類）；
ジュークボックス（「電気通信機械器具」に属するもの）（第 9 類）；
メトロノーム（第 9 類）；
メロディー付きグリーティングカード（第 16 類）.

【解説】

「調律機」（０９Ｇ５２）

この商品は、楽器の調律に用いられる機械器具が該当します。

「楽器　楽譜台　指揮棒　音さ」（２４Ｅ０１）

「楽器」は、音楽の演奏又は練習に使用されるあらゆる種類の楽器並びにその部品及び附属品が該当します。楽器の音を小さくするための「消音器」や「楽器用ミュート」も本類に属しますが、電気を使用して楽器の音質を変化させる「楽器用エフェクター」は第 9 類に属します。

楽器の附属品には、専ら楽器を収納するために、それ自体で取引されるもの、例えば、「楽器用ケース」のような各種の楽器専用ケースが含まれます。

「楽譜台」や「指揮棒」等、音楽を演奏する際に使用される器具であって、楽器以外のものも本類に属します。

「音さ」は、楽器の音合わせ等に用いる特定の高さの音を発するU字型の道具が該当します。

また、これらの商品と類似群が同じ「メトロノーム　電子楽器用自動演奏プログラムを記憶させた電子回路及びＣＤ－ＲＯＭ　楽器用エフェクター」は第９類に属します。

なお、音楽の演奏又は練習に使用されるものではなく、子供が音を出して遊ぶための「おもちゃ楽器」は、「楽器」には含まれず、第２８類「おもちゃ」に属します。

また、「楽譜」はこれらの商品には含まれず、第１６類「印刷物」に属します。

参照：商品のアルファベット順一覧表

第１５類「dampers for musical instruments」（消音器　２４Ｅ０１）

第１５類「mutes for musical instruments」（楽器用ミュート　２４Ｅ０１）

第１５類「cases for musical instruments」（楽器用ケース　２４Ｅ０１）

第１６類　紙、紙製品及び事務用品

【類見出し】
紙及び厚紙；
印刷物；
製本用材料；
写真；
文房具及び事務用品（家具を除く。）；
文房具としての又は家庭用の接着剤；
製図・デッサン用具及び美術用材料；
絵筆及び塗装用ブラシ；
教材；
包装用プラスチック製のシート、フィルム及び袋；
活字、印刷用ブロック.

【注釈】
第１６類には、主として、紙、厚紙及びこれらを材料とする特定の商品及び事務用品を含む。

この類には、特に、次の商品を含む：
ペーパーナイフ及びペーパーカッター；
紙の保管又は固定用のケース、カバー及び装置、例えば、文書ファイル、紙幣用クリップ、小切手帳ホルダー、クリップ、パスポートホルダー、スクラップブック；
特定の事務用機器、例えば、タイプライター、謄写機、郵便料金計器、鉛筆削り；
美術並びに屋内及び屋外の塗装に使用される絵画用品、例えば、美術用水彩絵の具皿、絵画用イーゼル及びパレット、塗装用ローラー及びトレイ；
特定の使い捨ての紙製品、例えば、紙製よだれ掛け又は胸当て、紙製ハンカチ及び紙製テーブルリネン；
機能又は用途によって他に分類されない紙製又は厚紙製から成る特定の商品、例えば、紙袋、包装用封筒及び容器、紙粘土製小立像、石版画、絵画及び水彩画（額に入っているもの又は入っていないもの）のような紙製又は厚紙製の像、小立像及び美術品.

この類には、特に、次の商品を含まない：
ペイント（第 2 類）；
美術用手持工具、例えば、へら、彫刻用のみ（第 8 類）；
教育用機器、例えば、教育用映像周波機械器具、教育用音声周波機械器具、その他の教育用視聴覚機械器具、蘇生訓練用マネキン人形（第 9 類）、おもちゃの模型（第 28 類）；
その機能又は用途によって分類される紙又は厚紙から成る特定の商品、例えば、写真印画紙（第 1 類）、研磨紙（第 3 類）、屋内用紙製ブラインド（第 20 類）、紙製食卓用カップ及び紙皿（第 21 類）、紙製ベッドリネン（第 24 類）、紙製被服（第 25 類）、紙巻きたばこ用紙（第 34 類）.

【解説】

「事務用又は家庭用ののり及び接着剤」（０１Ａ０２）

これらの商品は、のり及び接着剤のうち、事務用又は家庭用のものが本類に属します。

また、これらの商品と類似群が同じですが、のり及び接着剤のうち、「工業用のり及び接着剤」は第１類に、化粧用又は洗濯用である「かつら装着用接着剤　洗濯用でん粉のり　洗濯用ふのり　つけまつ毛用接着剤」は第３類に属します。

なお、これらの商品とは類似群が異なりますが、医療用である「外科用接着剤」及び「義歯用接着剤」は第５類に属します。

参照：商品のアルファベット順一覧表

第５類「surgical glues」(外科用接着剤　０１Ｂ０１)

第５類「adhesives for dentures」(義歯用接着剤　０１Ｃ０３)

「封ろう」（０５Ｄ０１）

この商品は、封緘に用いる事務用品であることから、本類に属します。

また、この商品と類似群は同じ「ろう」は第４類に属します。

「印刷用インテル　活字」（０９Ａ１１）

これらの商品は、活版印刷に用いる字型等が該当します。

また、これらの商品と類似群が同じ「印刷用又は製本用の機械器具」は第７類に属します。

「あて名印刷機　印字用インクリボン　自動印紙貼り付け機　事務用電動式ステープラ　事務用封かん機　消印機　製図用具　タイプライター　チェックライター　謄写版　凸版複写機　文書細断機　郵便料金計器　輪転謄写機」（０９Ｄ０１）

事務用機械器具のうち、「事務用電動式ステープラ」や「タイプライター」等のような商品は本類に属します。

また、これらの商品と類似群は同じですが、第７類（機械式の接着テープディスペンサー　自動スタンプ打ち器）及び第９類（青写真複写機　金銭登録機　等）に属する商品も存在します。

なお、「ステープラ（電動式のものを除く。）」は、本類「文房具類」に属します。

「マーキング用孔開型板」（０９Ｇ５６）

この商品は、印刷等において、刷り出すための図柄や文字などの形を切り抜いた型板が該当します。

「装飾塗工用ブラシ」（１３Ｂ０４）

この商品は、主に工具として用いられるもののうち塗装用のものが該当します。
また、この商品と類似群が同じ「おけ用ブラシ　金ブラシ　管用ブラシ　工業用刷毛　船舶ブラシ」は第２１類に属します。

「紙製包装用容器」（１８Ｃ０４）

この商品は、「段ボール箱」等、紙製の容器で、主として包装に使用されるものが該当します。
なお、包装用容器については、第６類「金属製包装用容器」の項を参照してください。

「プラスチック製包装用袋」（１８Ｃ０９）

この商品は、主として商品の包装に使用されるプラスチック製袋が該当します。
また、この商品と類似群が同じ「プラスチック製の包装用容器（「プラスチック製栓・ふた及び瓶」を除く。）」は第２０類に、「プラスチック製の包装用瓶」は第２１類に属します。

「家庭用食品包装フィルム」（１９Ａ０５）

この商品は、家庭用に使用されるポリエチレンなどから作った、食品包装用のフィルムが該当します。
また、この商品と類似群が同じ「紙製コーヒーフィルター」や「キッチンペーパー」も本類に属します。
なお、この商品と類似群は同じですが、第８類（エッグスライサー（電気式のものを除く。）　かつお節削り器　等）、第２１類（調理用具　アイスペール　等）及び第２４類（織物製テーブルナプキン）に属する商品も存在します。

「紙製ごみ収集用袋　プラスチック製ごみ収集用袋」（１９Ａ０６）

これらの商品は、紙製あるいはプラスチック製のもので、ごみ収集所などにごみを捨てる際に用いられるゴミを入れる専用袋が該当します。
また、これらの商品と類似群は同じですが、第２１類（清掃用具及び洗濯用具）及び第２４類（ふきん）に属する商品も存在します。

「型紙　裁縫用チャコ」（１９Ｂ０３）

裁縫用具に該当する商品のうち、「型紙、裁縫用チャコ」は本類に属します。
また、これらの商品と類似群が同じですが、第８類（チャコ削り器）、第２０類（刺しゅう用枠）、第２１類（アイロン台　霧吹き　等）及び第２６類（編み棒　糸通し器　等）に属する商品が存在します。

「紙製のぼり　紙製旗」（１９Ｂ２２）

のぼり及び旗は、紙製の商品は本類に、紙製以外のものは第２４類に属します。

また、これらの商品と類似群が同じ「金属製手持式旗ざお」は第６類に、「手持式旗ざお（金属製のものを除く。）」は第２０類に属します。

「衛生手ふき　紙製タオル　紙製テーブルナプキン　紙製手ふき　紙製ハンカチ」（１９Ｂ３８）

これらの商品は、主に手などを拭くことを目的とする商品で紙製のものが該当します。

なお、これらの商品とは類似群が異なりますが、関連商品である布製の「タオル」「手ぬぐい」「ハンカチ」は第２４類に属します。

「荷札」（１９Ｂ４６）

この商品は、発送人や受取人などの住所や氏名などを記載して荷物につける札が該当します。

「いろがみ　写し絵　折り紙　切り抜き　千代紙　ぬり絵」（２４Ａ０１）

これらの商品は、紙製おもちゃのうち、紙製品に当たるものであり、本類に属します。

ただし、これらの商品と類似群は異なりますが、「ぬり絵本」はストーリー性のある絵本の一種であることから、「ぬり絵」には該当せず、本類「印刷物」に含まれる商品です。

また、これらの商品と同じ類似群ですが、第９類（家庭用テレビゲーム機用プログラム　携帯用液晶画面ゲーム機用のプログラムを記憶させた電子回路及びＣＤ－ＲＯＭ)、第２０類（揺りかご　幼児用歩行器）及び第２８類（おもちゃ　人形）に属する商品も存在します。

参照：商品のアルファベット順一覧表
第１６類「coloring books」（ぬり絵本　２６Ａ０１）

「紙類」（２５Ａ０１）

この商品には、「洋紙」「板紙」「和紙」「加工紙」「セロハン紙」「合成紙」等が該当し、原則、特殊な形に切ったもの、又は組み立てたもの等は含まれません。

また、この商品と類似群は同じですが、第１類（試験紙（医療用のものを除く。))、第５類（防虫紙)、第１７類（コンデンサーペーパー　バルカンファイバー）及び第２７類（壁紙）に属する商品も存在します。

なお、この商品を原材料として、それぞれの用途に従い製造された商品、例えば、「研磨紙」「つや出し紙」は第３類に、「便せん」は本類「文房具類」に属します。

「文房具類」（２５Ｂ０１）

この商品は、「手帳」「ノートブック」「鉛筆」「シャープペンシル」「ボールペン」「定規」など物を書くのに必要なもの、「ステープラ（電動式のものを除く。)」「筆立て」「筆箱」「指サック」等、通常、文房具店等で販売されるものが該当します。

「クレヨン」、「パレット」等の「絵画用材料」も、この商品に含まれます。
ただし、事務用又は家庭用に使用するのり及び接着剤は、この商品には含まれず、本類「事務用又は家庭用ののり及び接着剤」に属します。
また、「カッターナイフ」や「はさみ」も、この商品には含まれず、第８類「手動利器（「刀剣」を除く。）」に属します。
さらに、電動式あるいは複雑な機能を有する事務用機械器具である「事務用電動式ステープラ」や「文書裁断機」等は、本類に属しますが、この商品には含まれません。
なお、この商品と類似群が同じですが、第２類（謄写版用インキ　絵の具)、第８類（パレットナイフ）及び第１７類（接着テープ（医療用・事務用又は家庭用のものを除く。））に属する商品も存在します。
参照：商品のアルファベット順一覧表
第８類「cutters*」（カッターナイフ　１３Ａ０１）
第８類「scissors*」（はさみ　１３Ａ０１）

「印刷物」（２６Ａ０１）
この商品は、「雑誌」「書籍」「新聞」等、印刷された商品のほとんどが該当します。

「書画」（２６Ｂ０１）
この商品は、「絵画」や「書」及びこれらの複製物が該当します。
「軸」は、「絵画」「書」又は「版画」の附属品として、この商品に含まれます。
また、この商品と類似群が同じ「額縁」は第２０類に属します。
なお、「書画」を画本等の「小冊子」や「書籍」の形に製本したものは、この商品には含まれず、本類「印刷物」に属します。

「写真」（２６Ｄ０１）
「写真」は、現像処理をして印画紙に焼き付けたもの等が該当します。
また、記録媒体に記録されたあるいはインターネット上でダウンロードによって取引される画像データは、この商品に類似する「インターネットを利用して受信し及び保存することができる画像ファイル」として第９類に属します。
なお、この商品と類似群が同じ「映写フィルム　スライドフィルム　スライドフィルム用マウント」は第９類に、「写真立て」は第２０類に属します。

第１７類　電気絶縁用、断熱用又は防音用の材料及び材料用のプラスチック

【類見出し】
未加工又は半加工のゴム、グタペルカ、ガム、石綿、雲母及びこれらの材料の代用品；
製造用に押出成形されたプラスチック及び樹脂；
詰物用、止具用及び絶縁用の材料；
フレキシブル管、チューブ及びホース（金属製のものを除く。）.

【注釈】
第１７類には、主として、電気絶縁用、断熱用及び防音用の材料並びに製造用プラスチックであって、シート状、ブロック状及び棒状のもの、並びにグタペルカ、ガム、石綿及び雲母から成る特定の商品又はそれらの代用品を含む。

この類には、特に、次の商品を含む：
タイヤ更生用ゴム材料；
汚染防止用浮遊式障壁；
文房具以外の接着テープ（医療用及び家庭用のものを除く。）；
プラスチック製フィルム（包装用を除く。）、例えば、窓用遮光フィルム；
弾性糸、糸ゴム及びプラスチック製糸（織物用のものを除く。）；
機能又は用途によって他に分類されない、この類の材料から成る特定の商品、例えば、生け花用気泡状支持具（半完成品）、ゴム製又はプラスチック製の詰物用材料、ゴム栓、ゴム製衝撃吸収緩衝材、ゴム製包装袋.

この類には、特に、次の商品を含まない：
消防用ホース（第 9 類）；
管（衛生設備の部品）（第 11 類）、金属製硬質管（第 6 類）及び非金属製硬質管（第 19 類）；
建築用の絶縁ガラス（第 19 類）；
その機能又は用途によって分類される、この類の材料から成る特定の商品、例えば、ガムロジン（第 2 類）、歯科用ゴム（第 5 類）、消防士用石綿製スクリーン（第 9 類）、チューブ修理用粘着性ゴムパッチ（第 12 類）、消しゴム（第 16 類）.

【解説】

「雲母」（０６Ｂ０１）

この商品は、単斜晶系、六角板状の結晶をなすケイ酸塩鉱物で、耐火性が強く、電気絶縁に使用することから、本類に属します。

また、この商品と類似群が同じですが、第１類（非金属鉱物）、第６類（金属鉱石）、第１４類（宝玉の原石）、第１９類（建築用又は構築用の非金属鉱物）及び第２０類（海泡石　こはく）に属する商品が存在します。

「ゴム製又はバルカンファイバー製のバルブ（機械要素に当たるものを除く。）」（０９Ｆ０５）

「バルブ」は、ゴム製又はバルカンファイバー製のもので、機械要素に該当しないものが本類に属します。

また、この商品と類似群は同じですが、第６類（金属製バルブ（機械要素に当たるものを除く。））、第７類（バルブ（陸上の乗物用のものを除く機械要素））、第１１類（水道用栓　タンク用水位制御弁　パイプライン用栓）、第１９類（送水管用バルブ（金属製又はプラスチック製のものを除く。））及び第２０類（プラスチック製バルブ（機械要素に当たるものを除く。））等に属する商品も存在します。

「ガスケット　管継ぎ手（金属製のものを除く。）　パッキング」（０９Ｆ０６）

「管継ぎ手」は、金属製以外のものは本類に属し、金属製の商品は第６類に属します。

また、これらの商品と類似群が同じ「金属製フランジ」は第６類に属します 。

「オイルフェンス」（０９Ｇ０３）

この商品は、水面に流出した油類の拡散を防ぐための柵状の囲いが該当します。

「電気絶縁材料」（１１Ｄ０１）

この商品は、電気機械器具の部品で、器具とはいえないものであって、「絶縁テープ」や「絶縁用紙製品」等の絶縁用の電気材料が該当します。

絶縁用の商品は、原則、本類に属し、例えば、「絶縁塗料」は第２類「塗料」に属さず、この商品に属します。

ただし、絶縁用の商品であっても、この商品と類似群が異なるものとして、「コンデンサーペーパー　バルカンファイバー」は本類に、「建築用の絶縁ガラス」は第１９類に属します。

また、この商品と類似群は同じですが、第７類（電機ブラシ）及び第９類（磁心　抵抗線　電極）に属する商品も存在します 。

参照：商品のアルファベット順一覧表
第１９類「insulating glass for building」（建築用の絶縁ガラス　０７Ｅ０１）

「ゴム製又はバルカンファイバー製の座金及びワッシャー」（１３Ｃ０１）

この商品は、「座金」や「ワッシャー」のうち、ゴム製又はバルカンファイバー製のものが本類に属します。

また、この商品と類似群は同じですが、第６類（金属製金具（「安全錠・鍵用金属製リング・金属製鍵・南京錠」を除く。））、第１１類（水道蛇口用座金　水道蛇口用ワッシャ一）、第１８類（蹄鉄）、第２０類（カーテン金具　金属代用のプラスチック製締め金具等）及び第２６類（かばん金具　がま口用留め具　被服用はとめ）に属する商品も存在します。

「化学繊維（織物用のものを除く。）」（１４Ａ０５）

この商品は、合成繊維、再生繊維及び半合成繊維が該当し、織物用以外の商品が本類に属し、織物用の商品は第２２類に属します。

「岩石繊維　鉱さい綿」（１４Ａ０６）

これらの商品は、岩石や鉱石を原料として製造された人工繊維が該当します。

なお、この商品と類似群が同じ「織物用無機繊維」は第２２類に属します。

「糸ゴム及び被覆ゴム糸（織物用のものを除く。）　化学繊維糸（織物用のものを除く。）」（１５Ａ０１）

糸ゴム、被覆ゴム糸及び化学繊維糸のうち、織物用以外の商品が本類に属し、織物用の商品は第２３類に属します。

「ゴムひも」（１８Ａ０１）

この商品は、原則として、一定の用途に使用されるように特殊な加工（特定の寸法での裁断等）を施していないものが該当します。

なお、この商品と類似群は同じですが、第１８類（革ひも）、第２２類（編みひも　真田ひも　等）及び第２６類（組ひも）に属する商品も存在します。

「ゴム製包装用容器」（１８Ｃ０８）

この商品は、ゴム製の容器であって、主として包装に使用されるものが該当します。

なお、包装用容器については、第６類「金属製包装用容器」の項を参照してください。

「ゴム製栓　ゴム製ふた」（１８Ｃ１３）

これらの商品は、包装用容器に用いるものです。

「栓」及び「ふた」は、ゴム製のものは本類に、金属製のものは第６類に、コルク製、プラスチック製、木製のものは第２０類に、ガラス製のものは第２１類に属します。

「農業用プラスチックシート」（２０Ｄ０１）

この商品は、苗床等に用いる農業用のプラスチックシート等が該当します。

なお、この商品と類似群が同じですが、第６類（金属製屋外用ブラインド）、第１９類（屋外用ブラインド（金属製又は織物製のものを除く。））及び第２２類（雨覆い　織物製屋外用ブラインド　天幕）に属する商品も存在します。

「コンデンサーペーパー　バルカンファイバー」（２５Ａ０１）

「コンデンサーペーパー」は、専らコンデンサーに用いられる電気の絶縁用の紙が該当します。

「バルカンファイバー」は、電気の絶縁等に用いられる加工紙が該当します。

また、これらの商品と類似群は同じですが、第１類（試験紙（医療用のものを除く。））、第５類（防虫紙）、第１６類（紙類）及び第２７類（壁紙）に属する商品も存在します。

「接着テープ（医療用・事務用又は家庭用のものを除く。）」（２５Ｂ０１）

「接着テープ」のうち、医療用、事務用又は家庭用以外の商品は本類に属し、医療用の商品は第５類に、事務用又は家庭用の商品は第１６類に属します。

ただし、この商品と第１６類「事務用又は家庭用の接着テープ」とは類似群が同じ商品ですが、この商品と第５類「医療用接着テープ」とは類似群が異なる商品です。

また、この商品と類似群は同じですが、第2類（謄写版用インキ　絵の具）、第8類（パレットナイフ）及び第１６類（文房具類）に属する商品も存在します。

「プラスチック基礎製品」（３４Ａ０１）

この商品は、プラスチックの半加工品が該当します。

また、成型等の加工を何等施さない原料としてのプラスチックは、第１類「原料プラスチック」に属します。

なお、第２０類「プラスチック製の包装用容器」等、最終製品となったものは、この商品には含まれません。

「ゴム」（３４Ｂ０１）

この商品には、成型等の加工を何ら施さない原料としてのゴム及びそれらの半加工品（基礎製品）が含まれます。

したがって、この商品には、原則として、更に加工を施すべき材料のみが含まれ、本類「ゴム製包装用容器」等、最終製品となったものは、この商品には含まれません。

「岩石繊維製防音材（建築用のものを除く。）」（３４Ｅ０９）

この商品は、岩石を原料とする綿状の人工繊維である岩石繊維を用いた、建築用以外の防音材が該当します。

また、この商品と類似群が同じ「無機繊維の板及び粉」は第１９類に属します。

第１８類　革及びその模造品、旅行用品並びに馬具

【類見出し】
革及び擬革；
獣皮；
旅行かばん及びキャリーバッグ；
傘及び日傘；
つえ；
むち、引き革及び馬具類；
動物用首輪、引きひも及び被服.

【注釈】
第１８類には、主として、革、模造の革、これらの材料から成る特定の商品を含む。

この類には、特に、次の商品を含む：
旅行かばん及びキャリーバッグ、例えば、スーツケース、トランク、旅行かばん、袋型乳幼児用スリング、通学用かばん；
旅行かばん用タグ；
名刺入れ及び札入れ；
革製又はレザーボード製の箱及び容器.

この類には、特に、次の商品を含まない：
医療用のつえ（第 10 類）；
人用の革製被服、履物及び帽子（第 25 類）；
中に入れることを意図した商品専用バッグ及びケース、例えば、ラップトップ型コンピュータ専用バッグ（第 9 類）、写真用機器専用バッグ又はケース（第 9 類）、楽器用ケース（第 15 類）、ゴルフバッグ（車付又は車のないもの）、スキー及びサーフボード専用バッグ（第 28 類）；
その機能又は用途によって分類される革・模造の革・獣皮から成る特定の商品、例えば、革砥（第 8 類）、つや出し用革（第 21 類）、清浄用セーム革（第 21 類）、被服用革製ベルト（第 25 類）.

【解説】
「蹄鉄」（１３Ｃ０１）
　この商品は、馬のひづめの底に打ちつけて、ひづめの磨滅、損傷と滑走とを防ぐ鉄具が該当します。
　この商品と類似群は同じですが、第６類（金属製金具（「安全錠・鍵用金属製リング・金属製鍵・南京錠」を除く。））、第１１類（水道蛇口用座金　水道蛇口用ワッシャー）、第１７類（ゴム製又はバルカンファイバー製の座金及びワッシャー）、第２０類（カーテ

ン金具　金属代用のプラスチック製締め金具　等）及び第２６類（かばん金具　がま口用留め具　被服用はとめ）に属する商品も存在します。

「レザークロス」（１６Ｃ０２,３４Ｃ０１）

この商品は、人工皮革の一種に該当するものであり、本類に属します。

「皮革」（１８Ａ０１,３４Ｃ０１,３４Ｃ０２）

１．「革ひも」（１８Ａ０１）

この商品は、原則として、一定の用途に使用されるように特殊な加工（特定の寸法での裁断等）を施していないものが該当します。

したがって、例えば、革製の「靴ひも」は、この商品には含まれず、第２６類に属します。

また、この商品と類似群は同じですが、第１７類（ゴムひも）、第２２類（編みひも　真田ひも　等）及び第２６類（組ひも）に属する商品も存在します。

２．「原革　原皮　なめし革」（３４Ｃ０１）

これらの商品は、後に何らかの加工を施すべき材料となるものが該当します。したがって、革を使用し最終製品となったものは、これらの商品には含まれず、例えば、革製の「手袋」は第２５類「手袋」、「革靴」は第２５類「靴類」に属します。

３．「毛皮」（３４Ｃ０２）

この商品は、後に何らかの加工を施すべき材料となる毛皮が該当します。

したがって、毛皮を使用し最終製品となったものは、この商品には含まれず、例えば、毛皮の「コート」は第２５類「コート」に属します。

「皮革製包装用容器」（１８Ｃ１１）

この商品は、皮革製の容器であり、主として包装に使用されるものが該当します。

なお、包装用容器については、第６類「金属製包装用容器」の項を参照してください。

「ペット用被服類」（１９Ｂ３３）

この商品は、主として、「犬の首輪」や「犬の胴着」等、ペットが身に着ける商品が該当します。

ただし、この商品と類似群は同じですが、ペットが身につける商品であっても、例えば、「ペット用おむつ」は第５類に、「動物の訓練用電子式首輪」及び「ペット用サングラス」は第９類に属します。

また、この商品と類似群は同じ第２０類（犬小屋　小鳥用巣箱　ペット用ベッド）、第２１類（小鳥かご　小鳥用水盤　ペット用食器　等）、第２８類（ペット用おもちゃ）及び第３１類（動物用寝わら）に属する商品も存在します。

参照：商品のアルファベット順一覧表

第5類「diapers for pets」（ペット用おむつ　１９Ｂ３３）

第９類「electronic collars to train animals」（動物の訓練用電子式首輪　１９Ｂ３３）
第９類「sunglasses for pets」（ペット用サングラス　１９Ｂ３３）

「かばん類　袋物」（２１Ｃ０１）

これらの商品は、「スーツケース」「ハンドバック」等の「かばん類」及び「巾着」「財布」等の「袋物」が該当します。

なお、かばんに構造を与えるために不可欠な構造部品である「かばん用フレーム（かばんの構造部品）」や、「がま口用留め具付きフレーム（がま口の構造部品）」も、この商品に類似する商品として本類に含まれます。

参照：商品のアルファベット順一覧表
第１８類「frames for bags [structural parts of bags] 」（かばん用フレーム（かばんの構造部品）　２１Ｃ０１）
第１８類「frames for coin purses [structural parts of coin purses]」（がま口用留め具付きフレーム（がま口の構造部品）　２１Ｃ０１）

「携帯用化粧道具入れ」（２１Ｆ０１）

この商品は、鏡や化粧品用容器等の化粧道具が入った商品が第２１類に、それらの化粧道具が入っていない、すなわち、空の商品が本類に属します。

また、この商品と類似群は同じですが、第３類（つけづめ　つけまつ毛）、第８類（ひげそり用具入れ　ペディキュアセット 等）、第１０類（耳かき）、第２０類（懐中鏡　鏡袋）、第２１類（化粧用具（「電気式歯ブラシ」を除く。））及び第２６類（つけあごひげ　つけ口ひげ　ヘアカーラー（電気式のものを除く。））に属する商品が存在します。

参照：商品のアルファベット順一覧表
第２１類「fitted vanity cases」（携帯用化粧道具入れ（化粧用具の入ったもの）　２１Ｆ０１）

「傘」（２２Ｂ０１）

この商品には、一般に傘と称されるものが該当し、「ビーチパラソル」のほか、「傘カバー」や「洋傘の骨」等の部品及び附属品も含まれます。

「ステッキ　つえ　つえ金具　つえの柄」（２２Ｃ０１）

これらの商品には、洋風の杖や歩行の助けに携える棒が該当し、部品及び附属品も含まれます。

また、これらの商品と類似群が同じ「つえ用金属製石突き」は第６類に属します。

なお、これらの商品とは類似群が異なりますが、足の不自由な人が歩行や移動をする際に、補助的に用いる「松葉づえ」は、第１０類「医療用機械器具」に該当します。

「乗馬用具」（２４Ｃ０２）

この商品には、「あぶみ」「た綱」「はみ」等、乗馬のために馬に取り付ける用具等が含まれます。

また、この商品と類似群は同じですが、第６類（拍車）及び第２５類（乗馬靴）に属する商品も存在します。

なお、馬のひづめの底に打ちつけて、ひづめの磨滅・損傷と滑走とを防ぐ鉄具である「蹄鉄」は本類に属しますが、この商品には含まれません。

第１９類　金属製でない建築材料

【類見出し】
建築用及び構築用の専用材料（金属製のものを除く。）；
建築用の硬質管（金属製のものを除く。）；
アスファルト、ピッチ、タール及び瀝青；
可搬式建造物組立セット（金属製のものを除く。）；
モニュメント（金属製のものを除く。）.

【注釈】
第１９類には、主として、金属製でない建築用及び構築用の専用材料を含む。

この類には、特に、次の商品を含む：
建築用半加工木材、例えば、梁、板、パネル；
ベニヤ板；
建築用ガラス、例えば、ガラス製タイル、建築用の絶縁ガラス、安全ガラス；
路面標識用粒状ガラス；
花こう岩、大理石、砂利；
テラコッタ（建築材料）；
光電池を組み込んだ屋根材（金属製のものを除く。）；
墓碑及び墓標（金属製のものを除く。）；
石製・コンクリート製又は大理石製の像、胸像及び造形品；
石製郵便受け；
地盤用シート；
建築用塗材；
足場（金属製のものを除く。）；
可搬式建造物組立セット（金属製のものを除く。）、例えば、水生動植物の飼育観賞用水槽、鳥類飼育檻、旗掲揚柱、組立式ポーチ、水泳用プール組立てセット.

この類には、特に、次の商品を含まない：
セメント保存剤、セメント防水剤（第 1 類）；
耐火剤（第 1 類）；
木材保存剤（第 2 類）；
離型用油（建築用のもの）（第 4 類）；
金属製郵便受け（第 6 類）及び郵便受け（金属製及び石製のものを除く。）（第 20 類）；
金属製の像、胸像及び造形品（第 6 類）、貴金属製の像、胸像及び造形品（第 14 類）、木製・ろう製・石膏製又はプラスチック製の像、胸像及び造形品（第 20 類）、磁器製・陶器製・土器製・テラコッタ製又はガラス製の像、胸像及び造形品（第 21 類）；

建築用ではない管（金属製のものを除く。）、例えば、衛生設備の部品としての管（第 11 類）、フレキシブル管・フレキシブルチューブ及びフレキシブルホース（金属製のものを除く。）（第 17 類）；
建築用防湿材料（第 17 類）；
乗物の窓用ガラス（半製品）（第 21 類）；
鳥かご（第 21 類）；
マット、リノリウム製敷物及びその他の床用敷物（第 27 類）；
製材前又は未加工の木材（第 31 類）.

【解説】

「タール　ピッチ」（０１Ａ０１）

これらの商品は、建築材料として使用される「コールタール」や「石油ピッチ」等の「タール」及び「ピッチ」が該当します。

また、これらの商品と類似群は同じですが、第１類（化学品）、第２類（カナダバルサム　コパール　等）、第３類（家庭用帯電防止剤　家庭用脱脂剤　等）、第４類（固形潤滑剤）及び第３０類（アイスクリーム用凝固剤　ホイップクリーム用安定剤　料理用食肉軟化剤）に属する商品も存在します。

「建築用又は構築用の非金属鉱物」（０６Ｂ０１）

この商品は、専ら建築用又は構築用の材料として用いられる「砂利」や「大理石」等、採掘の対象となる未加工の商品が該当します。

また、この商品と類似群は同じですが、第１類（非金属鉱物）、第６類（金属鉱石）、第１４類（宝玉の原石）、第１７類（雲母）及び第２０類（海泡石　こはく）に属する商品が存在します。

なお、この商品と類似群は異なりますが、この商品を一定の形に加工し、建築用材や構築用材に加工したものは、この商品には含まれず、本類「石材」に属します。

「陶磁製建築専用材料・れんが及び耐火物」（０７Ａ０２）

これらの商品は、専ら建築に用途を限定されたものとして取引される材料のうち、「陶磁製かわら」等の陶磁製商品、「焼成れんが」や「耐火モルタル」等が該当します。

「リノリウム製建築専用材料　プラスチック製建築専用材料　合成建築専用材料　アスファルト及びアスファルト製の建築用又は構築用の専用材料　ゴム製の建築用又は構築用の専用材料　しっくい　石灰製の建築用又は構築用の専用材料　石こう製の建築用又は構築用の専用材料」（０７Ａ０３）

これらの商品は、専ら建築又は構築に使用される材料のうち、金属製、陶磁製、セメント製、木製及び石製並びにガラス製のもの以外のものが該当します。

「専用材料」の意味は、専ら建築又は構築に用途を限定されたものとして取引される材料のことであって、物それ自体として建築又は構築以外の用途に使われないようなものが属します。

なお、建築用又は構築用の専用材料であってもセメント製、木製、石製及びガラス製のものは、その材料に応じて、本類「セメント及びその製品」「木材」「石材」「建築用ガラス」にそれぞれ属します。

また、これらの商品と類似群が同じ「落石防止網（金属製のものを除く。）」は第２２類に属し、「金属製の落石防止網」は、これらの商品とは類似群が異なる第６類「建築用又は構築用の金属製専用材料」に属します。

「旗掲揚柱（金属製のものを除く。）」（０７Ａ０３,０７Ｃ０１）

「旗掲揚柱」は、構造物の一種であり、金属製以外の商品は本類に属し、金属製の商品は第６類に属します。

なお、この商品と類似群は異なりますが、「手持式旗ざお」は、金属製の商品が第６類に属し、金属製以外の商品は第２０類に属します。

「建造物組立てセット（金属製のものを除く。）」（０７Ａ０４）

「建造物組立てセット」は、特定の使用目的を有する簡易な組立式建造物の専用部材であって、一式のセットとして取引に供されるもので、金属製以外のものが本類に属し、金属製の商品は第６類に属します。

「土砂崩壊防止用植生板」（０７Ａ０５）

この商品は、土砂崩壊防止等を目的とした法面の保護に用いられるものが該当します。

「窓口風防通話板」（０７Ａ０６）

この商品は、駅の窓口等に設置される通話が可能なように板に加工を施している仕切り板等が該当します。

「区画表示帯」（０７Ａ０７）

この商品は、建築又は構築専用材料に該当する商品のうち、道路の区画線に使用するシート等が該当します。

「セメント及びその製品」（０７Ｂ０１）

この商品は、狭義の「セメント」（粉末状）、セメントの基礎製品（管、柱等）、セメント製の建築用又は構築用の専用材料が該当します。

また、単なる「セメント」のみではなく、セメントモルタル製やコンクリート製の商品等、それがセメントを主体としたものであればこの商品に含まれます。

ただし、一定の用途（建築用又は構築用を除く。）を目的として加工された完成品、例えば、「灯ろう」は、セメント製のものであっても、この商品には含まれず、本類「灯ろう」に属します。

「木材」（０７Ｃ０１）

この商品は、例えば「丸太」等、一般に木材と称される商品や、木材を加工した木製の建築用又は構築用の専用材料、例えば「木製床板」が該当します。

「石材」（０７Ｄ０１）

この商品は、岩石を一定の形に切り出したものが該当します。

なお、「墓用石材」はこの商品に含まれますが、これを「墓石」に加工した商品は、この商品には含まれず、本類「墓標及び墓碑用銘板（金属製のものを除く。）」に属します。

「建築用ガラス」（０７Ｅ０１）

この商品は、建築用材料として使用される不定形のガラス製の棒や板等が該当します。

また、例えば、「ガラスかわら」「ガラスれんが」等のように特殊な形態に加工したものも、この商品に含まれます。

ただし、「光学ガラス」や、科学用、写真用、光学用等の第９類に属する機械器具に用いられる「加工ガラス（建築用のものを除く。）」は、この商品と類似群は同じですが、第９類に属します。

さらに、この商品と類似群が同じ第２１類（ガラス基礎製品（建築用のものを除く。））に属する商品も存在します。

参照：商品のアルファベット順一覧表

第９類「optical glass」（光学ガラス　０７Ｅ０１）

「人工魚礁（金属製のものを除く。）」（０９Ａ０５）

「人工漁礁」は、水産資源を育成・保護し、また乱獲を防ぐために海中に設置した岩石・コンクリート‐ブロック・廃船などの構造物であって、金属製以外のものは本類に属し、金属製の商品は第６類に属します。

なお、この商品と類似群が同じですが、第７類（漁業用機械器具）に属する商品も存在します。

「養鶏用かご（金属製のものを除く。）」（０９Ａ４６）

「養鶏用かご」は、金属製以外のものは本類に属し、金属製の商品は第６類に属します。

「吹付け塗装用ブース（金属製のものを除く。）」（０９Ａ６４）

「吹付け塗装用ブース」は、金属製以外の商品は本類に属し、金属製の商品は第６類に属します。

また、この商品と類似群が同じ「塗装機械器具」は第７類に属します。

「セメント製品製造用型枠（金属製のものを除く。）」（０９Ａ７１）

「セメント製品製造用型枠」は、金属製以外の商品は本類に属し、金属製の商品は第６類に属します。

「送水管用バルブ（金属製又はプラスチック製のものを除く。）」（０９Ｆ０５）

送水管用の「バルブ」は、金属製又はプラスチック製以外のもので、機械要素に該当しないものは本類に属します。

また、この商品と類似群は同じですが、第６類（金属製バルブ（機械要素に当たるものを除く。））、第７類（バルブ（陸上の乗物用のものを除く機械要素））、第１１類（水道用栓　タンク用水位制御弁　パイプライン用栓）、第１７類（ゴム製又はバルカンファイバー製のバルブ（機械要素に当たるものを除く。））及び第２０類（プラスチック製バルブ（機械要素に当たるものを除く。））等に属する商品も存在します。

「道路標識（金属製又は発光式若しくは機械式のものを除く。）」（０９Ｇ０７）

「道路標識」は、発光式又は機械式ではない金属製以外の商品が本類に属し、発光式又は機械式ではない金属製の商品は第６類に属します。

また、この商品と類似群が同じ「乗物の故障の警告用の三角標識　発光式又は機械式の道路標識」は第９類に属します。

「航路標識（金属製又は発光式のものを除く。）」（０９Ｇ０８）

「航路標識」は、発光式ではない金属製以外の商品が本類に属し、発光式でない金属製の商品は第６類に属します。

また、この商品と類似群が同じ「航路標識（発光式）」は第９類に属します。

参照：商品のアルファベット順一覧表

第９類「beacons，luminous」（航路標識（発光式）　０９Ｇ０８）

「貯蔵槽類（金属製又はプラスチック製のものを除く。）」（０９Ｇ５９）

この商品には、石製の貯蔵槽（「石製液体貯蔵槽」及び「石製工業用水槽」）が含まれ、金属製は第６類に属し、石製及び金属製以外の材質（プラスチック製等）の商品は第２０類に属します。

「石製郵便受け」（１９Ｂ３５）

「郵便受け」は、石製の商品は本類に、金属製の商品は第６類に、金属製又は石製以外の商品は第２０類に属します。

「石製家庭用水槽」（１９Ｂ４９）

「家庭用水槽」は、石製の商品は本類に、金属製の商品は第６類に、金属製又は石製以外の商品は第２０類に属します。

「建具（金属製のものを除く。）」（２０Ａ０１）

「建具」は、金属製以外の商品は本類に属し、金属製の商品は第６類に属します。

また、この商品と類似群は同じですが、第６類（金庫）、第１４類（宝石箱）及び第２０類（家具）に属する商品も存在します。

「屋外用ブラインド（金属製又は織物製のものを除く。）」（２０Ｄ０１）

「屋外用ブラインド」は、主に日差しを遮ることを目的とした屋外に設置される商品が該当し、金属製又は織物製以外の商品は本類に属し、金属製の商品は第６類に、織物製の商品は第２２類に属します。

また、これらの商品と類似群が同じ「農業用プラスチックシート」は第１７類に、「雨覆い　天幕」は第２２類に属します。

「灯ろう」（２０Ｄ０３）

この商品は、戸外に据えつける台灯籠が該当します。

「人工池（金属製のものを除く。）」（２０Ｄ０６）

「人工池」は、屋外に設置される人工的な池が該当し、金属製以外の商品は本類に属し、金属製の商品は第６類に属します。

「可搬式家庭用温室（金属製のものを除く。）」（２０Ｄ０７）

「可搬式家庭用温室」は、屋外に設置される商品が該当し、金属製以外の商品は本類に属し、金属製のものは第６類に属します。

「石製・コンクリート製又は大理石製の記念カップ　石製・コンクリート製又は大理石製の記念たて」（２０Ｅ０１）

「記念カップ」及び「記念たて」は、スポーツ大会や学術大会等で、優勝者や優秀者等を表彰するために贈られる杯・たてなどが該当し、石製・コンクリート製又は大理石製の商品が本類に、金属製の商品が第６類に、貴金属製の商品が第１４類に、木製・ろう製・石膏製又はプラスチック製の商品が第２０類に、磁器製・陶器製・土器製・テラコッタ製又はガラス製の商品が第２１類に属します。

「墓標及び墓碑用銘板（金属製のものを除く。）」（２０Ｆ０１）

「墓標」や墓碑用の「銘板」は、金属製以外の商品は本類に属し、金属製のものが第６類に属します。

また、これらの商品と類似群が同じですが、第２０類（葬祭用具）、第２４類（遺体覆い　経かたびら　等）、第２６類（造花の花輪）及び第３１類（生花の花輪）に属する商品が存在します。

「石製彫刻　コンクリート製彫刻　大理石製彫刻」（２６Ｃ０１）

「彫刻」のうち、石製、コンクリート製、大理石製のものは本類に属し、これらの複製物も含まれます。

なお、「金属製彫刻」は第６類に、「石こう製彫刻　プラスチック製彫刻　木製彫刻」は第２０類に属します。

「鉱物性基礎材料」（３４Ｅ０９,３４Ｅ１０,３４Ｅ１１）

１．「無機繊維の板及び粉」（３４Ｅ０９）

２．「石こうの板」（３４Ｅ１０）

３．「鉱さい」（３４Ｅ１１）

これらの商品は、後に何らかの加工を施すべき鉱さい等の鉱物性材料及びガラス繊維、金属繊維等の無機繊維を粉状、板状又は層状等に加工したもので未だ用途が定まっていないものが該当します。

これらの商品には、特定の用途に使用される最終製品は含まれません。

なお、無機繊維をプラスチック板に強化材又は充てん材として使用した繊維入り板は、「無機繊維の板」には含まれず、第１７類「プラスチック基礎製品」の下位概念の「繊維入り板状プラスチック基礎製品」に該当します。また、何らかの加工を後に施すべき材料であって、建築用以外の岩石繊維製の防音材は、第１７類「岩石繊維製防音材（建築用のものを除く。）」に該当します。

第２０類　家具及びプラスチック製品であって他の類に属しないもの

【類見出し】
家具、鏡、額縁；
貯蔵用又は輸送用コンテナ（金属製のものを除く。）；
未加工又は半加工の骨、角、鯨のひげ、真珠母；
貝殻；
海泡石；
こはく.

【注釈】
第２０類には、主として、家具及びその部品並びに木材、コルク、葦、籐、柳、角、骨、鯨のひげ、貝殻、こはく、真珠母、海泡石及びこれらの材料の代用品又はプラスチックから成る特定の商品を含む。

この類には、特に、次の商品を含む：
金属製家具、キャンプ用家具、銃用ラック、新聞陳列台；
屋内窓用ブラインド（シェード）；
寝具、例えば、マットレス、ベッドベース、まくら；
姿見、備付け用及び化粧用の鏡；
ナンバープレート（金属製のものを除く。）；
小型非金属製品、例えば、ボルト、ねじ、合わせくぎ、家具用キャスター、管固定用環；
郵便受け（金属製及び石製のものを除く。）；
自動式又は非自動式の特定の分配装置（金属製のものを除く。）、例えば、タオル用ディスペンサー、チケット発行器具、犬の排泄物処理用袋のディスペンサー、トイレットペーパーディスペンサー.

この類には、特に、次の商品を含まない：
実験室用特殊備品（第 9 類）又は医療用特殊調度品（第 10 類）；
屋外用金属製ブラインド（第 6 類）、屋外用ブラインド（金属製のもの及び織物製のものを除く。）（第 19 類）、織物製屋外用ブラインド（第 22 類）；
ベッド用リネン製品、羽毛掛け布団及びスリーピングバッグ（第 24 類）；
機能又は用途に応じて分類される特定の分配装置、例えば、工業用の液体ディスペンサー（第 7 類）、電子式チケット発行端末装置（第 9 類）、医療用の投薬用ディスペンサー（第 10 類）、接着テープディスペンサー（第 16 類）；

特殊な用途の特定の鏡、例えば、光学製品用鏡（第 9 類)、外科用又は歯科用鏡（第 10 類)、バックミラー（第 12 類)、銃用照準鏡（第 13 類)；
その機能又は用途によって分類される木材、コルク、葦、籐、柳、角、骨、鯨のひげ、貝殻、こはく、真珠母、海泡石若しくはこれらの材料の代用品又はプラスチックから成る特定の商品、例えば、宝飾品製造用ビーズ（第 14 類)、木製床板（第 19 類)、家庭用バスケット（第 21 類)、プラスチック製コップ（第 21 類)、葦製マット（第 27 類).

【解説】

「海泡石　こはく」（０６Ｂ０１）

これらの商品は、未加工のもののみ本類に属しますが、これらを加工し、最終商品となったもの、例えば、喫煙用具である「パイプ」は、これらの商品には含まれず、第３４類「喫煙用具」に属します。

また、これらの商品と類似群は同じですが、第１類（非金属鉱物)、第６類（金属鉱石)、第１４類（宝玉の原石)、第１７類（雲母）及び第１９類（建築用又は構築用の非金属鉱物）に属する商品が存在します。

「荷役用パレット（金属製のものを除く。)」（０９Ａ０３）

「荷役用パレット」は、金属製以外のものは本類に属し、金属製の商品は第６類に属します。

また、この商品と類似群は同じですが、第６類（金属製荷役用パレット　荷役用ターンテーブル　荷役用トラバーサー)、第７類（土木機械器具　荷役機械器具）及び第１２類（牽引車　荷役用索道）に属する商品が存在します。

「養蜂用巣箱」（０９Ａ４４）

この商品は、養蜂のために用いる蜜蜂の巣を収めている木箱が該当します。

「美容院用椅子　理髪用椅子」（０９Ｅ２５）

これらの商品は、美容院や理髪店で専用に使用する椅子が該当します。

また、これらの商品と類似群が同じですが、第１０類（業務用超音波美顔器　業務用美容マッサージ器）及び第１１類（タオル蒸し器　美容院用頭髪乾燥機　等）に属する商品が存在します。

「プラスチック製バルブ（機械要素に当たるものを除く。)」（０９Ｆ０５）

「バルブ」は、プラスチック製であって、機械要素以外のものは本類に属します。

また、この商品と類似群は同じですが、第６類（金属製バルブ（機械要素に当たるものを除く。))、第７類（バルブ（陸上の乗物用のものを除く機械要素))、第１１類（水道用栓　タンク用水位制御弁　等)、第１７類（ゴム製又はバルカンファイバー製のバルブ（機械要素に当たるものを除く。)）及び第１９類（送水管用バルブ（金属製又はプラスチック製のものを除く。)）等に属する商品も存在します。

「貯蔵槽類（金属製又は石製のものを除く。）」（０９Ｇ５９,０９Ｇ６０）

１．「液体貯蔵槽（金属製又は石製のものを除く。）　工業用水槽（金属製又は石製のものを除く。）」（０９Ｇ５９）

これらの商品は、金属製及び石製を除いた材質（プラスチック製等）の液体（液化ガスを除く。）用の貯蔵槽が該当し、金属製は第６類に属し、石製は第１９類に属します。

２．「液化ガス貯蔵槽（金属製又は石製のものを除く。）　ガス貯蔵槽（金属製又は石製のものを除く。）」（０９Ｇ６０）

これらの商品は、金属製及び石製を除いた材質（プラスチック製等）のガス用の貯蔵槽が該当し、金属製は第６類に属し、石製の商品は第１９類に属します。

「輸送用コンテナ（金属製のものを除く。）」（１２Ａ７４）

この商品は、金属製ではない輸送用の商品が該当し、金属製のものは第６類に属します。

「カーテン金具　金属代用のプラスチック製締め金具　くぎ・くさび・ナット・ねじくぎ・びょう・ボルト・リベット及びキャスター（金属製のものを除く。）　座金及びワッシャー（金属製・ゴム製又はバルカンファイバー製のものを除く。）」（１３Ｃ０１）

「カーテン金具」は、専らカーテンに使用される「カーテンフック」や「カーテンリング」等が該当し、金属製のものであっても本類に属します。

他方、締め具や、くぎ、くさび、ナット、ねじくぎ、びょう、ボルト、リベット及びキャスター等の取り付け具は、金属製以外のものが本類に属し、金属製のものは第６類に属します。

座金及びワッシャーは、水道蛇口用以外のものについて、金属製、ゴム製又はバルカンファイバー製以外のものが本類に属し、金属製のものは第６類に、ゴム製又はバルカンファイバー製のものは第１７類に属します。「水道蛇口用座金」及び「水道蛇口用ワッシャー」は第１１類に属します。

なお、これらの商品と類似群は同じですが、第６類（金属製金具（「安全錠・鍵用金属製リング・金属製鍵・南京錠」を除く。））、第１８類（蹄鉄）及び第２６類（かばん金具　がま口用留め具　被服用はとめ）に属する商品も存在します。

参照：商品のアルファベット順一覧表

第２０類「curtain hooks」（カーテンフック　１３Ｃ０１）

第２０類「curtain rings」（カーテンリング　１３Ｃ０１）

「錠（電気式又は金属製のものを除く。）」（１３Ｃ０２）

この商品は、「鍵」や「錠」に該当する商品で、非電気式で金属製以外の商品は本類に属します。

ただし、「掛金」のように、鍵のような用途に使用するものですが、鍵と錠との関係にあるものではなく、平易な金具どうしを組み合わせて、戸などが開かないようにする単純な構造のもの又はその一部分は、この商品には含まれません。

また、この商品と類似群は同じですが、第６類（安全錠　鍵用金属製リング　等）及び第１４類（キーホルダー）に属する商品も存在します。

「クッション　座布団　まくら　マットレス」（１７Ｃ０１）

これらの商品は、「寝具類」に該当する商品のうち、「クッション」「座布団」等が該当します。

ただし、「寝具」と称される商品であっても、「敷布」「布団カバー」「まくらカバー」等の「ベッド用リネン製品」や「毛布」については、これらの商品と類似群は同じですが、第２４類に属します。

また、これらの商品と類似群が同じ「衣服綿　ハンモック　布団袋　布団綿」は第２２類に属します。

「木製・竹製又はプラスチック製の包装用容器」（１８Ｃ０３,１８Ｃ０６,１８Ｃ０９,１８Ｃ１３）

包装用容器については、第６類「金属製包装用容器」の項を参照してください。

１．「木製の包装用容器（「コルク製及び木製栓・木製ふた」を除く。）」（１８Ｃ０３）

この商品は、たる等の木製の容器であって、専ら包装用に使用されるものが該当します。

２．「竹製の包装用容器」（１８Ｃ０６）

この商品は、かご等、竹製の容器であって、専ら包装用に使用されるものが該当します。

３．「プラスチック製の包装用容器（「プラスチック製栓・ふた及び瓶」を除く。）」（１８Ｃ０９）

この商品は、プラスチック製の容器であって、専ら包装用に使用されるものが該当します。

なお、この商品と類似群が同じ「プラスチック製包装用袋」は第１６類に、「プラスチック製の包装用瓶」は第２１類に属します。

４．「コルク製・プラスチック製及び木製の栓　プラスチック製及び木製のふた」（１８Ｃ１３）

これらの商品は、包装用容器に用いるものです。

「栓」及び「ふた」は、コルク製、プラスチック製、木製のものは本類に、金属製のものは第６類、ゴム製のものは第１７類に、ガラス製のものは第２１類に属します。

「刺しゅう用枠」（１９Ｂ０３）

裁縫用具に該当する商品のうち、「刺しゅう用枠」は本類に属します。

また、この商品と類似群は同じですが、第８類（チャコ削り器）、第１６類（型紙　裁縫用チャコ）、第２１類（アイロン台　霧吹き　等）及び第２６類（編み棒　糸通し器　等）に属する商品が存在します。

「浴室用腰掛け」（１９Ｂ０４）

この商品は、浴室・洗面所に固定されておらず、購入者の選択により容易に取り替え等が可能な、浴室・洗面所内で使用される雑貨的な商品のうち、浴室で使用する腰掛けが該当します。

また、この商品と類似群が同じですが、第２１類（湯かき棒　浴室用手おけ）、第２４類（シャワーカーテン）及び第２７類（洗い場用マット）に属する商品が存在します。

なお、この商品と類似群は異なりますが、「シャワー器具」や「浴槽」等の商品は、第１１類「浴槽類」に属します。

「ネームプレート及び標札（金属製のものを除く。）」（１９Ｂ２１）

「ネームプレート」及び「標札」は、金属製以外の商品は本類に、金属製の商品は第６類に属します。

ただし、「家屋番号札」は、発光式のものを除く金属製のものは第６類に、発光式のものは第１１類に、金属製及び発光式でないものは本類に属します。

参照：商品のアルファベット順一覧表

第６類「house numbers of metal, non-luminous」（金属製家屋番号札（発光式のものを除く。）　１９Ｂ２１）

第１１類「luminous house numbers」（発光式家屋番号札　１９Ｂ２１）

第２０類「house numbers, not of metal, non-luminous」（家屋番号札（金属製及び発光式のものを除く。）　１９Ｂ２１）

「手持式旗ざお（金属製のものを除く。）」（１９Ｂ２２）

この商品は、旗をつけて掲げるための金属製以外の手持式のさおが該当し、金属製の商品は第６類に属します。

また、この商品と類似群は同じですが、第１６類（紙製のぼり　紙製旗）及び第２４類（のぼり及び旗（紙製のものを除く。））に属する商品が存在します。

なお、この商品と類似群は異なりますが、「旗掲揚柱」は、金属製の商品が第６類に属し、金属製以外の商品は第１９類に属します。

「うちわ　扇子」（１９Ｂ２３）

これらの商品は、あおぐことによって風を起こし、涼をとる道具が該当します。

なお、「家庭用電気式扇風機」は、これらの商品には含まれず、第１１類「家庭用電熱用品類（美容用又は衛生用のものを除く。）」に属します。

「植物の茎支持具（金属製のものを除く。）」（１９Ｂ３２）

この商品は、植物の茎を支える金属製以外の器具が該当し、金属製の商品は第６類に属します。

また、この商品と類似群が同じ「植木鉢　家庭園芸用の水耕式植物栽培器　じょうろ」は第２１類に属します。

「犬小屋　小鳥用巣箱　ペット用ベッド」（１９Ｂ３３）

これらの商品は、ペット用の商品のうち、「犬小屋」や「小鳥用巣箱」等、主に、ペットの住居に関連する商品が該当します。

また、これらの商品と類似群は同じですが、第１８類（ペット用被服類）、第２１類（小鳥かご　小鳥用水盤　ペット用食器　等）、第２８類（ペット用おもちゃ）及び第３１類（動物用寝わら）に属する商品も存在します。

「きゃたつ及びはしご（金属製のものを除く。）」（１９Ｂ３４）

「きゃたつ」及び「はしご」は、金属製以外の商品は本類に、金属製の商品は第６類に属します。

なお、これらの商品と同じ類似群ですが、「なわばしご」は第２２類に属します。

参照：商品のアルファベット順一覧表
第２２類「rope ladders」（なわばしご　１９Ｂ３４）

「郵便受け（金属製又は石製のものを除く。）」（１９Ｂ３５）

「郵便受け」は、金属製又は石製以外の商品は本類に、金属製の商品は第６類に、石製の商品は第１９類に属します。

「帽子掛けかぎ（金属製のものを除く。）」（１９Ｂ３６）

「帽子掛けかぎ」は、金属製以外の商品は本類に、金属製の商品は第６類に属します。

「スーパーマーケットで使用する手提げ用買物かご（金属製のものを除く。）」（１９Ｂ４２）

この商品は、主に、消費者等がスーパーマーケットで買物をする際に、商品を入れて使用するための、金属製以外の手提げタイプのかごが該当します。

なお、この商品と類似群が同じ「スーパーマーケットで使用する金属製手提げ用買物かご」は第６類に属しますが、主に、消費者等が八百屋、魚屋等の小売店で買物をする際に、購入品を持ち帰るために、自ら持参するかごである「家庭用買物かご」は、材質を問わず、第２１類に属します。

「家庭用水槽（金属製又は石製のものを除く。）」（１９Ｂ４９）

「家庭用水槽」は、金属製又は石製以外の商品は本類に、金属製の商品は第６類に、石製の商品は第１９類に属します。

「ハンガーボード」（１９Ｂ５１）

この商品は、壁に取り付けて小物などをつりかけるための穴あき板が該当します。

「工具箱（金属製のものを除く。）」（１９Ｂ５３）

「工具箱」は、金属製以外の商品は本類に属し、金属製の商品は第６類に属します。

なお、「工具箱」に収納される「ハンマー」等の「手動工具（「すみつぼ類・革砥・鋼砥・砥石」を除く。）」は、第８類に属します。

「紙タオル取り出し用箱（金属製のものを除く。）　タオル用ディスペンサー（金属製のものを除く。）」（１９Ｂ５４）

「紙タオル取り出し用箱」及び「タオル用ディスペンサー」は、金属製以外の商品は本類に属し、金属製の商品は第６類に属します。

また、これらの商品と類似群が同じ「せっけん用ディスペンサーボトル」は第２１類に属します。

「家具」（２０Ａ０１）

この商品は、家庭に置くものに限らず、事務所、商店等に置くものでも、「椅子」や「机」等、「家具」と称される商品が該当します。

ただし、特殊な用途に使用される「美容院用椅子　理髪用椅子」（本類）や、身体の治療等の医療行為や回復の助けになるための特別な機能を有する「医療専用ベッド」（第１０類）及び、そのような特別な機能を有するものではありませんが、病院で患者に使用される「病院用ベッド」（第１０類）等の商品は、この商品には含まれません。

この商品と類似群は同じですが、第６類（金属製建具　金庫）、第１４類（宝石箱）及び第１９類（建具（金属製のものを除く。））に属する商品も存在します。

参照：商品のアルファベット順一覧表

第１０類「beds specially made for medical purposes」（医療専用ベッド　１０Ｄ０１）

第１０類「hospital beds」（病院用ベッド　２０Ａ０１）

「屋内用ブラインド　すだれ　装飾用ビーズカーテン　日よけ」（２０Ｃ０１）

これらの商品は、主に「日を遮る」ことを目的とした屋内に設置される商品が該当します。

これらの商品と類似群は同じですが、第２４類（織物製椅子カバー　織物製壁掛け等）及び第２７類（敷物　壁掛け（織物製のものを除く。））に属する商品も存在します。

「風鈴」（２０Ｃ０２）

この商品は、小さい鐘のような形で、中に舌の下がっている金属製・陶器製・ガラス製などの鈴が該当します。

なお、この商品と類似群が同じ「花瓶　水盤」は第２１類に属します。

「つい立て　びょうぶ」（２０Ｃ０４）

「つい立て」は、１枚の襖障子または板障子に、移動しやすいように台をつけたもの、「びょうぶ」は、室内に立てて風よけ、または仕切り・装飾として用いるものが該当します。

「ベンチ」（２０Ｄ０２）

この商品は、公園等、屋外に設置される横長の椅子が該当します。

なお、家庭内で使用する「長椅子」は、この商品には含まれず、本類「家具」に属します。

「アドバルーン　木製又はプラスチック製の立て看板」（２０Ｄ０４）

これらの商品は、主に広告用として使用される商品が該当し、「立て看板」については、木製又はプラスチック製の商品が本類に、金属製の商品は第６類に、紙製又は厚紙製の商品は第１６類に、ガラス製又は磁器製の商品は第２１類に属します。

また、これらの商品と類似群が同じ「ネオンサイン」は第９類に属します。

なお、これらの商品と類似群は異なりますが、「電子看板」も第９類に属します。

参照：商品のアルファベット順一覧表

第１６類「signboards of paper or cardboard」（紙製又は厚紙製の看板　２０Ｄ０４）

第９類「neon signs」（ネオンサイン　２０Ｄ０４）

第９類「digital signs」（電子看板　１１Ｂ０１　１１Ｃ０１）

「食品見本模型」（２０Ｄ０５）

この商品は、飲食店の店頭あるいは店内に陳列される料理の模型で、いわゆる食品サンプルと称されるものが該当します。

「木製・ろう製・石膏製又はプラスチック製の記念カップ　木製・ろう製・石膏製又はプラスチック製の記念たて」（２０Ｅ０１）

「記念カップ」及び「記念たて」は、スポーツ大会や学術大会等で、優勝者や優秀者等を表彰するために贈られる杯・たてなどが該当し、木製・ろう製・石膏製又はプラスチック製の商品が本類に、金属製の商品が第６類に、貴金属製の商品が第１４類に、石製・コンクリート製又は大理石製の商品が第１９類に、磁器製・陶器製・土器製・テラコッタ製又はガラス製の商品が第２１類に属します。

「葬祭用具」（２０Ｆ０１）

この商品は、「葬祭用具」に該当する商品であって、「位はい」や「数珠」等、葬祭の際に用いるもののほとんどが該当します。

ただし、「香炉」は、「葬祭用具」の一種の商品ですが、第２１類に属します。

なお、この商品と類似群は同じですが、第６類（金属製の墓標及び墓碑用銘板）、第１９類（墓標及び墓碑用銘板（金属製のものを除く。））、第２４類（遺体覆い　経かたびら等）、第２６類（造花の花輪）及び第３１類（生花の花輪）に属する商品が存在します。

「懐中鏡　鏡袋」（２１Ｆ０１）

これらの商品には、「化粧用具」のうち、化粧用鏡に該当する商品が含まれます。

また、これらの商品と類似群が同じですが、第３類（つけづめ　つけまつ毛）、第８類（ひげそり用具入れ　ペディキュアセット　等）、第１０類（耳かき）、第１８類（携帯用化粧道具入れ）、第２１類（化粧用具（「電気式歯ブラシ」を除く。））及び第２６類（つけあごひげ　つけ口ひげ　等）に属する商品が存在します。

なお、「手鏡」は、これらの商品には含まれず、本類「家具」に属します。

「靴合わせくぎ（金属製のものを除く。）　靴くぎ（金属製のものを除く。）　靴びょう（金属製のものを除く。）」（２２Ａ０２）

これらの商品は、金属製以外のものが本類に属し、金属製の商品は第６類に属します。

なお、この商品と類似群は同じですが、第１４類（貴金属製靴飾り）、第２１類（靴ブラシ　靴べら　等）、第２２類（靴用ろう引き縫糸）、第２５類（靴保護具）及び第２６類（靴飾り（貴金属製のものを除く。）　靴はとめ　等）に属する商品が存在します。

「揺りかご　幼児用歩行器」（２４Ａ０１）

「揺りかご」は、赤ん坊用の揺りかごが該当します。

「幼児用歩行器」は、幼児の歩行を助ける用具が該当します。

なお、専ら足の不自由な人が歩行や移動をする際に、補助的に用いられる商品である「歩行補助器」は、「幼児用歩行器」には含まれず、第１０類「歩行補助器」に属します。

また、これらの商品と同じ類似群ですが、第９類（家庭用テレビゲーム機用プログラム　携帯用液晶画面ゲーム機用のプログラムを記憶させた電子回路及びＣＤ－ＲＯＭ）、第１６類（いろがみ　写し絵　等）及び第２８類（おもちゃ　人形）に属する商品も存在します。

「マネキン人形　洋服飾り型類」（２４Ａ０２）

これらの商品は、被服の縫製や眼鏡、指輪、手袋等の陳列に用いられる人体模型及びその部品が含まれます。

「額縁」（２６Ｂ０１）

この商品は、絵画などを入れて掲げるための枠が該当し、本類に属します。

また、この商品と類似群が同じ「書画」は第１６類に属します。

なお、「写真」を入れておくスタンドである「写真立て」は、この商品には含まれませんが、本類に属します。

「石こう製彫刻　プラスチック製彫刻　木製彫刻」（２６Ｃ０１）

「彫刻」のうち、石こう製、プラスチック製、木製のものは本類に属し、これらの複製物も含まれます。

なお、「金属製彫刻」は第６類に、「石製彫刻　コンクリート製彫刻　大理石製彫刻」は第１９類に属します。

「写真立て」（２６Ｄ０１）

この商品は、「写真」を入れておくスタンドが該当します。

なお、この商品と類似群が同じ「映写フィルム　スライドフィルム　スライドフィルム用マウント」は第９類に、「写真」は第１６類に属します。

「経木　しだ　竹　竹皮　つる　とう　木皮」（３４Ｅ０２）

これらの商品は、「経木」等、後に何らかの加工を施すべき植物性の基礎材料が該当します。

これらを加工し、最終商品となったもの、例えば、竹製の「おもちゃ」であれば、これらの商品には含まれず、第２８類「おもちゃ」に属します。

なお、これらの商品と類似群は同じですが、第３１類（未加工のコルク　やしの葉）に属する商品が存在します。

「あし　い　おにがや　すげ　すさ　麦わら　わら」（３４Ｅ０３）

これらの商品は、麦わら等、後に何らかの加工を施すべき植物性の基礎材料が該当します。

これらを加工し、最終商品となったもの、例えば、麦わら帽子であれば、これらの商品には含まれず、第２５類「被服」の下位概念である「帽子」に属します。

「牙　鯨のひげ　甲殻　人工角　象牙　角　歯　べっこう　骨」（３４Ｅ０５）

これらの商品は、「象牙」等、後に何らかの加工を施すべき主に動物性の基礎材料が該当します。

これらを加工し、最終商品となったもの、例えば、べっこう製の「くし」であれば、これらの商品には含まれず、第２１類「化粧用具（「電気式歯ブラシ」を除く。）」に属します。

「さんご」（３４Ｅ０６）

この商品は、後に何らかの加工を施すべき動物性の基礎材料としての「さんご」が該当します。

なお、加工されて宝玉となった「さんご」は、この商品には含まれず、第１４類「宝玉及びその模造品」に属します。

第２１類　家庭用又は台所用の手動式の器具、化粧用具、ガラス製品及び磁器製品

【類見出し】
家庭用又は台所用の器具及び容器；
調理用具及び食卓用器具（フォーク、ナイフ及びスプーンを除く。）；
くし及びスポンジ；
ブラシ（絵筆及び塗装用ブラシを除く。）；
ブラシ製造用材料；
清浄用具；
未加工又は半加工のガラス（建築用ガラスを除く。）；
ガラス製品、磁器製品及び陶器製品.

【注釈】
第２１類には、主として、家庭用及び台所用の小型手動式器具並びに化粧用具、ガラス製品及び磁器、陶器、土器、テラコッタ又はガラスから成る特定の商品を含む。

この類には、特に、次の商品を含む：
家庭用具及び台所用器具、例えば、はえたたき、洗濯ばさみ、バースプーン、肉調理用スプーン及びコルク栓抜、並びに給仕用具、例えば、角砂糖挟み、アイストング（氷ばさみ)、パイ取分け用へら及び給仕用レードル；
家庭用、台所用及び調理用容器、例えば、花瓶、瓶、貯金箱、台所用・清掃用手おけ、カクテルシェーカー、非電気式のケトル、非電気式の調理用圧力鍋及び非電気式の調理用なべ、；
ミンチ用、粉砕用、プレス用又は破砕用の台所用小型手動式器具、例えば、ニンニクプレス器、くるみ割り器、すりこぎ及びすり鉢；
皿立て及びデカンタースタンド；
化粧用具、例えば、電気式及び非電気式のくし及び歯ブラシ、デンタルフロス、ペディキュア用の発泡材でできた足指セパレーター、化粧用パフ、携帯用化粧用具入れ（化粧用具の入ったもの)；
園芸用品、例えば、園芸用手袋、ウィンドーボックス、じょうろ及び散水ホース用ノズル；
水生動植物の室内飼育観賞用水槽及び陸生動植物の室内飼育・栽培用ガラス槽.

この類には、特に、次の商品を含まない：
洗浄剤（第 3 類）；
金属製の貯蔵・輸送用コンテナ（第 6 類)、貯蔵・輸送用コンテナ（金属製でないもの。)（第 20 類）；

ミンチ用、粉砕用、プレス用又は破砕用の小型器具であって電動式のもの（第 7 類）；かみそり及びひげそり用器具、散髪用バリカン及びつめ切り、マニキュア用及びペディキュア用器具（電気式及び非電気式のもの）、例えば、マニキュアセット、エメリーボード、つめの甘皮用ニッパー（第 8 類）；
食卓用刃物類（第 8 類）、台所用切削工具類（手持工具に当たるものに限る。）、例えば、野菜用シュレッダー、ピザカッター、チーズスライサー（第 8 類）；
シラミ取り用のくし、医療用舌擦過器（第 10 類）；
電気式加熱調理器具（第 11 類）；
化粧用鏡（第 20 類）；
その機能又は用途によって分類されるガラス、磁器及び陶器から成る特定の商品、例えば、義歯用陶材（第 5 類）、眼鏡用レンズ（第 9 類）、電気絶縁・断熱・防音用グラスウール、半加工の樹脂ガラス又は有機ガラス（第 17 類）、陶器製タイル（第 19 類）、建築用ガラス（第 19 類）、織物用ガラス繊維（第 22 類）.

【解説】

「デンタルフロス」（０１Ｃ０１）

この商品は、虫歯予防を目的とした商品で、歯間掃除用の糸が該当します。
なお、この商品と類似群は同じですが、第５類（医療用油紙　医療用接着テープ　等）、第８類（ピンセット）及び第１０類（医療用指サック　衛生マスク　等）に属する商品が存在します。

「ガラス基礎製品（建築用のものを除く。）」（０７Ｅ０１）

この商品は、建築用材料として使用される以外の不定形のガラス製の棒や板等が該当します。
ただし、「光学ガラス」や、科学用、写真用、光学用等の第９類に属する機械器具に用いられる「加工ガラス（建築用のものを除く。）」は、この商品と類似群は同じですが、第９類に属します。
また、この商品と類似群は同じ第１９類（建築用ガラス）に属する商品も存在します。
参照：商品のアルファベット順一覧表
第９類「optical glass」（光学ガラス　０７Ｅ０１）

「かいばおけ」（０９Ａ４２）

この商品は、飼葉を入れて牛馬に食させるための桶が該当します。

「家きん用リング」（０９Ａ４８）

この商品は、家きんの個体識別用に付けるリングが該当します。

「香炉」（１１Ａ０６,２０Ｆ０１）

この商品は、香をたくのに用いる電気式及び非電気式の器が該当し、「葬祭用具」（第２０類）の一種の商品ですが、本類に属します。

「化粧用具」（１１Ａ０７,２１Ｆ０１）

この商品には、「電気式歯ブラシ」も含まれます。

１．「電気式歯ブラシ」（１１Ａ０７）

この商品は、電動でブラシの部分が動く歯ブラシが該当します。

電気式ではない「歯ブラシ」は、この商品には含まれず、本類「化粧用具（「電気式歯ブラシ」を除く。）」の下位概念の「歯ブラシ」に属します。

なお、この商品と類似群は同じですが、第８類（電気かみそり及び電気バリカン）、第１０類（家庭用超音波美顔器）、第１１類（美容用又は衛生用の家庭用電熱用品類）及び第２６類（電気式ヘアカーラー）に属する商品も存在します。

２．「化粧用具（「電気式歯ブラシ」を除く。）」（２１Ｆ０１）

この商品は、主に、化粧の際に使用される非電気式の道具が該当します。

また、この商品と類似群は同じですが、第３類（つけづめ　つけまつ毛）、第８類（ひげそり用具入れ　ペディキュアセット　等）、第１０類（耳かき）、第１８類（携帯用化粧道具入れ）、第２０類（懐中鏡　鏡袋）及び第２６類（つけあごひげ　つけ口ひげ　ヘアカーラー（電気式のものを除く。））に属する商品も存在します。

「おけ用ブラシ　金ブラシ　管用ブラシ　工業用刷毛　船舶ブラシ」（１３Ｂ０４）

これらの商品は、主に工具として用いられるものが該当します。

また、これらの商品と類似群が同じ「装飾塗工用ブラシ」は工具として用いられるものですが、第１６類に属します。

「家事用手袋」（１７Ａ０８）

この商品は、専ら家事に使用する手袋が該当します。

また、この商品と類似群は同じですが、第９類（事故防護用手袋）に属する商品も存在します。

なお、この商品とは類似群が異なりますが、診断、治療又は手術等、主として病院において医療用に用いられる「医療用手袋」は第１０類に、主として、装飾や防寒等を目的として着用する「手袋」は第２５類に属します。

「ガラス製又は陶磁製の包装用容器」（１８Ｃ０２,１８Ｃ１０,１８Ｃ１３）

１．「ガラス製包装用容器（「ガラス製栓・ガラス製ふた」を除く。）」（１８Ｃ０２）

この商品は、ガラス製の容器であって、あくまでも、包装用に使用されるものが該当します。

「飲料用容器」「化粧品用容器」「食品用容器」や「薬品用容器」は、あくまでも、飲料・化粧品・食品・薬品の包装用容器として使用されるガラス製容器が該当しますので、ガラス製の飲み物用の容器である「コップ」はこの商品には含まれず、本類「食器類」に属し、本類「食品保存用ガラス瓶」も、この商品には含まれません。

包装用容器については、第６類「金属製包装用容器」の項を参照してください。

２．「陶磁製包装用容器」（１８Ｃ１０）

この商品は、陶磁製の容器であって、専ら包装用に使用されるものが該当します。

なお、包装用容器については、第６類「金属製包装用容器」の項を参照してください。

３．「ガラス製栓　ガラス製ふた」（１８Ｃ１３）

この商品は、包装用容器に用いるものです。

「栓」及び「ふた」は、ガラス製のものは本類に、金属製のものは第６類、ゴム製のものは第１７類に、コルク製、プラスチック製、木製のものは第２０類に属します。

「プラスチック製の包装用瓶」（１８Ｃ０９）

この商品は、プラスチック製の瓶であって、専ら包装用に使用されるものが該当します。

なお、この商品と類似群が同じ「プラスチック製包装用袋」は第１６類に、「プラスチック製の包装用容器（「プラスチック製栓・ふた及び瓶」を除く。）」は第２０類に属します。

「台所用品（「ガス湯沸かし器・加熱器・調理台・流し台」を除く。）」（１９Ａ０１,１９Ａ０３,１９Ａ０４,１９Ａ０５）

この商品は、台所又は食事の際に使用する器具が該当します。

ただし、台所又は食事の際に使用する器具であっても、「ガス湯沸かし器」「家庭用加熱器（電気式のものを除く。）　家庭用調理台　家庭用流し台」は、この商品には含まれず、第１１類に属します。

１．「鍋類　コーヒー沸かし（電気式のものを除く。）　鉄瓶　やかん」（１９Ａ０１）

これらの商品は、非電気式の熱源を備えていない鍋及びそれに類する加熱調理用の器具が該当します。

ただし、台所又は食事の際に使用する器具であっても、この商品と類似群が同じ「ガス湯沸かし器」は第１１類に属します。

２．「食器類」（１９Ａ０３）

この商品は、食事に使う容器・器具が該当します。

ただし、台所又は食事の際に使用する器具であっても、例えば、「菜切りぼうちょう」「洋食ナイフ」「スプーン」「フォーク」は、材質を問わず、第８類に属します。

３．「アイスボックス　氷冷蔵庫　米びつ　食品保存用ガラス瓶　水筒　魔法瓶」（１９Ａ０４）

４．「調理用具　アイスペール　角砂糖挟み　くるみ割り器　こしょう入れ　砂糖入れざる　塩振り出し容器　しゃもじ　じょうご　ストロー　膳　栓抜（電気式のものを除く。）　卵立て　タルト取り分け用へら　ナプキンホルダー　ナプキンリング　鍋敷きはし　はし箱　ひしゃく　ふるい　盆　ようじ　ようじ入れ」（１９Ａ０５）

これらの商品と類似群は同じですが、第８類（エッグスライサー（電気式のものを除く。）　かつお節削り器　等）、第１６類（家庭用食品包装フィルム）及び第２４類（織物製テーブルナプキン）に属する商品も存在します。

「清掃用具及び洗濯用具」（１９Ａ０６）

これらの商品は、非電気式の、「くまで」や「ほうき」等の清掃用具、「洗濯板」や「たらい」等の洗濯用具が該当します。

また、これらの商品と類似群は同じですが、第１６類（紙製ごみ収集用袋　プラスチック製ごみ収集用袋）及び第２４類（ふきん）に属する商品も存在します。

「アイロン台　霧吹き　こて台　へら台」（１９Ｂ０３）

これらの商品は、アイロン掛けの際に使用する「アイロン台」「霧吹き」等の商品が該当します。

なお、これらの商品と類似群が同じですが、第８類（チャコ削り器）、第１６類（型紙裁縫用チャコ）、第２０類（刺しゅう用枠）及び第２６類（編み棒　糸通し器　等）に属する商品も存在します。

「湯かき棒　浴室用手おけ」（１９Ｂ０４）

これらの商品は、浴室・洗面所に固定されておらず、購入者の選択により容易に取り替え等が可能な、浴室・洗面所内で使用される雑貨的な商品のうち、浴槽内の湯をかき混ぜる棒や、浴室で使用する手おけが該当します。

また、これらの商品と類似群が同じですが、第２０類（浴室用腰かけ）、第２４類（シャワーカーテン）及び第２７類（洗い場用マット）に属する商品も存在します。

なお、これらの商品と類似群は異なりますが、「シャワー器具」や「浴槽」等の商品は、第１１類「浴槽類」に属します。

「ろうそく消し　ろうそく立て」（１９Ｂ２７）

これらの商品は、ろうそくの火を消すための専用の商品や燭台と称される商品が該当します。

なお、これらの商品とは類似群が異なりますが、「ろうそく」は第4類に属します。

「家庭用燃え殻ふるい　五徳　石炭入れ　火消しつぼ」（１９Ｂ２９）

これらの商品は、日用品に当たるものが該当します。

また、これらの商品と類似群が同じ「十能　暖炉用ふいご（手持工具に当たるものに限る。）　火ばし」は第8類に属します。

なお、これらの商品とは類似群が異なりますが、「燃え殻ふるい機」は第7類に属します。

参照：商品のアルファベット順一覧表
第7類「cinder sifters [machines]」（燃え殻ふるい機　０９Ｇ６３）

「ねずみ取り器　はえたたき」（１９Ｂ３０）

これらの商品は、ネズミを捕獲・駆除するための罠等が該当します。

また、これらの商品と類似群が同じ「はえ取り紙」は第５類に属します。

「植木鉢　家庭園芸用の水耕式植物栽培器　じょうろ」（１９Ｂ３２）

これらの商品は、「じょうろ」等、専ら家庭で使用される園芸用品が該当します。

また、これらの商品と類似群が同じ「金属製植物の茎支持具」は第６類に、「植物の茎支持具（金属製のものを除く。）」は第２０類に属します。

「小鳥かご　小鳥用水盤　ペット用食器　ペット用ブラシ」（１９Ｂ３３）

これらの商品は、ペット専用の商品のうち、食器やブラシ等が該当します。

また、これらの商品と類似群は同じですが、第１８類（ペット用被服類）、第２０類（犬小屋　小鳥用巣箱　ペット用ベッド）、第２８類（ペット用おもちゃ）及び第３１類（動物用寝わら）に属する商品も存在します 。

「洋服ブラシ」（１９Ｂ３７）

この商品は、洋服の埃を落としたり、生地の繊維を整えたりするためのブラシが該当します。

なお、髪の毛を整える「ヘアブラシ」は本類「化粧用具（「電気式歯ブラシ」を除く。）」に属します。

「寝室用簡易便器」（１９Ｂ３９）

この商品は、トイレ以外でも使用し、簡易に持ち運び可能な商品で、専ら寝室で使用する商品が該当します。

また、この商品と類似群が同じ「しびん　病人用差込み便器」は第１０類に属します。

なお、この商品とは類似群が異なる商品ですが、トイレに設置される「便器」は第１１類に属します。

「貯金箱」（１９Ｂ４４）

この商品は、硬貨を格納しておく収納容器が該当し、材質を問わず、本類に属します。

「お守り　おみくじ」（１９Ｂ４５）

これらの商品は、「守り袋」または「守り札」や神仏に祈願して、事の吉凶を占うくじが該当します。

なお、「印刷したくじ（「おもちゃ」を除く。）」は、「おみくじ」には含まれず、第２８類に属します。

「食品及び飲料の保冷用アイスパック」（１９Ｂ５０）

この商品は、食品及び飲料を低温に保つための、化学物質等を利用したパックタイプの用具であって、日用品が該当します。

なお、この商品と類似群は同じですが、医療以外の目的で、身体を保冷するための「身体用保冷パック（医療用のものを除く。）」は、本類には属さず、第１１類に属します。

「せっけん用ディスペンサーボトル」（１９Ｂ５４）

この商品と類似群は同じですが、第６類（紙タオル取り出し用金属製箱　金属製のタオル用ディスペンサー）及び第２０類（紙タオル取り出し用箱（金属製のものを除く。）タオル用ディスペンサー（金属製のものを除く。））に属する商品もあります。

「観賞魚用水槽及びその附属品」（１９Ｂ５５）

この商品は、一般に、観賞魚を中心とした水生動植物の飼育のために用いられる水槽及びその附属品が該当します。

なお、この商品とは類似群が異なりますが、専らペットに用いる商品である「ペット用被服類」は第１８類に、「犬小屋　小鳥用巣箱　ペット用ベッド」は第２０類に、「小鳥かご　小鳥用水盤　ペット用食器　ペット用ブラシ」は本類に、「ペット用おもちゃ」は第２８類に、「動物用寝わら」は第３１類に属します。

「トイレットペーパーホルダー」（１９Ｂ５６）

この商品は、トイレットペーパー用のホルダーが該当します。

また、この商品と類似群は同じですが、第１１類（洗浄機能付き便座　便器　和式便器用椅子）及び第２４類（織物製トイレットシートカバー）に属する商品も存在します。

「花瓶　水盤」（２０Ｃ０２）

これらの商品は、壷形の銅器・陶磁器・ガラス器等の花器や、主に中に水をはって花を生けるための陶製・鉄製・木製などの浅い器が該当します。

なお、これらの商品と類似群は同じ「風鈴」は第２０類に属します。

「ガラス製又は磁器製の立て看板」（２０Ｄ０４）

「立て看板」は、ガラス製又は磁器製の商品は本類に、金属製の商品は第６類に、紙製又は厚紙製の商品は第１６類に、木製又はプラスチック製の商品は第２０類に属します。

また、これらの商品と類似群が同じ「ネオンサイン」は第９類に、「アドバルーン」は第２０類に属します。

なお、これらの商品と類似群が異なりますが、「電子看板」も第９類に属します。

参照：商品のアルファベット順一覧表

第１６類「signboards of paper or cardboard」（紙製又は厚紙製の看板　２０Ｄ０４）

第９類「neon signs」（ネオンサイン　２０Ｄ０４）

第９類「digital signs」（電子看板　１１Ｂ０１　１１Ｃ０１）

「磁器製・陶器製・土器製・テラコッタ製又はガラス製の記念カップ　磁器製・陶器製・土器製・テラコッタ製又はガラス製の記念たて」（２０Ｅ０１）

「記念カップ」及び「記念たて」は、スポーツ大会や学術大会等で、優勝者や優秀者等を表彰するために贈られる杯・たてなどが該当し、磁器製・陶器製・土器製・テラコッタ製又はガラス製の商品が本類に、金属製の商品が第６類に、貴金属製の商品が第１４類に、石製・コンクリート製又は大理石製の商品が第１９類に、木製・ろう製・石膏製又はプラスチック製の商品が第２０類に属します。

「靴ブラシ　靴べら　靴磨き布　軽便靴クリーナー　シューツリー」（２２Ａ０２）

これらの商品は、靴の品質を保持するため、靴の手入れ等に用いるもの等が該当します。

また、これらの商品と類似群が同じですが、第６類（金属製靴合わせくぎ　金属製靴くぎ　金属製靴びょう）、第１４類（貴金属製靴飾り）、第２０類（靴合わせくぎ（金属製のものを除く。）　靴くぎ（金属製のものを除く。）　靴びょう（金属製のものを除く。））、第２２類（靴用ろう引き縫糸）、第２５類（靴保護具）及び第２６類（靴飾り（貴金属製のものを除く。）　靴はとめ　等）に属する商品も存在します。

「コッフェル」（２４Ｃ０３）

この商品は、キャンプ、登山等の際に、主に屋外で使用される携帯用の炊事用具が該当します。

この商品と類似群が同じですが、第６類（アイゼン　カラビナ　ハーケン）、第８類（ピッケル）、第２２類（ザイル　登山用又はキャンプ用のテント）、第２４類（スリーピングバッグ）及び第２８類（登山用ハーネス）に属する商品も存在します。

「昆虫採集箱　昆虫胴乱」（２５Ｂ０２）

これらの商品は、昆虫採集の際に使用される商品であり、採集した昆虫を入れておく箱や入れ物が該当します。

なお、これらの商品と類似群が同じ「柄付き捕虫網　殺虫管　毒つぼ」は第２８類に属します。

「ブラシ用牛毛・たぬきの毛・豚毛及び馬毛」（３４Ｅ０７）

この商品は、後に何らかの加工を施すべき動物性の基礎材料のうち、けものの毛が該当し、専らブラシに用いる商品は本類に属し、未加工の商品は第２２類に属します。

また、この商品と類似群が同じ「人毛」は第２６類に属します。

第２２類　ロープ製品、帆布製品、詰物用の材料及び織物用の原料繊維

【類見出し】
ロープ及びひも；
網；
テント及びターポリン、雨覆い；
織物製又は合成繊維製オーニング；
帆；
ばら荷の輸送用及び貯蔵用の袋；
詰物用材料（紙製、厚紙製、ゴム製又はプラスチック製のものを除く。）；
織物用の未加工繊維及びその代用品.

【注釈】
第２２類には、主として、帆布及びその他の帆製造用の材料、ロープ製品、詰物用材料及び織物用の未加工繊維を含む。

この類には、特に、次の商品を含む：
天然若しくは人造の織物用繊維製・紙製又はプラスチックから成るひも及びトワイン；
漁網、ハンモック、なわばしご；
乗物用カバー（型に合わせていないもの）；
機能又は用途によって他に分類されない特定の袋、例えば、洗濯用メッシュバッグ、遺体袋、郵便用集配袋；
織物製包装用袋；
動物の繊維及び織物用未加工繊維、例えば動物の毛、繭、ジュート、未加工又は加工済みの羊毛、絹繊維.

この類には、特に、次の商品を含まない：
金属製ロープ（第 6 類）；
楽器用の弦（第 15 類）及びラケット用糸（第 28 類）；
紙製又は厚紙製（第 16 類）、ゴム製又はプラスチック製（第 17 類）の詰物用材料；
その機能又は用途によって分類される特定の網及び袋、例えば、救命網（第 9 類）、乗物用網棚（第 12 類）、旅行用衣服かばん（第 18 類）、ヘアネット（第 26 類）、ゴルフバッグ（第 28 類）、運動用ネット（第 28 類）；
その材料に従って分類される織物製を除く包装袋、例えば、紙製又はプラスチック製包装袋（第 16 類）、ゴム製包装袋（第 17 類）、革製包装袋（第 18 類）.

【解説】

「落石防止網（金属製のものを除く。）」（０７Ａ０３）

落石防止網については、金属製以外の商品は本類に属し、金属製の商品は、この商品とは類似群が異なる第６類「建築用又は構築用の金属製専用材料」に属します。

また、この商品と類似群は同じですが、第１９類（リノリウム製建築専用材料　プラスチック製建築専用材料　等）に属する商品も存在します。

「船舶用オーニング　ターポリン　帆」（１２Ａ０１）

これらの商品は、帆布製品といわれる船舶に関連する商品が該当します。

また、これらの商品と類似群は同じですが、第６類（いかり）、第９類（消防艇）及び第１２類（船舶並びにその部品及び附属品（「エアクッション艇」を除く。））に属する商品も存在します。

「原料繊維」（１４Ａ０１,１４Ａ０２,１４Ａ０３,１４Ａ０４,１４Ａ０５,１４Ａ０６）

この商品は、紡績に用いられる原料としての繊維が該当します。

なお、紡績に使用されない原料、例えば「すげ」や「わら」あるいは「草」は、この商品には含まれず、「すげ」や「わら」は第２０類に、「草」は第３１類に属します。

１.「綿繊維」（１４Ａ０１）

２.「麻繊維」（１４Ａ０２）

３.「絹繊維」（１４Ａ０３）

４.「毛繊維」（１４Ａ０４）

この商品は、紡績に用いられる原料に限られます。

なお、「馬毛」や「人毛」はこの商品には含まれず、「馬毛」は、未加工の馬毛は本類に、ブラシ用の馬毛は第２１類に、「人毛」は第２６類に属します。

５.「織物用化学繊維」（１４Ａ０５）

「化学繊維」は、合成繊維、再生繊維及び半合成繊維が該当し、織物用の商品が本類に属し、織物用以外の商品は第１７類に属します。

６.「織物用無機繊維」（１４Ａ０６）

この商品と類似群が同じ「岩石繊維　鉱さい綿」は第１７類に属します。

「衣服綿　ハンモック　布団袋　布団綿」（１７Ｃ０１）

「衣服綿」や「布団綿」は、衣服や布団に詰める綿が該当します。

「ハンモック」は、柱の間や樹陰に吊って、寝床に用いる編糸製網が該当します。

また、これらの商品と類似群は同じですが、第２０類（クッション　座布団　等）及び第２４類（かや　敷布　等）に属する商品も存在します。

「編みひも　真田ひも　のり付けひも　よりひも　綱類」（１８Ａ０１）

これらの商品は、原則として、一定の用途に使用されるように特殊な加工（特定の寸法での裁断等）を施していないものが該当します。

したがって、例えば、第２５類「和服」の概念の商品である「腰ひも」や「羽織ひも」や、登山用具の概念に属する第２２類「ザイル」は、これらの商品には含まれません。

また、これらの商品と類似群は同じですが、第１７類（ゴムひも）、第１８類（革ひも）及び第２６類（組ひも）に属する商品も存在します。

なお、これらの商品と類似群が異なる「ワイヤロープ」は第６類に属します。

「網類（金属製のものを除く。）」（１８Ｂ０１）

この商品は、原則として用途が限定されないもの、すなわち網地が該当します。

なお、この商品とは類似群が異なる商品ですが、用途が限定されていない商品である「金網」は第６類に属します。

また、同じく、この商品とは類似群が異なる商品ですが、機能又は用途によって分類される特定の網類として、例えば、「救命用具」の概念の商品である「救命網」は第９類に属し、「調理用具」の概念の商品である「焼き網」は第２１類に属し、「頭飾品」の概念の商品である「ヘアネット」は第２６類に属します。

「布製包装用容器」（１８Ｃ０５）

この商品は、「麻袋」等、布製の袋等の容器であり、専ら包装用に使用されるものが該当します。

なお、包装用容器については、第６類「金属製包装用容器」の項を参照してください。

「わら製包装用容器」（１８Ｃ０７）

この商品は、「俵」等、わら製の袋等の容器であり、専ら包装用に使用されるものが該当します。

なお、包装用容器については、第６類「金属製包装用容器」の項を参照してください。

「結束用ゴムバンド」（１８Ｃ１２）

この商品は、ゴムバンドのうち結束用のものが該当します。

なお、事務用に使用される「事務用ゴムバンド」は、第１６類に属します。

参照：商品のアルファベット順一覧表

第１６類「elastic bands for offices」（事務用ゴムバンド　１８Ｃ１２　２５Ｂ０１）

「雨覆い　織物製屋外用ブラインド　天幕」（２０Ｄ０１）

これらの商品は、雨や日差しを防ぐことを目的とした屋外に設置される商品が該当します。

「屋外用ブラインド」については、織物製の商品が本類に属し、金属製の商品は第６類に属し、金属製又は織物製以外の商品は第１９類に属します。

また、これらの商品と類似群が同じ「農業用プラスチックシート」は第１７類に属します。

なお、「天幕」は、雨や日差しを防ぐために屋外に設置される幕で、「テント」とも指称される商品ですが、「テント」のうち、「登山用又はキャンプ用のテント」は、これらの商品と類似群は異なりますが、本類に属します。

「靴用ろう引き縫糸」（２２Ａ０２）

この商品は、靴用の水・油などへの耐性を高めるため、ろうを浸透させる加工を施した縫糸が該当します。

また、この商品と類似群は同じですが、第６類（金属製靴合わせくぎ　金属製靴くぎ　金属製靴びょう）、第１４類（貴金属製靴飾り）、第２０類（靴合わせくぎ（金属製のものを除く。）　靴くぎ（金属製のものを除く。）　靴びょう（金属製のものを除く。））、第２１類（靴ブラシ　靴べら　等）、第２５類（靴保護具）及び第２６類（靴飾り（貴金属製のものを除く。）　靴はとめ　等）に属する商品が存在します。

「ザイル　登山用又はキャンプ用のテント」（２４Ｃ０３）

これらの商品は、主に登山やキャンプに用いられる「ザイル」や「テント」が該当します。

「テント」とも指称される、雨や日差しを防ぐために屋外に設置される幕である「天幕」は、これらの商品と類似群は異なりますが、本類に属します。

また、これらの商品と類似群が同じですが、第６類（アイゼン　カラビナ　ハーケン）、第８類（ピッケル）、第２１類（コッフェル）、第２４類（スリーピングバッグ）及び第２８類（登山用ハーネス）に属する商品が存在します。

なお、「登山靴」は、第２５類「運動用特殊靴（「乗馬靴」及び「ウインドサーフィン用シューズ」を除く。）」に属します。

「ウインドサーフィン用のセイル」（２４Ｃ０４）

この商品は、ウインドサーフィンで使用するセイル（帆）の部分が該当します。

なお、この商品と類似群が同じマリンスポーツ用の商品は、第８類（水中ナイフ　水中ナイフ保持具）、第９類（ウエイトベルト　エアタンク　等）、第１３類（水中銃（運動用具））、第２５類（ウインドサーフィン用シューズ）及び第２８類（サーフィン用・水上スキー用・スキューバダイビング用運動用具）に属する商品が存在します。

「おがくず　カポック　詰め物用かんなくず　木毛　もみがら　ろうくず」（３４Ｅ０４）

これらの商品は、「カポック」「もみがら」等、主として後に何らかの加工を施すべき植物性の基礎材料が該当します。

「牛毛・たぬきの毛・豚毛及び馬毛（未加工のものに限る。）」（３４Ｅ０７）

この商品は、後に何らかの加工を施すべき動物性の基礎材料のうち、未加工のけものの毛が該当し、未加工の商品は本類に属し、専らブラシに用いる商品は第２１類に属します。

また、この商品と類似群が同じ「人毛」は第２６類に属します。

「羽」（３４Ｅ０８）

この商品は、後に何らかの加工を施すべき動物性の基礎材料のうちの「羽根」で、主に「寝具用羽毛」や「被服」等に使用されるものが該当します。

羽毛を使用し最終製品となったものは、この商品には含まれず、例えば、羽毛製の「布団」は第２４類に、羽毛製の「コート」は第２５類に属します。

第２３類　織物用の糸

【類見出し】
織物用糸.

【注釈】
第２３類には、主として、自然材料製又は合成の織物用糸を含む。

この類には、特に、次の商品を含む：
織物用ガラス繊維糸、織物用弾性糸、織物用ゴム糸、織物用プラスチック製糸；
刺しゅう用糸、かがり糸、縫糸（金属製のものを含む。）；
絹紡糸、綿紡糸、毛糸.

この類には、特に、次の商品を含まない：
特殊な用途の特定の糸、例えば、電線識別用外被織り込み糸（第 9 類）、外科用糸（第 10 類）、貴金属製糸（第 14 類）；
その材料に従って分類される糸（織物用のものを除く。）、例えば、金属製締め具（第 6 類）、締め具（金属製のものを除く。）（第 22 類）、弾性糸、糸ゴム又はプラスチック製糸（第 17 類）、ガラス繊維糸（第 21 類）.

【解説】

「糸」（１５Ａ０１,１５Ａ０３）

この商品は、主に、織物や編物に使用されるものが該当します。

１．「糸（「脱脂屑糸」を除く。）」（１５Ａ０１）

この商品は、綿糸、毛糸等、織物や編物に使用する糸が該当します。

また、この商品と類似群が同じ「糸ゴム及び被覆ゴム糸（織物用のものを除く。）　化学繊維糸（織物用のものを除く。）」は第１７類に属します。

なお、「手術用キャットガット」や「釣り糸」は、この商品には含まれず、前者は第１０類に、後者は第２８類「釣り具」にそれぞれ属します。

また、「貴金属製糸」も、この商品には含まれず、第１４類「宝玉及びその模造品」に属します。

２．「脱脂屑糸」（１５Ａ０３）

この商品は、脂肪分や不純物を取り除いて消毒した屑糸が該当します。

第２４類　織物及び家庭用の織物製カバー

【類見出し】
織物及び織物の代用品；
家庭用リネン製品；
織物製又はプラスチック製のカーテン.

【注釈】
第２４類には、主として、織物及び家庭用織物製カバーを含む。

この類には、特に、次の商品を含む：
家庭用リネン製品、例えば、ベッドカバー、装飾用まくらかけ、織物製タオル；
紙製ベッド用リネン製品；
スリーピングバッグ、スリーピングバッグライナー；
蚊帳.

この類には、特に、次の商品を含まない：
医療用電気毛布（第10類）及び電気毛布（医療用のものを除く。）（第11類）；
紙製テーブルリネン（第16類）；
石綿製防火幕（第17類）、竹製カーテン及び装飾用ビーズカーテン（第20類）；
馬用毛布（第18類）；
特殊な用途の特定の織物、例えば、製本用織物（第16類）、電気絶縁・断熱・防音用織物（第17類）、地盤用シート（第19類）.

【解説】
「織物」（１６Ａ０１,１６Ａ０３）
１.「織物（「畳べり地」を除く。）」（１６Ａ０１）
　この商品は、生地の段階のもののみが該当し、生地を原材料として、特殊な形態、寸法に加工したもの、例えば「スーツ」は、この商品には含まれず、第２５類「被服」に属します。
　同様に、「ズボンつり地」や「ゲートル地」に加工を施した「ズボンつり」や「ゲートル」は、この商品には含まれず、第２５類「ズボンつり」「ゲートル」に属します。
２.「畳べり地」（１６Ａ０３）

「メリヤス生地」（１６Ｂ０１）
　この商品は、綿糸・毛糸などをループ状の編み目の集合により、よく伸縮するように編んだもので、生地の段階のもののみが該当し、メリヤス生地を原材料として、特殊な形態、寸法に加工したもの、例えば「セーター」は、この商品には含まれず、第２５類「被服」に属します。

また、この商品と類似群が同じ「編みレース生地　刺しゅうレース生地」は第２６類に属します。

「フェルト及び不織布」（１６Ｃ０１）

この商品は、「フェルト」や「不織布」等、生地の段階のもののみが該当し、例えば、「不織布」を原材料として、特殊な形態、寸法に加工したもの、例えば不織布製の「衛生マスク」は、この商品には含まれず、第１０類に属します。

「オイルクロス　ゴム引防水布　ビニルクロス　ラバークロス　ろ過布」（１６Ｃ０２）

これらの商品は、主として合成樹脂、ゴム等を用いて防水加工等特殊加工を施した布地が該当します。

「布製身の回り品」（１７Ｂ０１）

この商品には、「手ぬぐい」等の家庭用の繊維製品であって、他の類に属さないものが含まれます。

なお、「紙製タオル」等は、この商品には含まれず、第１６類に属します。

「かや　敷布　布団　布団カバー　布団側　まくらカバー　毛布」（１７Ｃ０１）

これらの商品は、寝具類に該当する商品のうち、「敷布」「布団カバー」「まくらカバー」等の「ベッド用リネン製品」や「毛布」が該当します。

なお、この商品と類似群は同じですが、「クッション　座布団　まくら　マットレス」は第２０類に、「衣服綿　ハンモック　布団袋　布団綿」は第２２類に属します。

「織物製テーブルナプキン」（１９Ａ０５）

この商品は、食事の際に、油などの飛散による衣服の汚れを防止したり、食後に口の周りを拭いたりするための布が該当します。

また、「紙製テーブルナプキン」は、この商品には含まれず、第１６類に属します。

なお、この商品と類似群は同じですが、第８類（エッグスライサー（電気式のものを除く。）　かつお節削り器　等）、第１６類（家庭用食品包装フィルム）及び第２１類（調理用具　アイスペール　等）に属する商品も存在します。

「ふきん」（１９Ａ０６）

この商品は、食器類を拭く小さな布が該当します。

また、この商品と類似群は同じですが、第１６類（紙製ごみ収集用袋　プラスチック製ごみ収集用袋）及び第２１類（清掃用具及び洗濯用具）に属する商品も存在します。

「シャワーカーテン」（１９Ｂ０４）

この商品は、浴室・洗面所に固定されておらず、購入者の選択により容易に取り替え等が可能な、浴室・洗面所内で使用される雑貨的な商品のうち、シャワー使用時の水の飛散を防ぐために、浴槽やバスルームに吊り下げる防水カーテンが該当します。

また、この商品と類似群は同じですが、第２０類（浴室用腰掛け）、第２１類（湯かき棒　浴室用手おけ）及び第２７類（洗い場用マット）に属する商品も存在します。

なお、この商品と類似群は異なりますが、「シャワー器具」や「浴槽」等の商品は、第１１類「浴槽類」に属します。

「のぼり及び旗（紙製のものを除く。）」（１９Ｂ２２）

「のぼり」及び「旗」は、紙製以外の商品は本類に、紙製のものは第１６類に属します。

また、この商品と類似群が同じ「金属製手持式旗ざお」は第６類に、「手持式旗ざお（金属製のものを除く。）」は第２０類に属します。

「織物製トイレットシートカバー」（１９Ｂ５６）

この商品は、織物製の便座カバー等が該当します。

また、この商品と類似群は同じですが、第１１類（洗浄機能付き便座　便座　和式便器用椅子）及び第２１類（トイレットペーパーホルダー）に属する商品が存在します。

「織物製椅子カバー　織物製壁掛け　織物製又はプラスチック製のカーテン　テーブル掛け　どん帳」（２０Ｃ０１）

これらの商品は、「カーテン」や「どん帳」等、主として織物製の屋内に設置する商品が該当します。また、「プラスチック製カーテン」も本類に属します。

これらの商品と類似群は同じですが、第２０類（屋内用ブラインド　すだれ　等）及び第２７類（敷物　壁掛け（織物製のものを除く。））に属する商品も存在します。

「遺体覆い　経かたびら　紅白幕　黒白幕」（２０Ｆ０１）

これらの商品は、「葬祭用具」に該当する商品であって、「紅白幕」や「黒白幕」等布製の商品が該当します。

なお、これらの商品と類似群は同じですが、第６類（金属製の墓標及び墓碑用銘板）、第１９類（墓標及び墓碑用銘板（金属製のものを除く。））、第２０類（葬祭用具）、第２６類（造花の花輪）及び第３１類（生花の花輪）に属する商品が存在します。

「ビリヤードクロス」（２４Ｂ０２）

この商品は、ビリヤード（玉突き）の台に張る紡毛織物が該当します。

また、この商品と同じ類似群ですが、第９類（スロットマシン用プログラム　ぱちんこ器具用プログラム）及び第２８類（遊戯用器具　ビリヤード用具）に属する商品も存在します。

「スリーピングバッグ」（２４Ｃ０３）

この商品は、専ら登山やキャンプに用いられる商品のうち、寝袋が該当します。

また、この商品と類似群は同じですが、第６類（アイゼン　カラビナ　ハーケン）、第８類（ピッケル）、第２１類（コッフェル）、第２２類（ザイル　登山用又はキャンプ用のテント）及び第２８類（登山用ハーネス）に属する商品が存在します。

第２５類　被服及び履物

【類見出し】

被服、履物及び運動用特殊靴、帽子.

【注釈】

第２５類には、主として、人用の被服、履物、帽子を含む。

この類には、特に、次の商品を含む：
被服、履物及び帽子の部品、例えば、カフス、ポケット、既製裏地、かかと及びかかと当て、バイザー、帽子の枠（骨組）;
運動用の被服及び履物、例えば、スキー用手袋、運動用及び運動競技用シングレット、サイクリング競技用衣服、柔道衣及び空手衣、フットボール靴、体操用靴、スキー靴；
仮装用衣服；
紙製被服、紙製帽子（被服）;
よだれ掛け又は胸当て（紙製のものを除く。）;
ポケットスクエア；
足部保温用マフ（電熱式のものを除く。）.

この類には、特に、次の商品を含まない：
靴製造用の小型製品、例えば、金属製靴くぎ及び金属製靴合わせくぎ（第 6 類）及び靴くぎ（金属製のものを除く。）及び靴合わせくぎ（金属製のものを除く。）（第 20 類）、並びに裁縫用小物（付属品）及び被服、履物及び帽子用留具、例えば、留め具、バックル、ジッパー、リボン、ハットバンド（帽子の山の下部に巻いたリボン革帯・細ひも等の環帯）、帽子及び靴飾り（第 26 類）;
特殊な用途に供する被服、履物及び帽子、例えば、保護ヘルメット（スポーツ用を含む。）（第 9 類）、防火用被服（第 9 類）、手術着（第 10 類）、整形外科用履物（第 10 類）、並びに特定のスポーツをするときに必須の被服及び履物、例えば、野球用グローブ、ボクシング用グローブ、アイススケート靴（第 28 類）;
電熱式被服（第 11 類）;
電熱式足部保温用マフ（第 11 類）、折畳み式乳母車及び乳母車専用の足部保温用マフ（第 12 類）;
紙製のよだれ掛け又は胸当て（第 16 類）;
ティッシュペーパー（第 16 類）及び織物製ハンカチ（第 24 類）;
動物用被服（第 18 類）;
カーニバル用面（第 28 類）;
人形用被服（第 28 類）;
紙製パーティー用帽子（第 28 類）.

【解説】

「被服」（１７Ａ０１,１７Ａ０２,１７Ａ０３,１７Ａ０４,１７Ａ０７）

この商品は、主として「洋服」「コート」「セーター」「下着」「和服」「靴下」「帽子」等、人が着用するものが該当します。

この商品の材質の多くは繊維製ですが、必ずしもそれに限らず、例えば革製の商品等も属します。

なお、本類「運動用特殊衣服」はスポーツをする際に限って使用するものですから、「被服」には含まれません。

１．「洋服　コート　セーター類　ワイシャツ類」（１７Ａ０１）

これらの商品は、主として外着等として外出時に着用するものが該当します。

２．「寝巻き類　下着　水泳着　水泳帽」（１７Ａ０２）

これらの商品は、「寝巻き類」や「下着」等が該当します。

３．「キャミソール　タンクトップ　ティーシャツ」（１７Ａ０１,１７Ａ０２）

これらの商品は、外着として使用される場合と下着として使用される場合があるため、「洋服　コート　セーター類　ワイシャツ類」と「下着」の類似群が付与されます。

４．「和服」（１７Ａ０３）

この商品は、「着物」、和服用の下着及びそれらの附属品が該当します。

５．「アイマスク　エプロン　えり巻き　靴下　ゲートル　毛皮製ストール　ショール　スカーフ　足袋　足袋カバー　手袋　ネクタイ　ネッカチーフ　バンダナ　保温用サポーター　マフラー　耳覆い」（１７Ａ０４）

これらの商品は、主として防寒又はファッション等を目的とし、上記１から４及び6の商品を除いた、人が着用するものが該当します。

６．「ナイトキャップ　帽子」（１７Ａ０７）

これらの商品は、主として頭に着用するものが該当します。

「ガーター　靴下留め　ズボンつり　バンド　ベルト」（２１Ａ０１）

これらの商品は、「ガーター」や「バンド」等、主として身体に装うことによって、靴下やズボンがずり落ちないように吊すベルト等が該当します。

なお、これらの商品と類似群が同じ「腕止め」は第２６類に属します。

「履物」（２２Ａ０１,２２Ａ０３）

この商品は、「靴類」「げた　草履類」の、主として日常歩行の際に使用されるものが該当します。

なお、本類「運動用特殊靴」は、専らスポーツをする際に限って使用するものですから、この商品には含まれません。

１．「靴類」（２２Ａ０１）

この商品は、「革靴」「スニーカー」「ブーツ」等の靴本体のほか、「内底」「かかと」等の靴の部品も含まれます。

ただし、これらの商品と類似群が同じ「事故用、放射線用及び火災用保護靴」は第９類に属します。

参照：商品のアルファベット順一覧表
第９類「shoes for protection against accidents, irradiation and fire」（事故用、放射線用及び火災用保護靴　２２Ａ０１）

２.「げた　草履類」（２２Ａ０３）

これらの商品は、「こまげた」「麻裏草履」「スリッパ」等の履物の本体のほか、「げた金具」「草履表」等の部品も含まれます。

「靴保護具」（２２Ａ０２）

この商品は、材質を問わず、本類に属します。

この商品と類似群は同じですが、第６類（金属製靴合わせくぎ　金属製靴くぎ　金属製靴びょう）、第１４類（貴金属製靴飾り）、第２０類（靴合わせくぎ（金属製のものを除く。）　靴くぎ（金属製のものを除く。）　靴びょう（金属製のものを除く。））、第２１類（靴ブラシ　靴べら　等）、第２２類（靴用ろう引き縫糸）及び第２６類（靴飾り（貴金属製のものを除く。）　靴はとめ　等）に属する商品が存在します。

「仮装用衣服」（２４Ａ０３）

この商品は、専ら仮装舞踏会等で着用する衣服が該当します。

「運動用特殊靴」（２４Ｃ０１,２４Ｃ０２,２４Ｃ０４）

この商品は、専らスポーツをする際に限って使用する特殊な履物が該当します。

１.「運動用特殊靴（「乗馬靴」及び「ウインドサーフィン用シューズ」を除く。）」（２４Ｃ０１）

この商品は、専らスポーツをする際に限って使用する特殊な履物のうち、乗馬の際に使用する「乗馬靴」やウインドサーフィンの際に使用する「ウインドサーフィン用シューズ」以外の商品が該当し、本類に属します。

専ら登山に使用する「登山靴」や「野球靴」「陸上競技用靴」等のスパイクシューズは、この商品に含まれます。

また、「アイススケート靴」は、この商品と類似群は同じですが、第２８類「運動用具」に属します。

また、この商品と類似群は同じですが、第９類（運動用保護ヘルメット　ホイッスル）、第１３類（スターターピストル）、本類（運動用特殊衣服（「水上スポーツ用特殊衣服」を除く。））、第２７類（体操用マット）及び第２８類（運動用具（登山用・サーフィン用・水上スキー用・スキューバダイビング用のものを除く。））に属する商品が存在します。

２.「乗馬靴」（２４Ｃ０２）

この商品は、専ら乗馬の際に使用する靴が該当します。

なお、この商品と類似群が同じ「拍車」は第６類に、「乗馬用具」は第１８類に属します。

３.「ウインドサーフィン用シューズ」（２４Ｃ０４）

この商品は、専らウインドサーフィンの際に使用するものが該当します。

なお、この商品と類似群が同じですが、第８類（水中ナイフ　水中ナイフ保持具）、第９類（ウエイトベルト　エアタンク　等）、第１３類（水中銃（運動用具））、第２２類（ウィンドサーフィン用のセイル）及び第２８類（サーフィン用・水上スキー用・スキューバダイビング用運動用具）に属する商品が存在します。

「運動用特殊衣服（「水上スポーツ用特殊衣服」を除く。）」（２４Ｃ０１）

この商品は、専らスポーツをする際に限って使用する特殊な衣服のうち、「空手衣」や「スキー競技用衣服」等、いわゆるマリンスポーツに使用される商品以外のものが該当します。

また、「リストバンド」も、手首の保護と汗ふきとをかねて、専らスポーツの際に手首にはめるものですので、この商品に含まれます。

ただし、「スキージャケット」「スキーズボン」は、スキー時のみならず、外着等として外出時に着用される場合もあることから、本類「洋服」に属します。

さらに、「トレーニングパンツ」「ランニングシャツ」等は、スポーツ以外の日常生活でも使用され、スポーツをする際に限って使用する特殊な衣服でもないことから、この商品には含まれず、本類「被服」に属します。

なお、この商品の表示が、「運動用特殊衣服」となっていて「被服」となっていませんが、衣服と「被服」の違いは、「被服」から、「帽子」「手袋」「くつ下」等附属的なものを除いたものが衣服となります。

この商品と類似群は同じですが、第９類（運動用保護ヘルメット　ホイッスル）、第１３類（スターターピストル）、本類（運動用特殊靴（「乗馬靴」及び「ウインドサーフィン用シューズ」を除く。））、第２７類（体操用マット）及び第２８類（運動用具（登山用・サーフィン用・水上スキー用・スキューバダイビング用のものを除く。））に属する商品が存在します。

第２６類　裁縫用品

【類見出し】

レース、組ひも及び刺しゅう布、並びに裁縫用小物用のリボン及び蝶形リボン；
ボタン、ホック、ピン及び針；
造花；
髪飾り；
かつら.

【注釈】

第２６類には、主として、裁縫用品、天然又は人工の髪及び髪の装飾品並びに様々な物を飾るための小さな装飾品（他の類に属するものを除く。）を含む。

この類には、特に、次の商品を含む：
かつら、つけあごひげ；
髪留め、ヘアバンド（頭飾品）；
リボン及び蝶形リボン（裁縫用又は髪飾り用）；
贈答品包装用リボン及び蝶形リボン（紙製のものを除く。）；
ヘアネット；
バックル、ジッパー；
チャーム（宝飾品、キーホルダー用のものを除く。）；
造花のクリスマス用花冠・リース（照明が組み込まれたものを含む。）；
特定の頭髪カール用品、例えば、電気式又は非電気式のヘアカーラー（手持器具を除く。）、頭髪用カールピン、頭髪用カールペーパー.

この類には、特に、次の商品を含まない：
つけまつ毛（第 3 類）；
小型金属製フック（第 6 類）又は小型非金属製フック（第 20 類）、カーテンフック（第 20 類）；
特殊な種類の針、例えば、入れ墨用針（第 8 類）、磁針（第 9 類）、医療用針（第 10 類）、ゲーム用ボールの空気入れポンプ用針（第 28 類）；
頭髪カール器、例えば、カール用ヘアアイロン、まつ毛カール器（第 8 類）；
植毛用人工毛髪（第 10 類）；
宝飾品用チャーム、キーホルダー用チャーム（第 14 類）；
特定のリボン及び蝶形リボン、例えば、紙製のリボン及び蝶形リボン（裁縫用小物又は髪飾りを除く。）（第 16 類）、新体操用リボン（第 28 類）；
織物用糸（第 23 類）；
合成材料製クリスマスツリー（第 28 類）.

【解説】

「漁網製作用杼」（０９Ａ０７）

この商品は、魚網製作のための杼が該当します。

また、この商品と類似群が同じですが、第７類（繊維機械器具）、第８類（組ひも機（手持工具に当たるものに限る。）　人力織機）及び第１１類（化学繊維製造用乾燥機）に属する商品が存在します。

「電気式ヘアカーラー」（１１Ａ０７）

この商品は、髪をセットするときに髪を巻く電気式の器具が該当します。

電気式ではないヘアカーラーは、この商品には含まれず、本類「ヘアカーラー（電気式のものを除く。）」に属します。

この商品に関連する商品として、「カールごて」や「頭髪カール器」等の手持器具は第８類に属し、「ヘアドライヤー」は第１１類に属します。

なお、この商品と類似群は同じですが、第８類（電気かみそり及び電気バリカン）、第１０類（家庭用超音波美顔器）、第１１類（美容用又は衛生用の家庭用電熱用品類）及び第２１類（電気式歯ブラシ）に属する商品も存在します。

参照：商品のアルファベット順一覧表

第８類「crimping irons」（カールごて　１１Ａ０７　２１Ｆ０１）

第８類「hand implements for hair curling」（頭髪カール器　１１Ａ０７　２１Ｆ０１）

第１１類「hair driers」（ヘアドライヤー　０９Ｅ２５　１１Ａ０７）

「針類（ミシン針を除く。）」（１３Ａ０２）

編物針や手縫い針等、裁縫や編み物に使用する針は、原則、本類に属しますが、「ミシン針」は第７類に属し、本類には属しません。

また、特殊な種類の針もこの商品には含まれず、例えば、「注射針」は第１０類に属し、専ら調理の際に使用される「魚ぐし」は第２１類「調理用具」に属します。

「かばん金具　がま口用留め具　被服用はとめ」（１３Ｃ０１）

「かばん金具」は、「かばん留め具」や「かばん用バックル」等のかばんに使用する金具が該当します。

かばんや財布等に使用される「がま口用留め具」も本類に属しますが、かばんに構造を与えるために不可欠な構造部品である「かばん用フレーム（かばんの構造部品）」や、「がま口用留め具付きフレーム（がま口の構造部品）」は、本類「かばん金具」に含まれず、「かばん類」に類似する商品として第１８類に属します。

また、「被服用はとめ」は、衣服のひもを通す丸い穴に打ち付ける環状の金具が該当します。

これらの商品と類似群は同じですが、第６類（金属製金具（「安全錠・鍵用金属製リング・金属製鍵・南京錠」を除く。））、第１１類（水道蛇口用座金　水道蛇口用ワッシャー）、第１７類（ゴム製又はバルカンファイバー製の座金及びワッシャー）、第１８類

（蹄鉄）及び第２０類（カーテン金具　金属代用のプラスチック製締め金具　等）に属する商品も存在します。
参照：商品のアルファベット順一覧表
第２６類「clasps for bags」（かばん留め具　１３Ｃ０１）
第２６類「buckles for bags」（かばん用バックル　１３Ｃ０１）
第１８類「frames for bags [structural parts of bags] 」（かばん用フレーム（かばんの構造部品）　２１Ｃ０１）
第１８類「frames for coin purses [structural parts of coin purses]」（がま口用留め具付きフレーム（がま口の構造部品）　２１Ｃ０１）

「テープ　リボン」（１６Ａ０２）

これらの商品は、用途が限定されないものとして取引されるものが該当します。
例えば、頭髪用の「ヘアバンド」はこれらの商品には含まれず、本類「頭飾品」に属します。

「編みレース生地　刺しゅうレース生地」（１６Ｂ０１）

これらの商品は、糸をいろいろに組み合わせて透かし模様に編まれた生地で、生地の段階のもののみが該当します。
また、これらの商品と類似群が同じ「メリヤス生地」は第２４類に属します。

「房類」（１６Ｃ０３）

この商品は、帽子等の飾りとして使用する房等が該当します。

「組ひも」（１８Ａ０１）

この商品は、原則として、一定の用途に使用されるように特殊な加工（特定の寸法での裁断等）を施していないものが該当します。
なお、この商品と類似群は同じですが、第１７類（ゴムひも）、第１８類（革ひも）及び第２２類（編みひも　真田ひも　等）に属する商品も存在します。

「編み棒　糸通し器　裁縫箱　裁縫用へら　裁縫用指抜き　針刺し　針箱」（１９Ｂ０３）

これらの商品は、裁縫用具に該当する商品のうち、針穴に糸を通すための「糸通し器」、裁縫用具を入れておく箱の「裁縫箱」や、裁縫する時に針の頭を押すため、指にはめる輪「裁縫用指抜き」等が該当します。
また、これらの商品と類似群が同じですが、第８類（チャコ削り器）、第１６類（型紙　裁縫用チャコ）、第２０類（刺しゅう用枠）及び第２１類（アイロン台　霧吹き　等）に属する商品が存在します。
なお、「手縫い針」や「編物針」等の針は、これらの商品には含まれず、本類「針類（ミシン針を除く。）」に属します。

「造花」（２０Ｆ０１,２１Ｅ０１）

この商品は、紙・糸・布などで花の形を模して造った人工の花が該当します。

１．「造花の花輪」（２０Ｆ０１）

この商品は、「葬祭用具」に該当する商品であって、表彰または慶弔の意をあらわすため、造花を輪の形にしたものが該当します。

また、この商品と類似群が同じ「生花の花輪」は第３１類に属します。

２．「造花（「造花の花輪」を除く。）」（２１Ｅ０１）

この商品には、単に生花を模造したもののみではなく、例えば、プラスチック製の観葉植物も含まれます。

なお、「ドライフラワー」は、この商品には含まれず、第３１類に属します。

「腕留め」（２１Ａ０１）

この商品は、ワイシャツなどのたくし上げた袖を留めるバンドが該当します。

この商品と類似群が同じ「ガーター　靴下留め　ズボンつり　バンド　ベルト」は第２５類に属します。

「衣服用き章（貴金属製のものを除く。）　衣服用バックル　衣服用バッジ（貴金属製のものを除く。）　衣服用ブローチ　帯留　ワッペン　腕章」（２１Ａ０２）

これらの商品は、主に、衣服の装飾に用いられるものが該当します。

また、これらの商品と類似群が同じ「身飾品（「カフスボタン」を除く。）」は第１４類に属します。

なお、「かばん用バックル」及び「靴のバックル」は、「衣服用バックル」と類似群が異なりますが、本類に属します。

参照：商品のアルファベット順一覧表
第２６類「buckles for bags」（かばん用バックル　１３Ｃ０１）
第２６類「shoe buckles」（靴のバックル　２２Ａ０２）

「頭飾品」（２１Ａ０３）

この商品は、「ヘアピン」等、主として頭に飾ることによって、直接的にその人の美しさを増すものが該当します。

なお、「かんざし」は、この商品に含まれますが、調髪用の「くし」は第２１類「化粧用具（「電気式歯ブラシ」を除く。）」に属します。

「ボタン類」（２１Ｂ０１）

この商品は、「ボタン」「スライドファスナー」等、主として「被服」「かばん類」等の一定の個所を開いたり閉じたりするために取り付けられるものが該当します。

この商品と類似群が同じ「カフスボタン」は第１４類に属します。

「つけあごひげ　つけ口ひげ　ヘアカーラー（電気式のものを除く。）」（２１Ｆ０１）

「ヘアカーラー（電気式のものを除く。）」は、髪をセットするときに髪を巻く用具で、電気式以外のものが該当します。

なお、電気式のヘアカーラーは、この商品には含まれず、本類「電気式ヘアカーラー」に属します。

また、これらの商品と類似群は同じですが、第3類（つけづめ　つけまつ毛)、第8類（ひげそり用具入れ　ペディキュアセット　等)、第１０類（耳かき)、第１８類（携帯用化粧道具入れ)、第２０類（懐中鏡　鏡袋）及び第２１類（化粧用具（「電気式歯ブラシ」を除く。)）に属する商品も存在します。

「靴飾り（貴金属製のものを除く。）　靴はとめ　靴ひも　靴ひも代用金具」（２２Ａ０２）

「靴飾り」は、貴金属製以外の商品は本類に属し、貴金属製の商品は第１４類に属します。

これらの商品と類似群が同じですが、第６類（金属製靴合わせくぎ　金属製靴くぎ　金属製靴びょう)、第２０類（靴合わせくぎ（金属製のものを除く。）　靴くぎ（金属製のものを除く。）　靴びょう（金属製のものを除く。))、第２１類（靴ブラシ　靴べら　等)、第２２類（靴用ろう引き縫糸）及び第２５類（靴保護具）に属する商品も存在します。

「人毛」（３４Ｅ０７）

この商品は、後に何らかの加工を施すべき材料（基礎材料）としての「人毛」が該当します。

この商品を原材料として、最終商品となった「かつら」は、この商品には含まれず、本類「頭飾品」に属します。

この商品と類似群が同じですが、第２１類（ブラシ用牛毛・たぬきの毛・豚毛及び馬毛）及び第２２類（牛毛・たぬきの毛・豚毛及び馬毛（未加工のものに限る。)）に属する商品も存在します。

参照：商品のアルファベット順一覧表
第２６類「wigs」（かつら　２１Ａ０３）

第２７類　床敷物及び織物製でない壁掛け

【類見出し】
じゅうたん、ラグ、マット、リノリウム製敷物及びその他の床用敷物；
壁掛け（織物製のものを除く。）.

【注釈】
第２７類には、主として、建設済みの床及び壁への敷物として付加される商品を含む。

この類には、特に、次の商品を含む：
自動車用カーペット；
マット（敷物としてのもの）、例えば、浴室用マット、ドアマット、体操用マット、ヨガ用マット；
人工芝；
壁紙（織物製壁紙を含む。）.

この類には、特に、次の商品を含まない：
金属製の床板、床材及び床タイル（第 6 類）及び床板、床材及び床タイル（金属製のものを除く。）（第 19 類）、木製床板（第 19 類）；
電気カーペット（第 11 類）；
地盤用シート（第 19 類）；
ベビーサークル用マット（第 20 類）；
織物製壁掛け（第 24 類）.

【解説】
「洗い場用マット」（１９Ｂ０４）
　この商品は、浴室・洗面所に固定されておらず、購入者の選択により容易に取り替え等が可能な、浴室・洗面所内で使用される雑貨的な商品のうち、浴室の洗い場で用いられるマットが該当します。
　また、この商品と類似群は同じですが、第２０類（浴室用腰掛け）、第２１類（湯かき棒　浴室用手おけ）及び第２４類（シャワーカーテン）に属する商品も存在します。
　なお、「シャワー器具」や「浴槽」等の商品は、この商品には含まれず、第１１類「浴槽類」に属します。

「畳類」（２０Ｂ０１）
　この商品には、畳のほか、ござ等が含まれます。

「敷物　壁掛け（織物製のものを除く。）」（２０Ｃ０１）
　「壁掛け」は、織物製以外の商品は本類に、織物製の商品は第２４類に属します。

なお、これらの商品と類似群は同じですが、第２０類（屋内用ブラインド　すだれ　等）及び第２４類（織物製椅子カバー　織物製壁掛け　等）に属する商品も存在します。

「人工芝」（２０Ｄ０８）

この商品は、天然の「芝」の代用として、人工的に製造された芝が該当します。

なお、天然の「芝」は、この商品には含まれず、第３１類に属します。

「体操用マット」（２４Ｃ０１）

この商品は、専ら体操の際に用いられるマットが該当します。

また、この商品と類似群は同じですが、第９類（運動用保護ヘルメット　ホイッスル）、第１３類（スターターピストル）、第２５類（運動用特殊靴（「乗馬靴」及び「ウインドサーフィン用シューズ」を除く。）　運動用特殊衣服（「水上スポーツ用特殊衣服」を除く。））及び第２８類（運動用具（登山用・サーフィン用・水上スキー用・スキューバダイビング用のものを除く。））に属する商品も存在します。

「壁紙」（２５Ａ０１）

この商品は、建築物において壁や天井の内装仕上材として用いられるシート状の商品が該当します。

また、この商品と類似群は同じですが、第１類（試験紙（医療用のものを除く。））、第５類（防虫紙）、第１６類（紙類）及び第１７類（コンデンサーペーパー　バルカンファイバー）に属する商品も存在します。

第２８類　がん具、遊戯用具及び運動用具

【類見出し】
ゲーム用具及びおもちゃ；
テレビゲーム機；
体操用具及び運動用具；
クリスマスツリー用装飾品.

【注釈】
第２８類には、主として、おもちゃ、ゲーム機、運動用具、ビデオゲーム機器、娯楽及び人目を引く商品、及び特定のクリスマスツリー用品を含む。

この類には、特に、次の商品を含む：
娯楽装置及びゲーム機器（そのコントローラーを含む。）；
いたずら用及びパーティー用おもちゃ、例えば、カーニバル用面、紙製パーティー用帽子、紙吹雪用色紙片、パーティーポッパー（パーティー用クラッカー）、クリスマス用クラッカー；
狩猟用具及び釣り用具、例えば、釣りざお、釣り用たも網、デコイ、狩猟用おとり（ゲームコール）；
各種の運動及びゲームの用具.

この類には、特に、次の商品を含まない：
クリスマスツリー用ろうそく（第 4 類)、クリスマスツリー用電気式ランプ（第 11 類)、クリスマスツリー用のコンフェクショナリー及びチョコレート製の装飾品（第 30 類）；
潜水用具（第 9 類）；
性的なおもちゃ及びラブドール（第 10 類）；
体操用及び運動用の被服（第 25 類）；
特定の体操用具及び運動用具、例えば、運動用の保護ヘルメット、運動用ゴーグル及び運動用マウスガード（第 9 類)、運動用小火器（第 13 類)、屋内競技用マット（第 27 類)、並びに他の機能又は用途によって分類される特定の釣り用具及び狩猟用具、例えば、狩猟ナイフ、もり（第 8 類)、猟銃（第 13 類)、漁網（第 22 類).

【解説】

「遊園地用機械器具」（０９Ｇ５３）

この商品は、専ら遊園地に設置される娯楽用機械器具が該当します。
また、専ら業務用に使用されるテレビゲーム機は、この商品に含まれます。
さらに、この商品と類似群が同じ「業務用テレビゲーム機用プログラム」は第９類に属します。

なお、この商品とは類似群が異なりますが、「家庭用テレビゲーム機」及び「携帯用液晶画面ゲーム機」は本類に、「家庭用テレビゲーム機用プログラム　携帯用液晶画面ゲーム機用のプログラムを記憶させた電子回路及びＣＤ－ＲＯＭ」は第９類に属します。

「ペット用おもちゃ」（１９Ｂ３３）

この商品は、ペット専用の「おもちゃ」が該当します。

また、この商品と類似群は同じですが、第１８類（ペット用被服類）、第２０類（犬小屋　小鳥用巣箱　ペット用ベッド）、第２１類（小鳥かご　小鳥用水盤　ペット用食器等）及び第３１類（動物用寝わら）に属する商品も存在します。

「印刷したくじ（「おもちゃ」を除く。）」（１９Ｂ４７）

この商品は、おもちゃ以外の印刷したくじが該当します。

「おもちゃ　人形」（２４Ａ０１）

１．「１　おもちゃ」

この商品は、一般に「がん具」又は「おもちゃ」と称されるものが該当します。

「家庭用テレビゲーム機」及び「携帯用液晶画面ゲーム機」は、この商品に含まれますが、これらの商品と類似群が同じ「家庭用テレビゲーム機用プログラム　携帯用液晶画面ゲーム機用のプログラムを記憶させた電子回路及びＣＤ－ＲＯＭ」は第９類に属します。

また、「おもちゃ楽器」は、子供が音を出して遊ぶためのものが該当し、音楽の演奏又は練習に使用される「楽器」はこの商品には属さず、第１５類に属します。

「おもちゃ花火」は、線香花火等、主として子供が使用するものに限られ、打上げ花火や仕掛花火等の大規模な花火は、この商品には含まれず、「花火玉」として第１３類「火工品」に属します。

通常、がん具に包含されて取り扱われることが多い「人形」は、ゼンマイで動く人形等、一部商品は「おもちゃ」に含まれますが、主として本類「人形」に属します。

２．「２　人形」

この商品は、人の形をしたものだけでなく、動物の形をしたものであっても、通常「人形」と称されるものが該当します。

文楽等で使用される「あやつり人形」もこの商品に含まれます。

ただし、この商品と類似群は同じですが、ゼンマイで動く人形は、本類「人形」には含まれず、本類「おもちゃ」に属します。

また、この商品と類似群は異なりますが、「マネキン人形」は第２０類に属します。

なお、「おもちゃ　人形」と同じ類似群ですが、第１６類（いろがみ　写し絵　等）及び第２０類（揺りかご　幼児用歩行器）に属する商品も存在します。

「囲碁用具　将棋用具　歌がるた　さいころ　すごろく　ダイスカップ　ダイヤモンドゲーム　チェス用具　チェッカー用具　手品用具　ドミノ用具　トランプ　花札　マージャン用具」（２４Ｂ０１）

これらの商品には、「碁石」等の「囲碁用具」「将棋のこま」等の「将棋用具」や「マージャン用具」等が含まれます。

「遊戯用器具　ビリヤード用具」（２４Ｂ０２）

これらの商品は、「スロットマシン」「ぱちんこ器具」等の「遊戯用器具」及び、「ビリヤード台」等の「ビリヤード用具」が該当します。

また、これらの商品と同じ類似群ですが、「スロットマシン用プログラム　ぱちんこ器具用プログラム」は第９類に属し、「ビリヤード台」に使用される「ビリヤードクロス」は第２４類に属します。

「運動用具」（２４Ｃ０１,２４Ｃ０３,２４Ｃ０４）

この商品は、専ら運動用具として使用される商品の大部分が該当し、本類に属します。

なお、スポーツをする際に限って使用する特殊な衣服である「運動用特殊衣服」及びスポーツをする際に限って使用する特殊な履物である「運動用特殊靴」は第２５類に属します。

１．「運動用具（登山用・サーフィン用・水上スキー用・スキューバダイビング用のものを除く。)」（２４Ｃ０１）

この商品は、専ら運動用具として使用される商品のうち、登山に使用される「登山用ハーネス」等の登山用具及び「サーフボード」や「シュノーケル」等マリンスポーツに使用される運動用具以外の商品が該当します。

また、この商品と類似群は同じですが、第９類（運動用保護ヘルメット　ホイッスル)、第１３類（スターターピストル)、第２５類（運動用特殊靴（「乗馬靴」及び「ウインドサーフィン用シューズ」を除く。)　運動用特殊衣服（「水上スポーツ用特殊衣服」を除く。)）及び第２７類（体操用マット）に属する商品が存在します。

２．「登山用ハーネス」（２４Ｃ０３）

この商品は、登山の際に、ザイルを体に結びつける安全ベルトが該当します。

また、この商品と類似群が同じですが、第６類（アイゼン　カラビナ　ハーケン)、第８類（ピッケル)、第２１類（コッフェル)、第２２類（ザイル　登山用又はキャンプ用のテント）及び第２４類（スリーピングバッグ）に属する商品が存在します。

３．「サーフィン用・水上スキー用・スキューバダイビング用運動用具」（２４Ｃ０４）

この商品は、専らマリンスポーツに使用される「足ひれ」や「サーフボード」等が該当します。

なお、この商品と類似群が同じですが、第８類（水中ナイフ　水中ナイフ保持具)、第９類（ウエイトベルト　エアタンク　等)、第１３類（水中銃（運動用具))、第２２類（ウィンドサーフィン用のセイル）及び第２５類（ウインドサーフィン用シューズ）に属する商品が存在します。

「釣り具」（２４Ｄ０１）

この商品は、「釣りざお」「釣針」「リール」等、釣りに使用される器具が該当します。

また、この商品と類似群が同じ「釣り用餌」は第３１類に属します。

「柄付き捕虫網　殺虫管　毒つぼ」（２５Ｂ０２）

これらの商品は、昆虫採集の際に使用される「柄付き捕虫網」や、昆虫の標本作成のために殺虫薬を染み込ませた脱脂綿などとともに昆虫を入れる容器である「殺虫管」及び「毒つぼ」が該当します。

なお、これらの商品と類似群が同じ「昆虫採集箱　昆虫胴乱」は第２１類に属します。

第２９類　動物性の食品及び加工した野菜その他の食用園芸作物

【類見出し】

食肉、魚、家禽肉及び食用鳥獣肉；
肉エキス；
保存処理、冷凍処理、乾燥処理及び調理をした果実及び野菜；
ゼリー、ジャム、コンポート；
卵；
ミルク、チーズ、バター、ヨーグルト及びその他の乳製品；
食用油脂.

【注釈】

第２９類には、主として、動物性食品及び野菜その他の食用園芸作物であって食用のために加工又は保存加工したものを含む。

この類には、特に、次の商品を含む：
肉、魚、果物又は野菜を主原料とする食品；
食用昆虫類；
乳飲料（ミルクを主成分とするもの）；
代用牛乳、例えば、アーモンドミルク、ココナッツミルク、ピーナッツミルク、ライスミルク、豆乳；
保存加工をしたきのこ；
加工済みの食用の豆類及びナッツ；
食用の加工済み種子（調味料、香辛料を除く。）.

この類には、特に、次の商品を含まない：
油脂（食用のものを除く。）、例えば、精油（第 3 類）、工業用油（第 4 類）、医療用ひまし油（第 5 類）；
乳児用食品（第 5 類）；
食餌療法用食品・飲料・薬剤（第 5 類）；
サプリメント（第 5 類）；
サラダドレッシング（第 30 類）；
調味料及び香辛料としての加工済み種子（第 30 類）；
チョコレートで覆われたナッツ菓子（第 30 類）；
生鮮の未加工の果実、野菜、ナッツ及び種子（第 31 類）；
飼料（第 31 類）；
生きている動物（第 31 類）；
種まき用の種子（第 31 類）.

【解説】

「菓子（肉・魚・果物・野菜・豆類又はナッツを主原料とするものに限る。）」（３０Ａ０１）

菓子のうち、肉、魚、果物、野菜、豆類又はナッツを主たる原材料とし、それらの根本的な性質を変えない程度の煎る、煮る、焼く、揚げる等の加工及び調味をしてなる商品は本類に属し、それ以外の商品は第３０類に属します。

例えば、「野菜を主原料とする菓子」「豆類を主原料とするスナック菓子」「甘納豆」「焼きりんご」は本類の菓子に属します。

また、「ポテトチップス」は、本類に属しますが、「ポテトチップ菓子」（３０Ａ０１）と「調理用ポテトチップ」（３２Ｆ０４）の両方を含む表示を指すものとしています。

なお、例えば、「ケーキ」「タルト」「クッキー」「キャラメル」「アイスクリーム」「シャーベット」「チョコレート」のように第３０類に属する菓子は、それらを構成する原材料の中に、果物や野菜、豆類、ナッツ等が最も大きな割合を占めているとしても、第３０類の菓子に該当します。したがって、「チョコレートで覆われたナッツ菓子」「チョコレート掛けしたポテトチップス菓子」は、ナッツやポテトチップスを用いていても、チョコレート菓子として第３０類に属します。

一方、「砂糖漬けのナッツ」は、砂糖又はスパイスで調味又は風味付けされたナッツですが、砂糖で調理されていても、根本的な性質や形状が変化していないため、第２９類に属します。

参照：商品のアルファベット順一覧表
第２９類「potato chips」（ポテトチップス　３０Ａ０１　３２Ｆ０４）
第２９類「potato crisps」（ポテトチップス　３０Ａ０１　３２Ｆ０４）
第３０類「chocolate-coated nuts」（チョコレートで覆われたナッツ菓子　３０Ａ０１）
第３０類「chocolate-covered potato chips」（チョコレート掛けしたポテトチップス菓子　３０Ａ０１）
第２９類「candied nuts」（砂糖漬けのナッツ　３２Ｆ０４）

「食用油脂」（３１Ｃ０１）

この商品には、「ごま油」等、専ら食用として取引される油脂が含まれます。

「マーガリン」は、この商品に含まれますが、「バター」は、この商品には含まれず、本類「乳製品」に属します。

なお、この商品とは類似群が異なる専ら工業用に使用される油脂又は用途が限定されていない油脂は、第４類「工業用油脂」に属します。

「乳製品」（３１Ｄ０１）

この商品には、牛乳等の動物の乳及びこれらを加工した「クリーム（乳製品）」や「チーズ」等のほか、「植物性代用クリーム」や「乳酸菌飲料」も含まれます。

ただし、乳を原料とする商品であっても、「アイスクリーム」は、この商品に含まれず、第３０類「菓子（肉・魚・果物・野菜・豆類又はナッツを主原料とするものを除く。）」に含まれます。

また、この商品と類似群は同じですが、第５類（乳幼児用粉乳）、第３０類（アイスクリームのもと　シャーベットのもと）及び第３２類（乳清飲料）に属する商品も存在します。

参照：商品のアルファベット順一覧表

第２９類「vegetable-based cream」（植物性代用クリーム　３１Ｄ０１）

「食肉」（３２Ａ０１）

この商品は、原則として未加工の「牛肉」「鶏肉」及び「豚肉」等、食用の獣や鳥の肉が該当します。

「冷凍食肉」は、この商品に含まれます。

なお、「食肉」を「ハム」や「ベーコン」等に加工したものは、この商品には含まれず、本類「肉製品」に属します。

また、後に「食肉」となるものであっても、生きている「牛」や「豚」等の動物は、この商品には含まれず、第３１類「獣類」に属します。

「卵」（３２Ｂ０１）

この商品は、「鶏卵」や「うずらの卵」等の食用の卵で未加工のものが該当します。

なお、「卵」を加工した商品や「いくら」等の魚介類の卵は、この商品には含まれず、前者は本類「加工卵」に属し、後者は本類「食用魚介類（生きているものを除く。）」に属します。

また、専ら繁殖用として取引される卵は、第３１類「種卵」に属します。

「食用魚介類（生きているものを除く。）」（３２Ｃ０１）

この商品は、原則として未加工の魚介類・甲殻類・鯨・食用がえる等のうち食用に供されるものが該当し、これらを冷凍したもの及び塩蔵したもの、切り身や刺身等も含まれます。

また、この商品と類似群が同じ「食用魚介類（生きているものに限る。）」は第３１類に属します。

なお、この商品を加工した商品、例えば「かまぼこ」は、この商品には含まれず、本類「加工水産物（「かつお節・寒天・削り節・食用魚粉・とろろ昆布・干しのり・干しひじき・干しわかめ・焼きのり」を除く。）」に属します。

参照：商品のアルファベット順一覧表

第２９類「fish fillets」（魚の切り身　３２Ｃ０１）

「冷凍野菜」（３２Ｄ０１）

この商品は「野菜」を、単に冷凍したものが該当します。

なお、この商品と類似群が同じ「野菜（「茶の葉」を除く。）」は第３１類に属します。

「冷凍果実」（３２Ｅ０１）

この商品は「果実」を、単に冷凍したものが該当します。

なお、この商品と類似群が同じ「果実」は第３１類に属します。

「肉製品　加工水産物」（３２Ｆ０１，３２Ｆ０２）

１．（1）「1　肉製品」（３２Ｆ０１）

この商品は、「コロッケ」「ソーセージ」「肉の缶詰」「肉のつくだに」「ハム」「ベーコン」等「食肉」を加工したもの、「肉製品」を冷凍したものが該当します。

（2）「2　加工水産物（「かつお節・寒天・削り節・食用魚粉・とろろ昆布・干しのり・干しひじき・干しわかめ・焼きのり」を除く。）」（３２Ｆ０１）

この商品は、食用の水産物を加工したもののうち、「かつお節」等を除く、「かす漬け魚介類」「かまぼこ」「くんせい魚介類」「塩辛魚介類」「塩干し魚介類」「水産物の缶詰」「水産物のつくだに」「水産物の瓶詰」「素干し魚介類」「ちくわ」「煮干し魚介類」「はんぺん」「フィッシュソーセージ」等各種加工したもの及びこれらを冷凍したものが該当します。

２．「かつお節　寒天　削り節　食用魚粉　とろろ昆布　干しのり　干しひじき　干しわかめ　焼きのり」（３２Ｆ０２）

これらの商品は、食用の水産物を加工したもののうち、「寒天」等、主に乾燥処理した商品や湯通しした海藻類が該当します。

「加工野菜及び加工果実」（３２Ｆ０４）

この商品は、乾燥処理又は調理した野菜及び果実が該当し、単にカットしたものは第３１類「野菜」「果実」に属します。

また、専ら調理に用いる野菜ジュースは、「調理用野菜搾汁」として、この商品に含まれます。

なお、専ら飲料として取引されるオレンジジュースや野菜ジュース、あるいは未加工の野菜や果実は、この商品には含まれず、前者は第３２類「果実飲料」あるいは「飲料用野菜ジュース」に属し、後者は、第３１類「野菜」「果実」にそれぞれ属します。

この商品と類似群は同じですが、第３０類（チョコレートスプレッド）に属する商品も存在します。

「油揚げ　凍り豆腐　こんにゃく　豆乳　豆腐　納豆」（３２Ｆ０５）

これらの商品は、豆腐や、納豆等、大豆を加工した商品及びこんにゃく等が該当します。

なお、これらの商品の原材料である「大豆」「保存加工をした大豆」は、これらの商品には含まれず、本類「豆」に属し、また、「生の大豆」は、第３１類「野菜（「茶の葉」を除く。）」に属します。

参照：商品のアルファベット順一覧表

第２９類「soya beans, preserved, for food」（保存加工をした大豆　３３Ａ０１）

第３１類「soya beans, fresh」（生の大豆　３２Ｄ０１）

「加工卵」（３２Ｆ０７）

この商品は、「乾燥卵」「凍結卵」等、魚介類の卵以外の卵を加工したものが該当します。

なお、例えば、辛子明太子のように魚の卵を加工したものは、この商品には含まれず、本類「加工水産物（「かつお節・寒天・削り節・食用魚粉・とろろ昆布・干しのり・干しひじき・干しわかめ・焼きのり」を除く。）」に属します。

「カレー・シチュー又はスープのもと」（３２Ｆ１０）

この商品は、「即席カレー」「即席シチュー」「即席スープ」「即席みそ汁」等、簡単に料理ができるように各種の調味料や具材を合わせたレトルト食品等が該当します。

また、この商品と類似群が同じ「パスタソース」は第３０類に属します。

「お茶漬けのり　ふりかけ」（３２Ｆ１１）

これらの商品は、ご飯の上から茶や出汁をかけて食べる食品やご飯の上にふりかける食品が該当します。

「なめ物」（３２Ｆ１２）

この商品は、「たいみそ」等が該当します。

なお、「海苔のつくだ煮」は、この商品には含まれず、本類「加工水産物（「かつお節・寒天・削り節・食用魚粉・とろろ昆布・干しのり・干しひじき・干しわかめ・焼きのり」を除く。）」に属します。

「豆」（３３Ａ０１）

この商品は、「小豆」「いんげん豆」等の食用であって乾燥処理その他の保存処理をした豆が該当します。

また、この商品と類似群が同じ「米　脱穀済みのえん麦　脱穀済みの大麦」は第３０類に、「あわ　きび　ごま　そば（穀物）　とうもろこし（穀物）　ひえ　麦　籾米　もろこし」は第３１類に属します。

なお、この商品とは類似群が異なりますが、保存処理等の加工が施されていない「生鮮の豆類」は第３１類「野菜（「茶の葉」を除く。）」に属します。

参照：商品のアルファベット順一覧表

第３１類「beans, fresh」（生鮮の豆類　３２Ｄ０１）

第３０類　加工した植物性の食品（他の類に属するものを除く。）及び調味料

【類見出し】

コーヒー、茶、ココア及びそれらの代用品；
米、パスタ及びめん類；
タピオカ及びサゴ；
穀粉及び穀物からなる加工品；
パン、ペストリー及びコンフェクショナリー；
チョコレート；
アイスクリーム、シャーベット及びその他の氷菓；
砂糖、はちみつ、糖みつ；
酵母、ベーキングパウダー；
食塩、調味料、香辛料、保存加工したハーブ；
食酢、ソース及びその他の調味料；
氷（凍結水）.

【注釈】

第３０類には、主として、植物性食品（果実及び野菜を除く。）であって食用のために加工又は保存加工したもの及び食品の香味を改良するための補助的な材料を含む。

この類には、特に、次の商品を含む：
コーヒー飲料、ココア飲料、チョコレート飲料又は茶飲料；
食用のために加工した穀物、例えば、オートフレーク、コーンチップス菓子、脱穀済みの大麦、ブルグア（ひき割り小麦）、加工された穀物・ナッツ及び乾燥果実を主原料とする穀物の加工品；
ピザ、パイ、サンドイッチ；
チョコレートで覆われたナッツ菓子；
食品用又は飲料用香味料（精油のみから成るものを除く。）.

この類には、特に、次の商品を含まない：
工業用塩類（第 1 類）；
精油のみから成る食品用又は飲料用香料（第 3 類）；
医療用茶及び食餌療法用食品・飲料・薬剤（第 5 類）；
乳児用食品（第 5 類）；
サプリメント（第 5 類）；
医薬用酵母（第 5 類）、飼料用酵母（第 31 類）；
コーヒー、ココア、チョコレート又は紅茶風味の乳飲料（第 29 類）；

スープ、スープのもととしてのブイヨン（第 29 類）;
未加工穀物（第 31 類）;
生鮮のハーブ（第 31 類）;
飼料（第 31 類）.

【解説】

「アイスクリーム用凝固剤　ホイップクリーム用安定剤　料理用食肉軟化剤」（０１Ａ０１）

これらの商品は、例えば、アイスクリームを固めるために用いられる「凝固剤」等の専ら家庭用に使用する食品加工の材料等が該当します。

また、これらの商品と類似群は同じですが、第１類（化学品）、第２類（カナダバルサム　コパール　等）、第３類（家庭用帯電防止剤　家庭用脱脂剤　等）、第４類（固形潤滑剤）及び第１９類（タール　ピッチ）に属する商品も存在します。

「食品香料（精油のものを除く。）」（０４Ｄ０１）

「食品香料」は、精油からなるものについては第３類に、精油以外のものは本類に属します。

「茶」（２９Ａ０１）

この商品には、「茶の葉」を乾燥等の加工したものや、乾燥等の加工をした「茶の葉」をティーバッグに入れたものだけでなく、ペットボトルや紙パック等の容器に入った飲料も含まれます。

また、「茶の葉」ではありませんが、通常、喫茶の用法で使用される「麦茶」「昆布茶」等もこの商品に含まれます。

なお、乾燥等の加工をする前の「茶の葉」そのものは、この商品には含まれず、第３１類「茶の葉」に属します。

「コーヒー　ココア」（２９Ｂ０１）

これらの商品には、「焙煎したコーヒー豆」及びそれを更に加工して粉状又は顆粒状にしたもの（「インスタントコーヒー」）だけでなく、ペットボトルや紙パック等の容器に入った飲料も含まれます。

「ミルクコーヒー」は、「コーヒー」が主体であり、ミルクを調味的に加えたものであるため、「コーヒー」に含まれます。他方、「コーヒー入りの乳飲料」は、「コーヒー」に含まれず、「乳製品」に類似する商品として第２９類に属します。

なお、焙煎前のコーヒー豆は、「コーヒー」には含まれず、本類「コーヒー豆（生のもの）」に属します。

「氷」（２９Ｄ０１）

この商品は、食用の「氷」が該当します。

なお、「ドライアイス」や「氷菓」「かき氷」は、この商品には含まれず、前者は第１類「化学品」に属し、後者は本類「菓子」に属します。

「菓子（肉・魚・果物・野菜・豆類又はナッツを主原料とするものを除く。）　パン　サンドイッチ　中華まんじゅう　ハンバーガー　ピザ　ホットドッグ　ミートパイ」（３０Ａ０１）

これらの商品は、原材料が共通するものが多く、メーカーに一定の共通性があり、また、間食・軽食として用いられるという用途に共通性が見られる「菓子（肉・魚・果物・野菜・豆類又はナッツを主原料とするものを除く。）」や「パン」「サンドイッチ」等が該当します。

また、菓子のうち、肉、魚、果物、野菜、豆類又はナッツを主たる原材料とし、それらの根本的な性質を変えない程度の煎る、煮る、焼く、揚げる等の加工及び調味をしてなる商品は第２９類に属し、それ以外の商品は本類に属します。

例えば、「ケーキ」「タルト」「クッキー」「キャラメル」「アイスクリーム」「シャーベット」「チョコレート」のように本類に属する菓子は、それらを構成する原材料の中に、肉や魚、果物や野菜、豆類、ナッツ等が最も大きな割合を占めているとしても、本類の菓子に該当します。したがって、「チョコレートで覆われたナッツ菓子」「チョコレート掛けしたポテトチップス菓子」は、ナッツやポテトチップスを用いていても、チョコレート菓子として本類に属します。

一方、「砂糖漬けのナッツ」は、砂糖又はスパイスで調味又は風味付けされたナッツですが、砂糖で調理されていても、根本的な性質や形状が変化していないため、第２９類に属します。

参照：商品のアルファベット順一覧表
第２９類「potato chips」（ポテトチップス　３０Ａ０１　３２Ｆ０４）
第２９類「potato crisps」（ポテトチップス　３０Ａ０１　３２Ｆ０４）
第３０類「chocolate-coated nuts」（チョコレートで覆われたナッツ菓子　３０Ａ０１）
第３０類「chocolate-covered potato chips」（チョコレート掛けしたポテトチップス菓子　３０Ａ０１）
第２９類「candied nuts」（砂糖漬けのナッツ　３２Ｆ０４）

「調味料」（３１Ａ０１,３１Ａ０２,３１Ａ０３,３１Ａ０４,３１Ａ０５）

この商品は、食品の調味に使用される商品のうち、「香辛料」以外の商品が該当します。

１.「みそ」（３１Ａ０１）

この商品は、大豆を材料にし、米や麦、大豆の麹と塩を混ぜて発酵させた調味料が該当します。

なお、「きんざんじみそ」や「たいみそ」は、この商品には含まれず、第２９類「なめ物」に属します。

２.「ウースターソース　グレービーソース　ケチャップソース　しょうゆ　食酢　酢の

素　そばつゆ　ドレッシング　ホワイトソース　マヨネーズソース　焼肉のたれ」（３１Ａ０２）

これらの商品は、「調味料」のうち、「みそ」「砂糖」「食塩」「うま味調味料」等を除いた商品が該当します。

調味料として取引される「ソース」は、これらの商品に含まれますが、具材の入った「パスタソース」や「カレーソース」は、これらの商品には含まれず、前者は本類、後者は第２９類に属します。

３．「角砂糖　果糖　氷砂糖（調味料）　砂糖　麦芽糖　はちみつ　ぶどう糖　粉末あめ　水あめ（調味料）　料理用人工甘味料」（３１Ａ０３）

これらの商品は、「調味料」として取引されるもののみが該当します。

また、これらの商品と類似群が同じ「工業用人工甘味料」は第１類に属します。

なお、これらと同様の商品であっても、医薬品として取引されるものであれば、これらの商品には含まれず、第５類「薬剤（農薬に当たるものを除く。）」に属します。

４．「ごま塩　食塩　すりごま　セロリーソルト」（３１Ａ０４）

これらの商品には、セロリパウダーと塩を混合した「セロリーソルト」等の「食塩」に関連した商品と「すりごま」等「ごま」に関連した商品が含まれます。

５．「うま味調味料」（３１Ａ０５）

この商品は、昆布・かつお節等の天然の旨み成分を化学的に又は酵素を用いて処理して得た調味料が該当します。

「香辛料」（３１Ｂ０１）

この商品は、「からし粉」「カレー粉」等粉状のもの、及び「マスタード」「練りわさび」等が該当します。

なお、「カレー粉」は「香辛料」に属しますが、「カレールー」のような「カレーのもと」は、この商品には含まれず、第２９類「カレー・シチュー又はスープのもと」に属します。

また、この商品とは類似群が異なる未加工の「さんしょう」「とうがらし」「わさび」は第３１類「野菜（「茶の葉」を除く。）」に属します。

「アイスクリームのもと　シャーベットのもと」（３１Ｄ０１）

これらの商品は、「アイスクリーム」や「シャーベット」等の菓子を製造するための材料がセットで封入されているものが該当し、本類に属します。

また、これらの商品と類似群は同じですが、第５類（乳幼児用粉乳）、第２９類（乳製品）及び第３２類（乳清飲料）に属する商品も存在します。

なお、これらの商品とは類似群が異なる「プリンのもと」や「ホットケーキのもと」は本類「即席菓子のもと」に属します。

「コーヒー豆（生のもの）」（３２Ｄ０４）

この商品は、焙煎前の生のコーヒー豆が該当します。

なお、「焙煎したコーヒー豆」は、この商品には含まれず、本類「コーヒー」に属します。

「穀物の加工品」（３２Ｆ０３）

この商品には、「乾燥飯」「強化米」のように穀物を加工したもの、「うどんの麺」「そばの麺」のように、穀粉を更に加工したものが含まれます。

なお、「穀粉」も穀物を加工したものですが、この商品には含まれず、食用の穀粉は、本類「食用粉類」に、工業用の穀粉は、第１類「工業用粉類」に属します。

「チョコレートスプレッド」（３２Ｆ０４）

この商品は、チョコレート、食用油脂等を混合したペースト状の食品で、主に、パン等に塗布して食される商品が該当します。

また、この商品と類似群は同じ「加工野菜及び加工果実」は第２９類に属します。

「ぎょうざ　しゅうまい　すし　たこ焼き　弁当　ラビオリ」（３２Ｆ０６）

これらの商品は、複数の食材を用いて調理し、そのまま又は温める程度で食すことができる「ぎょうざ」「しゅうまい」「弁当」等が該当します。

これらの商品を冷凍処理したもの、レトルトパウチされた商品もこれらの商品に含まれます。

「イーストパウダー　こうじ　酵母　ベーキングパウダー」（３２Ｆ０８）

これらの商品は、「イーストパウダー」「こうじ」等、本類に属する「菓子」や「しょうゆ」「みそ」を作る際に使用する菌類が該当します。

また、これらの商品と類似群が同じですが、専ら工業用に使用されるものは、第１類に属します。

参照：商品のアルファベット順一覧表

第１類「milk ferments for chemical purposes」（乳発酵用酵母　３２Ｆ０８）

第１類「milk ferments for the food industry」（乳発酵用酵母（食品工業用添加物）３２Ｆ０８）

「即席菓子のもと」（３２Ｆ０９）

この商品は、「ゼリーのもと」「プリンのもと」「ホットケーキのもと」「水ようかんのもと」等の菓子を製造するための材料がセットで封入されているものが該当し、本類に属します。

なお、「汁粉のもと」「ぜんざいのもと」「甘酒のもと」は、この商品には含まれず、本類「菓子（肉・魚・果物・野菜・豆類又はナッツを主原料とするものを除く。）」に属します。完成品となった菓子は、その主原料及び加工の程度に応じ、第２９類「菓子（肉・魚・果物・野菜・豆類又はナッツを主原料とするものに限る。）」又は本類「菓子（肉・魚・果物・野菜・豆類又はナッツを主原料とするものを除く。）」に属します。

また、乳を主要な原料とする本類に属する「アイスクリームのもと」や、本類「菓子（肉・魚・果物・野菜・豆類又はナッツを主原料とするものを除く。）」に含まれる完成品の「アイスクリーム」も、この商品には含まれません。

「パスタソース」（３２Ｆ１０）

この商品は、肉やトマトを主材料とするパスタ用ソースである「ミートソース」等、パスタ専用のソースが該当します。

また、この商品と類似群が同じ「カレー・シチュー又はスープのもと」は第２９類に属します。

「食用酒かす」（３２Ｆ１４）

この商品は、清酒の醸造に際し、もろみをしぼったあとの残りかすが該当します。

なお、「食用酒かす」を用いて調理した商品は、この商品には含まれず、例えば「甘酒」は本類「菓子（肉・魚・果物・野菜・豆類又はナッツを主原料とするものを除く。）」に属し、かす漬け魚介類は、第２９類「加工水産物（「かつお節・寒天・削り節・食用魚粉・とろろ昆布・干しのり・干しひじき・干しわかめ・焼きのり」を除く。）」に属します。

「米　脱穀済みのえん麦　脱穀済みの大麦」（３３Ａ０１）

これらの商品は、植物の種子を食用できるもののうち、米等が該当します。

また、これらの商品と類似群が同じ「豆」は第２９類に、「あわ　きび　ごま　そば（穀物）　とうもろこし（穀物）　ひえ　麦　籾米　もろこし」は第３１類に属します。

「食用グルテン」（３３Ａ０２）

この商品は、穀類に含まれるタンパク質の混合物で、主に、パンや麺等の調理に用いられる商品が該当します。

この商品とは類似群が異なりますが、専ら工業や食品工業用添加物に使用されるグルテンは、第１類に属します。

参照：商品のアルファベット順一覧表

第１類「gluten for industrial purposes」（工業用グルテン　０１Ａ０１）

第１類「gluten for the food industry」（グルテン（食品工業用添加物）　０１Ａ０１）

第３０類「gluten prepared as foodstuff」（加工済み食用グルテン　３３Ａ０２）

第３０類「gluten additives for culinary purposes」（料理用グルテン添加物　３３Ａ０２）

「食用粉類」（３３Ａ０３）

この商品は、原則として穀物及び豆を粉にしたものであって、専ら食用に供されるものが該当します。

「のり、接着剤」等の工業製品の原材料として用いられる等、専ら工業用に使用されるものは、第１類「工業用粉類」に属します。

第３１類　加工していない陸産物、生きている動植物及び飼料

【類見出し】
未加工の農業、水産養殖業、園芸及び林業の生産物；
生及び未加工の穀物及び種子；
生鮮の果実及び野菜、生鮮のハーブ；
自然の植物及び花；
球根、苗及び種まき用の種子；
生きている動物；
動物用飼料及び飲料；
麦芽.

【注釈】
第３１類には、主として、食用の処理をしていない陸産物及び海産物、生きている動植物及び飼料を含む。

この類には、特に、次の商品を含む：
未加工穀物；
生鮮の果実及び野菜（洗浄又はつや出ししたもの）；
飼料用植物絞りかす；
未加工の藻類；
製材前の木材；
ふ化用受精卵；
生のきのこ及び生のトリュフ；
動物用寝わら、例えば、ペット用芳香砂（寝わら）、ペット用砂敷き紙（寝わら）.

この類には、特に、次の商品を含まない：
医療用の培養微生物及び蛭（第 5 類）；
動物用サプリメント（薬剤に属するものを除く。）及び医療用飼料（薬剤）（第 5 類）；
半加工木材（第 19 類）；
釣用擬似餌（第 28 類）；
米（第 30 類）；
たばこ（第 34 類）.

【解説】

「動物用寝わら」（１９Ｂ３３）

　この商品は、家畜やペット等の動物の寝床に敷くわら等の商品が該当し、「動物の寝床用かんなくず」「ペット用砂敷き紙（寝わら）」及び「ペット用芳香砂（寝わら）」等が、この商品に含まれます。

また、この商品と類似群は同じですが、第１８類（ペット用被服類）、第２０類（犬小屋　小鳥用巣箱　ペット用ベッド）、第２１類（小鳥かご　小鳥用水盤　ペット用食器等）及び第２８類（ペット用おもちゃ）に属する商品も存在します 。

「生花の花輪」（２０Ｆ０１）

この商品は、「葬祭用具」に該当する商品であって、表彰または慶弔の意を表すため、生花を輪の形にしたものが該当します。

また、この商品と類似群は同じですが、第６類（金属製の墓標及び墓碑用銘板）、第１９類（墓標及び墓碑用銘板（金属製のものを除く。））、第２０類（葬祭用具）、第２４類（遺体覆い　経かたびら　等）及び第２６類（造花の花輪）に属する商品が存在します。

「釣り用餌」（２４Ｄ０１）

この商品は、主として、釣りの際に使用する生き餌が該当します。

なお、この商品と類似群が同じ「釣り具」及び「釣り用疑似餌」は第２８類に属します。

参照：商品のアルファベット順一覧表
第２８類「artificial fishing bait」（釣り用疑似餌　２４Ｄ０１）

「ホップ」（３１Ａ０６）

この商品は、未加工のホップが該当します。

なお、この商品と類似群が同じ商品であって、ビールに香味をつける原料としての「ビール製造用ホップエキス」は第３２類に属します。

「食用魚介類（生きているものに限る。）」（３２Ｃ０１）

この商品は、主として食用として供されるものであって、生きているものが該当します。

また、この商品と類似群が同じですが、この商品を冷凍したもの及び塩蔵したもの、切り身や刺身等は第２９類「食用魚介類（生きているものを除く。）」に属します。

参照：商品のアルファベット順一覧表
第２９類「fish fillets」（魚の切り身　３２Ｃ０１）

「海藻類」（３２Ｃ０２）

この商品は、食用の未加工の水産植物、すなわち「あおさ」等の「海藻」（海にすむ藻）と称されるすべての商品が該当します。

なお、この商品を乾燥したものや「寒天」等に加工したものは、この商品には含まれず、原則、第２９類「かつお節　寒天　削り節　食用魚粉　とろろ昆布　干しのり　干しひじき　干しわかめ　焼きのり」に属します。

「野菜」（３２Ｄ０１,３２Ｄ０３）

この商品は、未加工の「野菜」が該当し、本類に属します。

１．「野菜（「茶の葉」を除く。）」（３２Ｄ０１）

この商品には、具体的に「枝豆」「かぼちゃ」「キャベツ」「きゅうり」「ごぼう」「さつまいも」「さやいんげん」「さんしょう」「しいたけ」「しそ」「じゃがいも」「しょうが」「ぜんまい」「大根」「たけのこ」「とうがらし」「トマト」「なす」「人参」「ねぎ」「はくさい」「パセリ」「ふき」「ほうれんそう」「まつたけ」「もやし」「レタス」「わさび」「わらび」等が該当し、これらを単にカットしたのみのものも含まれます。

この商品と類似群は同じですが、この商品を冷凍保存したものは、第２９類「冷凍野菜」に属します。

なお、この商品を乾燥したものや加工したものは、この商品には含まれず、第２９類「加工野菜」に属し、「さんしょう」「とうがらし」「わさび」等を粉に加工したものも、この商品には含まれず、第３０類「香辛料」に属します。

２．「茶の葉」（３２Ｄ０３）

この商品は、生の茶葉が該当します。

乾燥させて「茶」となったものは、この商品には含まれず、第３０類「茶」に属します。

「糖料作物」（３２Ｄ０２）

この商品は、「砂糖きび」や「てんさい」等、砂糖の生産を目的に栽培されるものが該当します。

なお、これを原材料として、最終製品として「砂糖」となったものは、この商品には含まれず、第３０類「調味料」に属します。

「果実」（３２Ｅ０１）

この商品は、未加工の「果実」が該当し、これらを単にカットしたのみのものも含まれます。

また、この商品と類似群は同じですが、この商品を冷凍保存したものは、第２９類「冷凍果実」に属します。

なお、この商品を乾燥したものや加工したものは、この商品には含まれず、第２９類「加工果実」に属します。

「麦芽」（３２Ｆ１３）

この商品は、大麦を発芽させた「麦芽」が該当します。

「あわ　きび　ごま　そば（穀物）　とうもろこし（穀物）　ひえ　麦　籾米　もろこし」（３３Ａ０１）

これらの商品は、植物の種子を食用できるもののうち、麦等が該当します。

また、これらの商品と類似群が同じ「豆」は第２９類に、「米　脱穀済みのえん麦　脱穀済みの大麦」は第３０類に属します。

なお、これらの商品を加工した「食用そば粉」「とうもろこし粉」等は、これらの商品には含まれず、第３０類「食用粉類」に属します。

「飼料」（３３Ｂ０１）

この商品は、動物の飼育に使用される飼料が該当します。

また、「米ぬか」「肉粉」「しょうゆかす」等は肥料として使用される場合もありますが、同じものであっても、包装や取引者の業種等から判断して、飼料として取引されると認められる場合はこの商品に含まれます。

この商品と類似群が同じ「栄養補助用飼料添加物（薬剤に属するものを除く。）」は、専らペット等の動物に与える栄養補助を目的としたもので、第5類に属します。

なお、この商品とは類似群が異なりますが、「天然肥料」は第１類に、「釣り用餌」は本類に属します。

「種子類」（３３Ｃ０１）

この商品は、「農業用種子」等、主として農業、園芸又は採油のために使用される種子及び球根が該当し、食用のものはこの商品には含まれません。

なお、この商品とは類似群が異なりますが、「加工済み種子」は第２９類に属します。

参照：商品のアルファベット順一覧表

第２９類「seeds，prepared」（加工済み種子　３２Ｆ０４）

「木　草　芝　ドライフラワー　苗　苗木　花　牧草　盆栽」（３３Ｄ０１）

これらの商品は、自然の植物及びドライフラワーが該当します。

なお、「造花」は、これらの商品には含まれず、第２６類に属します。

「獣類・魚類（食用のものを除く。）・鳥類及び昆虫類（生きているものに限る。）」（３３Ｄ０２）

この商品は、主として愛玩用、使役用又は観賞用のものであって、生きているものが該当します。

また、後に食用になるものであっても、例えば、生きている牛（乳牛も含む）、鶏、豚等はこの商品に含まれます。

なお、食用として取引される生きている魚介類は、この商品には含まれず、本類「食用魚介類（生きているものに限る。）」に属します。

「蚕種　種繭」（３３Ｄ０３）

これらの商品は、蚕種や蚕種を製造するための繭が該当します。

なお、絹繊維を採取するための「繭」は、これらの商品には含まれず、第２２類「原料繊維」に属します。

「種卵」（３３Ｄ０４）

この商品は、専ら繁殖用として取引される卵が該当します。

なお、「鶏卵」や「うずらの卵」等の特に食用のたまごで未加工のものは、この商品には含まれず、第２９類「卵」に属します。

「漆の実」（３４Ｅ０１）

この商品は、後に何らかの加工を施すべき植物性の基礎材料としての「漆の実」が該当します。

この商品を加工し、最終商品となったもの、例えば「漆」は、この商品には含まれず、第２類「塗料」に属します。

「未加工のコルク　やしの葉」（３４Ｅ０２）

これらの商品は、園芸及び林業の生産物のうち後に何らかの加工を施すべき植物性の基礎材料が該当します。

これらを加工し、最終商品となったもの、例えば、「コルク製の栓」は、この商品には含まれず、第２０類「コルク製・プラスチック製及び木製の栓」に属します。

また、これらの商品と同じ類似群の「経木　しだ　竹　竹皮　つる　とう　木皮」は第２０類に属します。

第３２類　アルコールを含有しない飲料及びビール

【類見出し】
ビール；
アルコール分を含まない飲料；
ミネラルウォーター及び炭酸水；
果実飲料；
シロップ及びその他のアルコール分を含まない飲料製造用調製品.

【注釈】
第３２類には、主として、アルコール分を含まない飲料及びビールを含む。

この類には、特に、次の商品を含む：
アルコールを除去した飲料；
清涼飲料；
米を主原料とする清涼飲料及び大豆を主原料とする飲料（代用牛乳を除く。）；
エナジードリンク、アイソトニック飲料、プロテインを強化したスポーツ用清涼飲料；
飲料製造用エッセンス及び果実エキス（アルコール分を含まないもの）.

この類には、特に、次の商品を含まない：
精油のみから成る飲料用香料（第 3 類）又は香味料（精油のみから成るものを除く。）（第 30 類）；
食餌療法用飲料（第 5 類）；
乳飲料、ミルクセーキ（第 29 類）；
代用牛乳、例えば、アーモンドミルク、ココナッツミルク、ピーナッツミルク、ライスミルク、豆乳（第 29 類）；
調理用レモン搾汁、調理用トマト搾汁（第 29 類）；
コーヒー飲料、ココア飲料、チョコレート飲料又は茶飲料（第 30 類）；
ペット用飲料（第 31 類）；
アルコール飲料（ビールを除く。）（第 33 類）.

【解説】
「ビール」（２８Ａ０２）
　この商品は、「ビール」が該当しますが、一般的にノンアルコールビールと称される商品は「ビール」には含まれず、「ビール風味のアルコール分を１％未満含有してなる清涼飲料」として、本類「清涼飲料」に属します。
　また、この商品と類似群が同じ「洋酒　果実酒　酎ハイ　ビール風味の麦芽発泡酒」は第３３類に属します。
参照：商品のアルファベット順一覧表

第３２類「non-alcoholic beer」（ビール風味のアルコール分を１％未満含有してなる清涼飲料　２９Ｃ０１）

「清涼飲料　果実飲料　飲料用野菜ジュース」（２９Ｃ０１）

「清涼飲料」は、主に（1）炭酸を含むもの、（2）シロップ（「はちみつ」を除く。）、（3）ミネラルウォーターが該当します。

「果実飲料」は、主に天然果汁又はこれを加工した濃縮果汁等のように天然果実を原料とする飲料が該当し、「果実飲料」を粉末化したものも含まれます。

「飲料用野菜ジュース」は、専ら飲料用として取引される野菜ジュースが該当します。

なお、専ら調理用に用いる野菜ジュース、例えば、「調理用野菜搾汁」「調理用トマト搾汁」は、「飲料用野菜ジュース」に含まれず、第２９類「加工野菜及び加工果実」に属します。

「ビール製造用ホップエキス」（３１Ａ０６）

この商品は、ビールに香味をつける原料としての「ビール製造用ホップエキス」が該当します。

なお、この商品と類似群が同じ未加工の「ホップ」は第３１類に属します。

「乳清飲料」（３１Ｄ０１）

この商品は、「乳清」を原材料とした飲料が該当します。

また、この商品と類似群は同じですが、第５類（乳幼児用粉乳）、第２９類（乳製品）及び第３０類（アイスクリームのもと　シャーベットのもと）に属する商品も存在します。

第３３類　ビールを除くアルコール飲料

【類見出し】
アルコール飲料（ビールを除く。）；
飲料製造用アルコール調製品.

【注釈】
第３３類には、主として、アルコール飲料（ビールを除く。）、エッセンス及びエキスを含む。

この類には、特に、次の商品を含む：
ぶどう酒、酒精強化ワイン；
りんご酒、梨酒；
スピリッツ、リキュール；
アルコールエッセンス、果実のエキス（アルコール分を含むもの）、ビターズ.

この類には、特に、次の商品を含まない：
医療用飲料（第 5 類）；
アルコールを除去した飲料（第 32 類）；
ビール（第 32 類）；
アルコール飲料製造用のアルコール分を含まないミキサー（割り材）、例えば、清涼飲料、ソーダ水（第 32 類）.

【解説】
「清酒　焼酎　合成清酒　白酒　直し　みりん」（２８Ａ０１）
　これらの商品は、日本において昔から製造されている酒類が含まれます。
　また、「清酒」の下位概念には「日本酒」が属しますが、「日本酒」とは、日本産の清酒のみが該当し、「泡盛、合成清酒、焼酎、白酒、日本産以外の清酒、直し、みりん」や「濁酒」は含まれません。

「洋酒　果実酒　酎ハイ　ビール風味の麦芽発泡酒」（２８Ａ０２）
　これらの商品は、「洋酒」「果実酒」等が該当します。
　「酎ハイ」は、「焼酎」を炭酸で割ったのみの商品だけではなく、焼酎に果汁などを加えたサワー等の商品も含まれます。
　「ビール風味の麦芽発泡酒」は、麦芽を原料の一部とした発泡性を有するビール風味の酒が該当します。
　また、これらの商品と類似群が同じ「ビール」は第３２類に属します。
　なお、梅の果実をホワイトリカーなどのアルコール類に浸して作る「梅酒」は、「果実酒」には含まれず、本類「薬味酒」に属します。

「中国酒」（２８Ａ０３）

この商品は、「ラオチュー（老酒）」等、中国の伝統的な製法により製造されるアルコール飲料が該当します。

「薬味酒」（２８Ａ０４）

この商品は、主に、酒などに漢方薬を溶かし込み、香味をつけた酒等が該当します。

なお、「薬用酒」と「薬味酒」とは成分がほとんど同じですが、専ら酒店で販売される場合は「薬味酒」としてこの商品に含まれ、医薬品として取引される場合は「薬用酒」として第５類「薬剤（農薬に当たるものを除く。）」に属します。

第３４類　たばこ、喫煙用具及びマッチ

【類見出し】
たばこ及び代用たばこ；
紙巻たばこ及び葉巻たばこ；
電子たばこ及び喫煙者用の経口吸入器；
喫煙用具；
マッチ.

【注釈】
第３４類には、主として、たばこ及び喫煙用具、並びにそれらの使用に関する特定の付属品及び容器を含む。

この類には、特に、次の商品を含む：
代用たばこ（医療用のものを除く。）；
電子たばこ用香味料（精油のみから成るものを除く。）、喫煙者用の経口吸入器；
喫煙用薬草；
かぎたばこ；
たばこ及び喫煙用具の使用に関する特定の付属品及び容器、例えば、喫煙用ライター、灰皿、刻みたばこ入れ、かぎたばこ入れ、葉巻貯蔵箱.

この類には、特に、次の商品を含まない：
医療用巻たばこ（たばこの葉を用いていないものに限る。）（第 5 類）；
電子たばこ用バッテリー及び充電器（第 9 類）；
自動車用灰皿（第 12 類）.

【解説】
「たばこ」（２７Ａ０１）
この商品には、「紙巻きたばこ」や「葉巻たばこ」等が含まれ、また、「電子たばこ用リキッド」は、この商品に類似する商品として本類に属します。
なお、「電子たばこ用リキッド」を加熱するために取り付ける用具は、本類の「喫煙用具」に属します。
また、専ら医療用として用いられる「医療用巻たばこ（たばこの葉を用いていないものに限る。）」は、この商品に含まれず、第５類「薬剤（農薬に当たるものを除く。）」に属します。
参照：商品のアルファベット順一覧表
第３４類「liquid solutions for use in electronic cigarettes」（電子たばこ用リキッド　２７Ａ０１）
第３４類「oral vaporizers for smokers」（喫煙者用の経口吸入器　２７Ｂ０１）

第５類「tobacco-free cigarettes for medical purposes」（医療用巻たばこ（たばこの葉を用いていないものに限る。　０１Ｂ０１）

「電子たばこ」（２７Ａ０１,２７Ｂ０１）

この商品は、従来の「たばこ」の代替として考案された、カートリッジ等の容器に入った化学物質を含む液剤を、吸い口のある筒状の装置に入れ、電気的に加熱して発生させた蒸気を吸入する、「電子たばこ用リキッド」と「喫煙者用の経口吸入器」等が一体となった商品が該当します。

なお、「電子たばこ用充電器」及び「電子たばこ用バッテリー」は、この商品には含まれず、第９類に属します。

参照：商品のアルファベット順一覧表

第３４類「liquid solutions for use in electronic cigarettes」（電子たばこ用リキッド　２７Ａ０１）

第３４類「oral vaporizers for smokers」（喫煙者用の経口吸入器　２７Ｂ０１）

第９類「chargers for electronic cigarettes」（電子たばこ用充電器　１１Ａ０１）

第９類「batteries for electronic cigarettes」（電子たばこ用バッテリー　１１Ａ０３）

「喫煙用具」（２７Ｂ０１）

この商品は、「パイプ」「ライター」「灰皿」のように、専ら喫煙の際に用いる道具が該当します。

この商品の下位概念には「ライター」が属しますが、「自動車用シガーライター」は、自動車専用の商品であることから、この商品には含まれず、第１２類「自動車並びにその部品及び附属品」に属します。

参照：商品のアルファベット順一覧表

第１２類「cigar lighters for automobiles」（自動車用シガーライター　１２Ａ０５）

「マッチ」（２７Ｃ０１）

この商品は、喫煙の際に使用されるものに限らない「安全マッチ」「硫黄マッチ」等、専ら火を付ける道具としての「マッチ」が該当します。

なお、火を付ける道具である「ライター」は、この商品には含まれず、本類「喫煙用具」に属します。

2
役務の区分解説

第３５類　広告、事業の管理又は運営、事務処理及び小売又は卸売の業務において行われる顧客に対する便益の提供

【類見出し】
広告；
事業の管理、組織及び運営；
事務処理.

【注釈】
第３５類には、主として、商業的又は工業的企業の事業の経営、運営、組織及び管理、並びに広告、マーケティング及び販売促進のための企画及びその実行の代理を含む。分類の目的上、商品の販売はサービスとは見なされない。

この類には、特に、次のサービスを含む：
他人の便宜のために各種商品を揃え（その運搬を除く。）、顧客がこれらの商品を見、かつ、購入するために便宜を図ること；
当該サービスは、小売店、卸売店、自動販売機、通信販売カタログによる注文又はウェブサイト若しくはテレビのショッピング番組などの電子メディアによって提供される場合がある。；
広告、マーケティング及び販売促進のための企画及びその実行の代理、例えば、試供品の配布、広告用コンセプトの開発、広告文の作成及び広告物の出版；
ショーウィンドーの装飾；
広報活動の企画；
テレビショッピング用番組の制作；
商業又は広告のための商品見本市及び展示会の企画・運営；
販売促進のための検索エンジンの検索結果の最適化；
商業の援助、例えば、人材募集、事業の契約に関する交渉の代行（他人のためのこと）、原価分析、輸出入に関する事務の代理又は代行；
事業に関する取引及び財務記録に関連する管理サービス、例えば、簿記、財務書類の作成、会計監査並びに業務監査及び財務会計監査、事業の評価、税務書類の作成及び納税申告に関する役務の提供；
他人の商品及びサービスのライセンスに関する事業の管理；
文書による通信及び記録の記録、複写、構成、編集及び体系化、並びに数学的又は統計的データの編集で構成されるサービス；
事務処理、例えば、予定のスケジューリング及び確認、電子計算機を用いて行う情報検索事務の代行、コンピュータによるファイルの管理、電話交換.

この類には、特に、次のサービスを含まない：

金融サービス、例えば、金融・財務分析、財務管理、財政保証（第36類）;
土地・建物の管理（第36類）;
株式の売買の媒介・取次ぎ又は代理（第36類）;
輸送に関する物流管理（第39類）;
エネルギー効率の診断（第42類）;
販売促進用材料のグラフィックデザインの考案（第42類）;
契約の交渉に関する法律業務（他人のためのこと）（第45類）;
知的財産権の利用に関する契約の代理又は媒介、ライセンスに関する法的な管理、著作権の管理（第45類）;
インターネットドメイン名の登録に関する法律業務（第45類）.

【解説】

「広告業」（３５Ａ０１）

このサービスは、広告代理店等、主として依頼人のために広告を行うものが該当します。

なお、自社の商品又はサービスの広告を自ら行うものは、このサービスに該当しないと考えられます。

１．「１　インターネットによる広告　折り込みチラシによる広告　雑誌による広告　新聞による広告　テレビジョンによる広告　ラジオによる広告」

これらのサービスは、広告媒体としての、例えば、新聞等への折り込みチラシ、又は、ウェブサイト、雑誌、新聞、テレビジョン、ラジオのスペース又は時間を当該広告媒体企業と契約し、依頼人のためにする広告が該当します。

２．「２　交通広告」

このサービスは、例えば、電車・バスにおける中吊りによる広告が該当します。

３．「３　屋外広告物による広告」

このサービスは、常時又は一定の期間継続して屋外で公衆に表示されるものであって看板、立て看板、はり紙及びはり札並びに広告塔、広告板、建物その他の工作物に掲出され、又は表示されたものによる広告が該当します。

４．「４　街頭及び店頭における広告物の配布　商品の実演による広告　ダイレクトメールによる広告」

これらのサービスは、例えば、商品の広告、開店又は売り出しの告知を書いて配るチラシ、びらの配布、商品見本の配布、ダイレクトメールによる広告が該当します。

５．「５　広告宣伝物の企画及び制作　広告の企画　広告のための商品展示会・商品見本市の企画又は運営　広告文の作成　ショーウインドーの装飾」

これらのサービスは、広告制作会社等が提供するもので、広告制作における企画立案や広告宣伝物の制作を行うものが該当します。

「トレーディングスタンプの発行」（３５Ａ０２）

トレーディングスタンプ（以下「スタンプ」といいます。）とは、「小売業者の販売促進その他のマーケティング上の目的を達成するための手段として用いられるもので、スタンプ事業を営む者の提供するスタンプ規約に定められている方法に基づき、その規約に加盟契約した小売業者がその顧客に無償で提供し、顧客はこれを収集して商品等と交換できるもの」をいい、その発行及び清算を行うサービスが該当します。

「経営の診断又は経営に関する助言　事業の管理　市場調査又は分析　商品の販売に関する情報の提供」（３５Ｂ０１）

このサービスは、他人の依頼に基づいて、経営の診断や経営に関する助言を行う「経営コンサルタント」等が行うサービスが該当します。

また、「商品の販売に関する情報の提供」は、商業等に従事する企業に対して、その管理、運営等を援助するための情報を提供するサービスが該当しますが、情報の受け手が消費者となるものであって、商品の最終需要者である消費者に対して提供するサービスは、本類「消費者のための商品及び役務の選択における助言と情報の提供」に属します。

「財務書類の作成又は監査若しくは証明」（３５Ｃ０１）

このサービスは、主として公認会計士又は監査法人が行うものです。

なお、財務書類とは、財産目録、貸借対照表、損益計算書その他財務に関する書類をいいます。

「職業のあっせん」（３５Ｄ０１）

このサービスには、主として労働者への職業紹介が含まれます。

職業紹介とは、企業等からの求人及び求職者からの求職の申込を受け、求人者と求職者との間における雇用関係の成立をあっせんすることをいいます。

なお、このサービスには、単に企業等の求人情報を提供する「求人情報の提供」は含まれません。

「競売の運営」（３５Ｅ０１）

このサービスは、競売の主催者が提供するサービスです。例えば、絵画、美術品のオークションを主催することが含まれます。

「輸出入に関する事務の代理又は代行」（３５Ｆ０１）

輸出入に関する事務とは、例えば、輸出入の申告の手続又は行為をいい、主に通関士によって提供されるサービスです。

「新聞の予約購読の取次ぎ」（３５Ｆ０２）

このサービスは、各戸を訪問し新聞購読を勧誘する新聞勧誘員のサービスが該当します。

なお、新聞勧誘員と同様の立場で、新聞のような定期刊行物の予約購読の取次ぎを独立した業務とするサービスもこのサービスに含まれます。

「速記　筆耕」（３５Ｇ０１）

「筆耕」とは、写字や清書によって報酬を受けるサービスが該当します。

宛名リストに基づいて郵便物の宛名を記入する「宛名書き」や、これと一連のサービスとして行われる書類の発送までの「書類の発送の代行」も、このサービスに類似するものとして本類に属します。

「書類の複製」（３５Ｇ０２）

このサービスは、例えば、他人の依頼に基づいて、複写機を用いて、図面、地図その他の各種書類の複製が該当し、複製の対象は、書類や文書に限られます。

なお、コンビニエンスストア等において複写機を利用して複写させるサービスは、本類「複写機の貸与」に該当します。

「文書又は磁気テープのファイリング」（３５Ｇ０３）

このサービスは、能率的な事務処理を図るために総合的かつ系統的な分類に従って行う文書、磁気テープ等の整理が該当します。

また、一般的な事務の代行、例えば、「一般事務（輸出入事務・建築物の事務を除く。）の代理又は代行」も、このサービスに類似するサービスとして本類に属しますが、専門的な事務の代行は、例えば、「輸出入に関する事務の代理又は代行」が本類に、「訴訟事件その他に関する法律事務」が第４５類に、それぞれ属します。

「コンピュータデータベースへの情報編集」（３５Ｇ０３,４２Ｐ０２）

このサービスは、第４２類のプログラミングのような技術的、専門的なサービスではなく、現在においては専門技術を要しない事務的なサービスとして行われるものが該当します。

「電子計算機・タイプライター・テレックス又はこれらに準ずる事務用機器の操作」（３５Ｇ０４）

「これらに準ずる事務用機器」とは、電子計算機、タイプライター等と同様、操作に習熟を必要とする機器が該当します。

操作にある程度の習熟が必要な機器に限定され、電話のように容易に操作できるものは該当しません。

「建築物における来訪者の受付及び案内」（３５Ｈ０１）

このサービスは、人が応対するサービスで、受付のほか、電話の取次、秘書といったサービスが該当します。

なお、「オペレーターによる電話番号案内」は第３８類に属します。

「広告用具の貸与」（３５Ｊ０１）

このサービスは、専ら広告のために使用する物の貸与が該当します。

「広告場所の貸与」及び「広告スペースの貸与」は、「広告業」及び「広告用具の貸与」のいずれにも類似するサービスです。

なお、「展示施設の提供」及びこれに付随する「展示用具の貸与」は第４３類に属します。

参照：役務のアルファベット順一覧表

第３５類「rental of advertising space」(広告場所の貸与　３５Ａ０１　３５Ｊ０１)

「複写機の貸与」（３５Ｊ０２）

このサービスは、いわゆる事務用機械器具の貸与が該当します。

なお、「電子計算機の貸与」は第４２類に属します。

「消費者のための商品及び役務の選択における助言と情報の提供」（３５Ｌ０１）

このサービスは、情報の受け手が消費者となるものであって、商品の最終需要者である消費者に対して、商品及び役務の選択における助言と情報を提供するサービスが該当します。

なお、消費者の嗜好や購買傾向等、事業者に有益となる情報であって、情報の受け手が事業者となるサービスは、本類「商品の販売に関する情報の提供」に属します。

「求人情報の提供」（４２Ｇ０２）

このサービスは、求職者を対象として、単に企業等の求人情報を提供するもので、通信ネットワークや新聞・雑誌などを利用して提供される求人に関する情報の提供が該当します。

なお、このサービスには、求人者と求職者との間における雇用関係の成立のあっせん（職業のあっせん）は含まれません。

「新聞記事情報の提供」（４２Ｇ０４）

このサービスは、依頼を受けたキーワード等について新聞記事を探索し、発見されたものをそのまま又は二次加工を施すなどして依頼者に新聞記事情報を提供するものが該当します。

「自動販売機の貸与」（４２Ｘ０７）

このサービスは、各種商品の自動販売機を対象とするものです。

○意匠法等の一部を改正する法律（平成１８年法律第５５号）の施行に伴う改正後の商標法第２条第２項に規定する役務（以下「小売等役務」といいます。）

小売等役務の省令表示については、日本標準産業分類の「大分類Ｉ卸売・小売業」中の中分類、小分類及び細分類を参考にしつつも、その取扱商品を明確にすることを考慮し、商標法施行規則別表で使用されている表示を出来る限り採用した表示としました。

なお、一般的に小売とは物品を消費者に分けて売ることを、卸売とは生産者・輸入商等から大量の商品を仕入れて小売商人に売り渡すことをいうことから、小売等役務とは上記「小売」又は「卸売」の過程において行われる顧客に対する便益の提供をいうものです。

すなわち、「小売」又は「卸売」の業務において行われる総合的なサービス活動（商品の品揃え、陳列、接客サービス等といった最終的に商品の販売により収益をあげるもの）が該当します。

「衣料品・飲食料品及び生活用品に係る各種商品を一括して取り扱う小売又は卸売の業務において行われる顧客に対する便益の提供」（３５Ｋ０１）

このサービスには、百貨店、総合スーパー、総合卸売問屋等、衣・食・住にわたり各種商品を一括して扱う小売業者又は卸売業者において提供される小売又は卸売の業務において行われる顧客に対する便益の提供が含まれます。

「織物及び寝具類の小売又は卸売の業務において行われる顧客に対する便益の提供　被服の小売又は卸売の業務において行われる顧客に対する便益の提供　おむつの小売又は卸売の業務において行われる顧客に対する便益の提供　履物の小売又は卸売の業務において行われる顧客に対する便益の提供　かばん類及び袋物の小売又は卸売の業務において行われる顧客に対する便益の提供　身の回り品の小売又は卸売の業務において行われる顧客に対する便益の提供」（３５Ｋ０２）

１．「織物及び寝具類の小売又は卸売の業務において行われる顧客に対する便益の提供」

このサービスには、織物生地や布団をはじめ、下記の［小売等役務関連商品］（当該小売又は卸売において取り扱われる類似商品を含みます。以下同様です。）を取り扱う小売又は卸売の業務において行われる顧客に対する便益の提供が含まれます。

なお、寝台（ベッド）の小売又は卸売の業務において行われる顧客に対する便益の提供については、このサービスに含まれず、本類「家具の小売又は卸売の業務において行われる顧客に対する便益の提供」に属します。

［小売等役務関連商品］

「織物の小売又は卸売の業務において行われる顧客に対する便益の提供」

第２４類　織物（「畳べり地」を除く。）

「寝具類の小売又は卸売の業務において行われる顧客に対する便益の提供」

第２０類　クッション　座布団　まくら　マットレス

第２２類　衣服綿　ハンモック　布団袋　布団綿

第２４類　かや　敷布　布団　布団カバー　布団側　まくらカバー　毛布

２．「被服の小売又は卸売の業務において行われる顧客に対する便益の提供」

このサービスには、洋服やネクタイ、靴下をはじめ、下記の［小売等役務関連商品］を取り扱う小売又は卸売の業務において行われる顧客に対する便益の提供が含まれます。

なお、スポーツをする際に限って使用する特殊な衣服である運動用特殊衣服の小売又は卸売の業務において行われる顧客に対する便益の提供については、このサービスに含まれず、本類「運動具の小売又は卸売の業務において行われる顧客に対する便益の提供」に属します。

［小売等役務関連商品］

第２５類　洋服　コート　セーター類　ワイシャツ類　寝巻き類　下着　水泳着　水泳帽　キャミソール　タンクトップ　ティーシャツ　和服　アイマスク　エプロン　えり巻き　靴下　ゲートル　毛皮製ストール　ショール　スカーフ　足袋　足袋カバー　手袋　ネクタイ　ネッカチーフ　バンダナ　保温用サポーター　マフラー　耳覆い　ナイトキャップ　帽子

３．「おむつの小売又は卸売の業務において行われる顧客に対する便益の提供」

このサービスには、おむつをはじめ、下記の［小売等役務関連商品］を取り扱う小売又は卸売の業務において行われる顧客に対する便益の提供が含まれます。

［小売等役務関連商品］

第５類　おむつ　おむつカバー

４．「履物の小売又は卸売の業務において行われる顧客に対する便益の提供」

このサービスには、靴や靴の部品をはじめ、下記の［小売等役務関連商品］を取り扱う小売又は卸売の業務において行われる顧客に対する便益の提供が含まれます。

なお、専らスポーツに使用され、日常生活一般ではほとんど使用されない運動用特殊靴の小売又は卸売の業務において行われる顧客に対する便益の提供については、このサービスには含まれず、本類「運動具の小売又は卸売の業務において行われる顧客に対する便益の提供」に属します。

［小売等役務関連商品］

第２５類　靴類　げた　草履類

５．「かばん類及び袋物の小売又は卸売の業務において行われる顧客に対する便益の提供」

このサービスには、財布等の袋物やかばん類、及びその類似商品を取り扱う小売又は卸売の業務において行われる顧客に対する便益の提供が含まれます。

なお、ある特定の商品を収納することを目的とする容器を取り扱う小売又は卸売の業務において行われる顧客に対する便益の提供は、このサービスには含まれず、収納する商品を取り扱う小売又は卸売の業務において行われる顧客に対する便益の提供に属します。

例えば、「眼鏡ケース」は、専ら眼鏡を収納するためのものですから、「眼鏡ケースの小売又は卸売の業務において行われる顧客に対する便益の提供」は本類「時計及び眼鏡の小売又は卸売の業務において行われる顧客に対する便益の提供」に属します。

［小売等役務関連商品］

第１８類　かばん類　袋物

６．「身の回り品の小売又は卸売の業務において行われる顧客に対する便益の提供」

このサービスには、身飾品やベルトをはじめ、下記の［小売等役務関連商品］を取り扱う小売又は卸売の業務において行われる顧客に対する便益の提供が含まれます。
［小売等役務関連商品］
第３類　つけづめ　つけまつ毛
第６類　つえ用金属製石突き
第８類　ヘアアイロン　ひげそり用具入れ　ペディキュアセット　まつ毛カール器　マニキュアセット
第１０類　耳かき
第１４類　身飾品
第１８類　携帯用化粧道具入れ　傘　ステッキ　つえ　つえ金具　つえの柄
第２０類　うちわ　扇子　懐中鏡　鏡袋
第２１類　化粧用具（「電気式歯ブラシ」を除く。）
第２４類　布製身の回り品
第２５類　ガーター　靴下留め　ズボンつり　バンド　ベルト
第２６類　腕留め　衣服用き章（貴金属製のものを除く。）　衣服用バックル　衣服用バッジ（貴金属製のものを除く。）　衣服用ブローチ　帯留　ワッペン　腕章　頭飾品　ボタン類　つけあごひげ　つけ口ひげ　ヘアカーラー（電気式のものを除く。）

「飲食料品の小売又は卸売の業務において行われる顧客に対する便益の提供　酒類の小売又は卸売の業務において行われる顧客に対する便益の提供　食肉の小売又は卸売の業務において行われる顧客に対する便益の提供　食用水産物の小売又は卸売の業務において行われる顧客に対する便益の提供　野菜及び果実の小売又は卸売の業務において行われる顧客に対する便益の提供　菓子及びパンの小売又は卸売の業務において行われる顧客に対する便益の提供　米穀類の小売又は卸売の業務において行われる顧客に対する便益の提供　牛乳の小売又は卸売の業務において行われる顧客に対する便益の提供　清涼飲料及び果実飲料の小売又は卸売の業務において行われる顧客に対する便益の提供　茶・コーヒー及びココアの小売又は卸売の業務において行われる顧客に対する便益の提供　加工食料品の小売又は卸売の業務において行われる顧客に対する便益の提供」（３５Ｋ０３）

１.「飲食料品の小売又は卸売の業務において行われる顧客に対する便益の提供」

このサービスには、食料品スーパー等のように、飲食料品全般（下記の［小売等役務関連商品］）を取り扱う小売又は卸売の業務において行われる顧客に対する便益の提供が含まれます。
［小売等役務関連商品］
第１類　工業用人工甘味料　工業用粉類
第５類　乳幼児用粉乳　サプリメント　食餌療法用飲料　食餌療法用食品　乳幼児用飲料　乳幼児用食品
第２９類　菓子（肉・魚・果物・野菜・豆類又はナッツを主原料とするものに限る。）　食用油脂　乳製品　食肉　卵　食用魚介類（生きているものを除く。）　冷凍野菜　冷凍果実　肉製品　加工水産物　加工野菜及び加工果実　油揚げ　凍り豆腐　こんにゃく

豆乳　豆腐　納豆　加工卵　カレー・シチュー又はスープのもと　お茶漬けのり　ふりかけ　なめ物　豆

第３０類　茶　コーヒー　ココア　氷　菓子（肉・魚・果物・野菜・豆類又はナッツを主原料とするものを除く。）　パン　サンドイッチ　中華まんじゅう　ハンバーガー　ピザ　ホットドッグ　ミートパイ　調味料　香辛料　アイスクリームのもと　シャーベットのもと　コーヒー豆（生のもの）　穀物の加工品　チョコレートスプレッド　ぎょうざ　しゅうまい　すし　たこ焼き　弁当　ラビオリ　イーストパウダー　こうじ　酵母　ベーキングパウダー　即席菓子のもと　パスタソース　食用酒かす　米　脱穀済みのえん麦　脱穀済みの大麦　食用粉類

第３１類　ホップ　食用魚介類（生きているものに限る。）　海藻類　野菜　糖料作物　果実　麦芽　あわ　きび　ごま　そば（穀物）　とうもろこし（穀物）　ひえ　麦　籾米　もろこし

第３２類　ビール　清涼飲料　果実飲料　飲料用野菜ジュース　ビール製造用ホップエキス　乳清飲料

第３３類　清酒　焼酎　合同清酒　白酒　直し　みりん　洋酒　果実酒　酎ハイ　ビール風味の麦芽発泡酒　中国酒　薬味酒

２.「酒類の小売又は卸売の業務において行われる顧客に対する便益の提供」

このサービスには、日本酒やビールをはじめ、下記の［小売等役務関連商品］を取り扱う小売又は卸売の業務において行われる顧客に対する便益の提供が含まれます。

［小売等役務関連商品］

第３２類　ビール

第３３類　清酒　焼酎　合同清酒　白酒　直し　みりん　洋酒　果実酒　酎ハイ　ビール風味の麦芽発泡酒　中国酒　薬味酒

３.「食肉の小売又は卸売の業務において行われる顧客に対する便益の提供」

このサービスには、原則として未加工の牛肉や鶏肉等の食肉、及びその類似商品を取り扱う小売又は卸売の業務において行われる顧客に対する便益の提供が含まれます。

なお、「食肉」の解釈については、第２９類「食肉」の項を参照してください。

［小売等役務関連商品］

第２９類　食肉

４.「食用水産物の小売又は卸売の業務において行われる顧客に対する便益の提供」

このサービスには、食用魚介類や海草類、及びその類似商品を取り扱う小売又は卸売の業務において行われる顧客に対する便益の提供が含まれます。

［小売等役務関連商品］

第２９類　食用魚介類（生きているものを除く。）

第３１類　食用魚介類（生きているものに限る。）　海藻類

５.「野菜及び果実の小売又は卸売の業務において行われる顧客に対する便益の提供」

このサービスには、野菜や果実をはじめ、下記の［小売等役務関連商品］を取り扱う小売又は卸売の業務において行われる顧客に対する便益の提供が含まれます。

なお、「野菜」、「果実」の解釈については、第３１類「野菜」及び「果実」の項を参照してください。

［小売等役務関連商品］
「野菜の小売又は卸売の業務において行われる顧客に対する便益の提供」
第２９類　冷凍野菜
第３１類　野菜（「茶の葉」を除く。）
「果実の小売又は卸売の業務において行われる顧客に対する便益の提供」
第２９類　冷凍果実
第３１類　果実

６．「菓子及びパンの小売又は卸売の業務において行われる顧客に対する便益の提供」

このサービスには、菓子やパン、及びその類似商品を取り扱う小売又は卸売の業務において行われる顧客に対する便益の提供が含まれます。

［小売等役務関連商品］
「菓子の小売又は卸売の業務において行われる顧客に対する便益の提供」
第２９類　菓子（肉・魚・果物・野菜・豆類又はナッツを主原料とするものに限る。）
第３０類　菓子（肉・魚・果物・野菜・豆類又はナッツを主原料とするものを除く。）
「パンの小売又は卸売の業務において行われる顧客に対する便益の提供」
第３０類　パン

７．「米穀類の小売又は卸売の業務において行われる顧客に対する便益の提供」

このサービスには、米や麦をはじめ、下記の［小売等役務関連商品］を取り扱う小売又は卸売の業務において行われる顧客に対する便益の提供が含まれます。

［小売等役務関連商品］
第１類　工業用粉類
第２９類　豆
第３０類　米　脱穀済みのえん麦　脱穀済みの大麦　食用粉類
第３１類　あわ　きび　ごま　そば（穀物）　とうもろこし（穀物）　ひえ　麦　籾米　もろこし

８．「牛乳の小売又は卸売の業務において行われる顧客に対する便益の提供」

このサービスには、牛乳やチーズをはじめ、下記の［小売等役務関連商品］を取り扱う小売又は卸売の業務において行われる顧客に対する便益の提供が含まれます。

［小売等役務関連商品］
第５類　乳幼児用粉乳
第２９類　乳製品
第３０類　アイスクリームのもと　シャーベットのもと
第３２類　乳清飲料

９．「清涼飲料及び果実飲料の小売又は卸売の業務において行われる顧客に対する便益の提供」

このサービスには、清涼飲料や果実飲料、及びその類似商品を取り扱う小売又は卸売の業務において行われる顧客に対する便益の提供が含まれます。

なお、茶飲料、コーヒー飲料、ココア飲料の小売又は卸売の業務において行われる顧客に対する便益の提供については、このサービスに含まれず、本類「茶・コーヒー及びココアの小売又は卸売の業務において行われる顧客に対する便益の提供」に属します。

［小売等役務関連商品］
「清涼飲料の小売又は卸売の業務において行われる顧客に対する便益の提供」
第３２類　清涼飲料
「果実飲料の小売又は卸売の業務において行われる顧客に対する便益の提供」
第３２類　果実飲料

１０．「茶・コーヒー及びココアの小売又は卸売の業務において行われる顧客に対する便益の提供」

このサービスには、茶、紅茶、コーヒー、ココア、及びその類似商品を取り扱う小売又は卸売の業務において行われる顧客に対する便益の提供が含まれます。

［小売等役務関連商品］
「茶の小売又は卸売の業務において行われる顧客に対する便益の提供」
第３０類　茶
「コーヒーの小売又は卸売の業務において行われる顧客に対する便益の提供」
第３０類　コーヒー
「ココアの小売又は卸売の業務において行われる顧客に対する便益の提供」
第３０類　ココア

１１．「加工食料品の小売又は卸売の業務において行われる顧客に対する便益の提供」

このサービスには、肉製品・加工水産物・野菜・穀物の加工品等の加工食品をはじめ、下記の［小売等役務関連商品］を取り扱う小売又は卸売の業務において行われる顧客にする便益の提供が含まれます。

［小売等役務関連商品］
第5類　サプリメント　食餌療法用飲料　食餌療法用食品　乳幼児用飲料　乳幼児用食品
第２９類　肉製品　加工水産物　加工野菜及び加工果実　油揚げ　凍り豆腐　こんにゃく　豆乳　豆腐　納豆　加工卵　カレー・シチュー又はスープのもと　お茶漬けのり　ふりかけ　なめ物
第３０類　穀物の加工品　チョコレートスプレッド　ぎょうざ　しゅうまい　すし　たこ焼き　弁当　ラビオリ　イーストパウダー　こうじ　酵母　ベーキングパウダー　即席菓子のもと　パスタソース　食用酒かす
第３１類　麦芽

「自動車の小売又は卸売の業務において行われる顧客に対する便益の提供」（３５Ｋ０４）

このサービスには、自動車やその部品・附属品、及びその類似商品を取り扱う小売又は卸売の業務において行われる顧客に対する便益の提供が含まれます。

なお、自動車の動力機械器具（エンジン等）や機械要素の小売又は卸売の業務において行われる顧客に対する便益の提供は、このサービスに含まれません。

［小売等役務関連商品］
第9類　消防車
第１２類　自動車並びにその部品及び附属品

「二輪自動車の小売又は卸売の業務において行われる顧客に対する便益の提供　自転車の小売又は卸売の業務において行われる顧客に対する便益の提供」（３５Ｋ０５）

１.「二輪自動車の小売又は卸売の業務において行われる顧客に対する便益の提供」

このサービスには、オートバイやその部品・附属品、及びその類似商品を取り扱う小売又は卸売の業務において行われる顧客に対する便益の提供が含まれます。

なお、二輪自動車の動力機械器具（エンジン等）や機械要素の小売又は卸売の業務において行われる顧客に対する便益の提供は、このサービスに含まれません。

［小売等役務関連商品］

第１２類　二輪自動車並びにそれらの部品及び附属品

２.「自転車の小売又は卸売の業務において行われる顧客に対する便益の提供」

このサービスには、自転車やその部品・附属品、及びその類似商品を取り扱う小売又は卸売の業務において行われる顧客に対する便益の提供が含まれます。

［小売等役務関連商品］

第１２類　自転車並びにそれらの部品及び附属品

「家具の小売又は卸売の業務において行われる顧客に対する便益の提供　建具の小売又は卸売の業務において行われる顧客に対する便益の提供　畳類の小売又は卸売の業務において行われる顧客に対する便益の提供」（３５Ｋ０６）

１.「家具の小売又は卸売の業務において行われる顧客に対する便益の提供」

このサービスには、たんす類・机類・椅子類等の家具をはじめ、下記の［小売等役務関連商品］を取り扱う小売又は卸売の業務において行われる顧客に対する便益の提供が含まれます。

なお、「家具」の解釈については、第２０類「家具」の項を参照してください。

［小売等役務関連商品］

第６類　金庫

第１４類　宝石箱

第２０類　家具

２.「建具の小売又は卸売の業務において行われる顧客に対する便益の提供」

このサービスには、障子や戸等の建具、及びその類似商品を取り扱う小売又は卸売の業務において行われる顧客に対する便益の提供が含まれます。

［小売等役務関連商品］

第６類　金属製建具

第１９類　建具（金属製のものを除く。）

３.「畳類の小売又は卸売の業務において行われる顧客に対する便益の提供」

このサービスには、畳やござ等の畳類、及びその類似商品を取り扱う小売又は卸売の業務において行われる顧客に対する便益の提供が含まれます。

［小売等役務関連商品］

第２７類　畳類

「葬祭用具の小売又は卸売の業務において行われる顧客に対する便益の提供」（３５Ｋ０

７）

このサービスには、葬祭用具や墓標及び墓碑用銘板をはじめ、下記の［小売等役務関連商品］を取り扱う小売又は卸売の業務において行われる顧客に対する便益の提供が含まれます。

［小売等役務関連商品］

第６類　金属製の墓標及び墓碑用銘板

第１９類　墓標及び墓碑用銘板（金属製のものを除く。）

第２０類　葬祭用具

第２１類　香炉

第２４類　遺体覆い　経かたびら　黒白幕　紅白幕

第２６類　造花の花輪

第３１類　生花の花輪

「電気機械器具類の小売又は卸売の業務において行われる顧客に対する便益の提供」（３５Ｋ０８）

このサービスには、テレビジョン受信機、電気冷蔵庫、電子計算機、コンピュータプログラムをはじめ、下記の［小売等役務関連商品］を取り扱う小売又は卸売の業務において行われる顧客に対する便益の提供が含まれます。

なお、「デジタルカメラの小売又は卸売の業務において行われる顧客に対する便益の提供」は本類「写真機械器具及び写真材料の小売又は卸売の業務において行われる顧客に対する便益の提供」には含まれず、このサービスに属します。

一方、家庭用テレビゲーム機や家庭用テレビゲーム機用プログラムの小売又は卸売の業務において行われる顧客にする便益の提供については、このサービスに含まれず、本類「おもちゃ・人形及び娯楽用具の小売又は卸売の業務において行われる顧客に対する便益の提供」に属します。

［小売等役務関連商品］

第７類　起動器　交流電動機及び直流電動機（陸上の乗物用の交流電動機及び直流電動機（その部品を除く。）を除く。）　交流発電機　直流発電機　家庭用電気洗濯機　家庭用食器洗浄機　家庭用電気式ワックス磨き機　家庭用電気掃除機　電気ミキサー　電機ブラシ

第８類　電気アイロン　電気かみそり及び電気バリカン　ヘアアイロン

第９類　配電用又は制御用の機械器具　回転変流機　調相機　太陽電池　電池　電気磁測定器　電線及びケーブル　電気通信機械器具　携帯情報端末　電子応用機械器具及びその部品　磁心　抵抗線　電極

第１０類　家庭用超音波美顔器　家庭用電気マッサージ器

第１１類　電球類及び照明用器具　家庭用電熱用品類

第１２類　陸上の乗物用の交流電動機又は直流電動機（その部品を除く。）

第１７類　電気絶縁材料

第２１類　香炉　電気式歯ブラシ

第２６類　電気式ヘアカーラー

「手動利器・手動工具及び金具の小売又は卸売の業務において行われる顧客に対する便益の提供　台所用品・清掃用具及び洗濯用具の小売又は卸売の業務において行われる顧客に対する便益の提供」（３５Ｋ０９）

１．「手動利器・手動工具及び金具の小売又は卸売の業務において行われる顧客に対する便益の提供」

このサービスには、はさみ類や包丁類等の手動利器、ハンマーやスパナー等の手動工具、各種の金具をはじめ、下記の［小売等役務関連商品］を取り扱う小売又は卸売の業務において行われる顧客に対する便益の提供が含まれます。

なお、「手動利器」「手動工具」の解釈については、第８類「手動利器」及び「手動工具」を参照してください。

［小売等役務関連商品］

「手動利器の小売又は卸売の業務において行われる顧客に対する便益の提供」

第７類　ミシン針

第８類　手動利器

第２６類　針類（ミシン針を除く。）

「手動工具の小売又は卸売の業務において行われる顧客に対する便益の提供」

第３類　研磨紙　研磨布　研磨用砂　人造軽石　つや出し紙　つや出し布

第６類　かな床　はちの巣

第８類　手動工具

第１６類　装飾塗工用ブラシ

第２１類　おけ用ブラシ　金ブラシ　管用ブラシ　工業用はけ　船舶ブラシ

「金具の小売又は卸売の業務において行われる顧客に対する便益の提供」

第６類　金属製金具

第１１類　水道蛇口用座金　水道蛇口用ワッシャー

第１４類　キーホルダー

第１７類　ゴム製又はバルカンファイバー製の座金及びワッシャー

第１８類　蹄鉄

第２０類　カーテン金具　金属代用のプラスチック製締め金具　くぎ・くさび・ナット・ねじくぎ・びょう・ボルト・リベット及びキャスター（金属製のものを除く。）　座金及びワッシャー（金属製・ゴム製又はバルカンファイバー製のものを除く。）　錠（電気式又は金属製のものを除く。）

第２６類　かばん金具　がま口用留め具　被服用はとめ

２．「台所用品・清掃用具及び洗濯用具の小売又は卸売の業務において行われる顧客に対する便益の提供」

このサービスには、食器類、なべ類等の台所用品、清掃用具、洗濯用具をはじめ下記の［小売等役務関連商品］を取り扱う小売又は卸売の業務において行われる顧客に対する便益の提供が含まれます。

［小売等役務関連商品］

「台所用品の小売又は卸売の業務において行われる顧客に対する便益の提供」

第８類　エッグスライサー（電気式のものを除く。）　かつお節削り器　缶切　スプーン　チーズスライサー（電気式のものを除く。）　ピザカッター（電気式のものを除く。）　フォーク
第１１類　ガス湯沸かし器　家庭用加熱器（電気式のものを除く。）　家庭用調理台　家庭用流し台　家庭用浄水器（電気式のものを除く。）
第１６類　家庭用食品包装用フィルム
第２１類　鍋類　コーヒー沸かし（電気式のものを除く。）　鉄瓶　やかん　食器類　アイスボックス　氷冷蔵庫　米びつ　食品保存用ガラス瓶　水筒　魔法瓶　調理用具　アイスペール　角砂糖挟み　くるみ割り器　こしょう入れ　砂糖入れ　ざる　塩振り出し容器　しゃもじ　じょうご　ストロー　膳　栓抜（電気式のものを除く。）　卵立て　タルト取り分け用へら　ナプキンホルダー　ナプキンリング　鍋敷き　はし　はし箱　ひしゃく　ふるい　盆　ようじ　ようじ入れ
第２４類　織物製テーブルナプキン
「清掃用具及び洗濯用具の小売又は卸売の業務において行われる顧客に対する便益の提供」
第１６類　紙製ごみ収集用袋　プラスチック製ごみ収集用袋
第２１類　清掃用具及び洗濯用具
第２４類　ふきん

「薬剤及び医療補助品の小売又は卸売の業務において行われる顧客に対する便益の提供化粧品・歯磨き及びせっけん類の小売又は卸売の業務において行われる顧客に対する便益の提供」（３５Ｋ１０）

１．「薬剤及び医療補助品の小売又は卸売の業務において行われる顧客に対する便益の提供」

　このサービスには、薬剤や包帯、ばんそうこう等の医療補助品をはじめ、下記の［小売等役務関連商品］を取り扱う小売又は卸売の業務において行われる顧客に対する便益の提供が含まれます。
　なお、「薬剤」の解釈については、第５類「薬剤」の項を参照してください。
［小売等役務関連商品］
「薬剤の小売又は卸売の業務において行われる顧客に対する便益の提供」
第１類　植物成長調整剤類
第３類　口臭用消臭剤　動物用防臭剤
第５類　薬剤　医療用試験紙
「医療補助品の小売又は卸売の業務において行われる顧客に対する便益の提供」
第５類　医療用油紙　医療用接着テープ　オブラート　ガーゼ　カプセル　眼帯　耳帯　生理帯　生理用タンポン　生理用ナプキン　生理用パンティ　脱脂綿　ばんそうこう　包帯　包帯液　胸当てパッド　綿棒　歯科用材料
第８類　ピンセット
第９類　潜水用耳栓

第１０類　医療用指サック　衛生マスク　おしゃぶり　氷まくら　三角きん　支持包帯　手術用キャットガット　吸い飲み　スポイト　乳首　氷のう　氷のうつり　哺乳用具　魔法哺乳器　避妊用具　人工鼓膜用材料　補綴充てん用材料（歯科用のものを除く。）　水泳用耳栓　睡眠用耳栓　防音用耳栓
第２１類　デンタルフロス

２．「化粧品・歯磨き及びせっけん類の小売又は卸売の業務において行われる顧客に対する便益の提供」

このサービスには、化粧品や歯磨き、シャンプー・化粧せっけん等のせっけん類及びその類似商品を取り扱う小売又は卸売の業務において行われる顧客に対する便益の提供が含まれます。

なお、「化粧品」「歯磨き」及び「せっけん類」の解釈については、第３類「化粧品」「歯磨き」及び「せっけん類」の項を参照してください。

［小売等役務関連商品］
「化粧品の小売又は卸売の業務において行われる顧客に対する便益の提供」
第３類　化粧品
「歯磨きの小売又は卸売の業務において行われる顧客に対する便益の提供」
第３類　歯磨き
「せっけん類の小売又は卸売の業務において行われる顧客に対する便益の提供」
第３類　せっけん類

「農耕用品の小売又は卸売の業務において行われる顧客に対する便益の提供　花及び木の小売又は卸売の業務において行われる顧客に対する便益の提供」（３５Ｋ１１）

１．「農耕用品の小売又は卸売の業務において行われる顧客に対する便益の提供」

このサービスには、耕うん機械器具（手持工具に当たるものを除く。）等の農業用機械器具や肥料、飼料をはじめ、下記の［小売等役務関連商品］を取り扱う小売又は卸売の業務において行われる顧客に対する便益の提供が含まれます。

［小売等役務関連商品］
第１類　肥料
第５類　栄養補助用飼料添加物（薬剤に属するものを除く。）
第６類　金属製養鶏用かご
第７類　耕うん機械器具（手持工具に当たるものを除く。）　栽培機械器具　収穫機械器具　植物粗製繊維加工機械器具　飼料圧搾機　飼料裁断機　飼料配合機　飼料粉砕機　牛乳ろ過器　搾乳機　育雛器　ふ卵器　蚕種製造用又は養蚕用の機械器具
第８類　くわ　鋤　レーキ（手持工具に当たるものに限る。）
第９類　検卵器
第１１類　収穫物乾燥機　飼料乾燥装置
第１９類　養鶏用かご（金属製のものを除く。）
第２０類　養蜂用巣箱
第２１類　かいばおけ　家きん用リング
第３１類　飼料　種子類　木　草　芝　ドライフラワー　苗　苗木　花　牧草　盆栽

２．「花及び木の小売又は卸売の業務において行われる顧客に対する便益の提供」

このサービスには、花や木、苗木、盆栽をはじめ、下記の［小売等役務関連商品］を取り扱う小売又は卸売の業務において行われる顧客に対する便益の提供が含まれます。

［小売等役務関連商品］

第３１類　木　草　芝　ドライフラワー　苗　苗木　花　牧草　盆栽

「燃料の小売又は卸売の業務において行われる顧客に対する便益の提供」（３５Ｋ１２）

このサービスには、ガソリンや軽油等の液体燃料やガス等の気体燃料、石炭等の固体燃料、及びその類似商品を取り扱う小売又は卸売の業務において行われる顧客に対する便益の提供が含まれます。

なお、「燃料」の解釈については、第４類「燃料」の項を参照してください。

［小売等役務関連商品］

第４類　固体燃料　液体燃料　気体燃料

「印刷物の小売又は卸売の業務において行われる顧客に対する便益の提供　紙類及び文房具類の小売又は卸売の業務において行われる顧客に対する便益の提供」（３５Ｋ１３）

１．「印刷物の小売又は卸売の業務において行われる顧客に対する便益の提供」

このサービスには、書籍や雑誌等の印刷物及びその類似商品を取り扱う小売又は卸売の業務において行われる顧客に対する便益の提供が含まれます。

なお、「印刷物」の解釈については、第１６類「印刷物」の項を参照してください。

［小売等役務関連商品］

第１６類　印刷物

２．「紙類及び文房具類の小売又は卸売の業務において行われる顧客に対する便益の提供」

このサービスには、紙類や文房具類をはじめ、下記の［小売等役務関連商品］を取り扱う小売又は卸売の業務において行われる顧客に対する便益の提供が含まれます。

なお、「紙類」及び「文房具類」の解釈については、第１６類「紙類」及び「文房類」の項を参照してください。

［小売等役務関連商品］

「紙類の小売又は卸売の業務において行われる顧客に対する便益の提供」

第１類　試験紙（医療用のものを除く。）

第５類　防虫紙

第１６類　紙類

第１７類　コンデンサーペーパー　バルカンファイバー

第２７類　壁紙

「文房具類の小売又は卸売の業務において行われる顧客に対する便益の提供」

第２類　謄写版用インキ　絵の具

第８類　パレットナイフ

第１６類　文房具類

第１７類　接着テープ（医療用・事務用又は家庭用のものを除く。）

「運動具の小売又は卸売の業務において行われる顧客に対する便益の提供　おもちゃ・人形及び娯楽用具の小売又は卸売の業務において行われる顧客に対する便益の提供」（３５Ｋ１４）

１．「運動具の小売又は卸売の業務において行われる顧客に対する便益の提供」

　このサービスには、運動用具、運動用特殊衣服、運動用特殊靴をはじめ、下記の［小売等役務関連商品］を取り扱う小売又は卸売の業務において行われる顧客に対する便益の提供が含まれます。

［小売等役務関連商品］

第６類　拍車　アイゼン　カラビナ　ハーケン

第８類　ピッケル　水中ナイフ　水中ナイフ保持具

第９類　運動用保護ヘルメット　ホイッスル　ウエイトベルト　エアタンク　シュノーケル　レギュレーター　水上スポーツ用特殊衣服

第１３類　スターターピストル　水中銃（運動用具）

第１８類　乗馬用具

第２１類　コッフェル

第２２類　ザイル　登山用又はキャンプ用のテント　ウインドサーフィン用のセイル

第２４類　スリーピングバッグ

第２５類　運動用特殊靴　運動用特殊衣服（「水上スポーツ用特殊衣服」を除く。）

第２７類　体操用マット

第２８類　運動用具

２．「おもちゃ・人形及び娯楽用具の小売又は卸売の業務において行われる顧客に対する便益の提供」

　このサービスには、おもちゃ、家庭用テレビゲーム機、人形やマージャン用具、トランプ等の娯楽用具をはじめ、下記の［小売等役務関連商品］を取り扱う小売又は卸売の業務において行われる顧客に対する便益の提供が含まれます。

　なお、家庭用テレビゲーム機用プログラム（ゲームソフト等）の小売又は卸売の業務において行われる顧客に対する便益の提供は、このサービスに属します。

　また、遊園地やアミューズメントセンター等に設置される遊園地用機械器具や、業務用テレビゲーム機の小売又は卸売の業務において行われる顧客に対する便益の提供はこのサービスに含まれません。

　「おもちゃ」及び「人形」の解釈については、第２８類「おもちゃ」及び「人形」の項を参照してください。

［小売等役務関連商品］

「おもちゃ・人形の小売又は卸売の業務において行われる顧客に対する便益の提供」

第９類　家庭用テレビゲーム機用プログラム　携帯用液晶画面ゲーム機用のプログラムを記憶させた電子回路及びＣＤ－ＲＯＭ

第１６類　いろがみ　写し絵　折り紙　切り抜き　千代紙　ぬり絵

第２０類　揺りかご　幼児用歩行器

第２８類　おもちゃ　人形

「娯楽用具の小売又は卸売の業務において行われる顧客に対する便益の提供」

第９類　スロットマシン用プログラム　ぱちんこ器具用プログラム
第２４類　ビリヤードクロス
第２８類　囲碁用具　将棋用具　歌がるた　さいころ　すごろく　ダイスカップ　ダイヤモンドゲーム　チェス用具　チェッカー用具　手品用具　ドミノ用具　トランプ　花札　マージャン用具　遊戯用器具　ビリヤード用具

「楽器及びレコードの小売又は卸売の業務において行われる顧客に対する便益の提供」（３５Ｋ１５）

このサービスには、楽器やレコードをはじめ、下記の［小売等役務関連商品］を取り扱う小売又は卸売の業務において行われる顧客に対する便益の提供が含まれます。

なお、「楽器」の解釈については、第１５類「楽器」の項を参照してください。

［小売等役務関連商品］
「楽器の小売又は卸売の業務において行われる顧客に対する便益の提供」
第９類　メトロノーム　電子楽器用自動演奏プログラムを記憶させた電子回路及びＣＤ－ＲＯＭ　楽器用エフェクター
第１５類　楽器　楽譜台　指揮棒　音さ
「レコードの小売又は卸売の業務において行われる顧客に対する便益の提供」
第９類　レコード　インターネットを利用して受信し及び保存することができる音楽ファイル　インターネットを利用して受信し及び保存することができる画像ファイル　録画済みビデオディスク及びビデオテープ

「写真機械器具及び写真材料の小売又は卸売の業務において行われる顧客に対する便益の提供」（３５Ｋ１６）

このサービスには、写真機械器具や写真材料をはじめ、下記の［小売等役務関連商品］を取り扱う小売又は卸売の業務において行われる顧客に対する便益の提供が含まれます。

なお、「デジタルカメラの小売又は卸売の業務において行われる顧客に対する便益の提供」については、このサービスに含まれず、本類「電気機械器具類の小売又は卸売の業務において行われる顧客に対する便益の提供」に属します。

「写真機械器具」及び「写真材料」の解釈については、それぞれ第９類「写真機械具」、第１類「写真材料」の項を参照してください。

［小売等役務関連商品］
「写真機械器具の小売又は卸売の業務において行われる顧客に対する便益の提供」
第９類　写真機械器具　映画機械器具　光学機械器具
「写真材料の小売又は卸売の業務において行われる顧客に対する便益の提供」
第１類　写真材料

「時計及び眼鏡の小売又は卸売の業務において行われる顧客に対する便益の提供」（３５Ｋ１７）

このサービスには、時計や眼鏡をはじめ、下記の［小売等役務関連商品］を取り扱う小売又は卸売の業務において行われる顧客に対する便益の提供が含まれます。

なお、「時計」及び「眼鏡」については、それぞれ第１４類「時計」、第９類「眼鏡」の項を参照してください。

［小売等役務関連商品］
「時計の小売又は卸売の業務において行われる顧客に対する便益の提供」
第１４類　時計
「眼鏡の小売又は卸売の業務において行われる顧客に対する便益の提供」
第９類　眼鏡

「たばこ及び喫煙用具の小売又は卸売の業務において行われる顧客に対する便益の提供」（３５Ｋ１８）

このサービスには、たばこや喫煙用具、及びその類似商品を取り扱う小売又は卸売の業務において行われる顧客に対する便益の提供が含まれます。

［小売等役務関連商品］
「たばこの小売又は卸売の業務において行われる顧客に対する便益の提供」
第３４類　たばこ　電子たばこ
「喫煙用具の小売又は卸売の業務において行われる顧客に対する便益の提供」
第３４類　電子たばこ　喫煙用具

「建築材料の小売又は卸売の業務において行われる顧客に対する便益の提供」（３５Ｋ１９）

このサービスには、各種の建築又は構築用の専用材料をはじめ、下記の［小売等役務関連商品］を取り扱う小売又は卸売の業務において行われる顧客に対する便益の提供が含まれます。

なお、「建築用又は構築用の専用材料」の解釈については、第６類「建築用又は構築用の金属製専用材料」及び第１９類「陶磁製建築専用材料」「ゴム製の建築用又は構築用の専用材料」等の項を参照してください。

［小売等役務関連商品］
第６類　建築用又は構築用の金属製専用材料　金属製建造物組立てセット
第１１類　便所ユニット　浴室ユニット
第１９類　建築用又は構築用の非金属鉱物　陶磁製建築専用材料・れんが及び耐火物　リノリウム製建築専用材料　プラスチック製建築専用材料　合成建築専用材料　アスファルト及びアスファルト製の建築用又は構築用の専用材料　ゴム製の建築用又は構築用の専用材料　しっくい　石灰製の建築用又は構築用の専用材料　石こう製の建築用又は構築用の専用材料　旗掲揚柱（金属製のものを除く。）　建造物組立てセット（金属製のものを除く。）　土砂崩壊防止用植生板　窓口風防通話板　区画表示帯　セメント及びその製品　木材　石材　建築用ガラス
第２１類　ガラス基礎製品（建築用のものを除く。）
第２２類　落石防止網（金属製のものを除く。）

「宝玉及びその模造品の小売又は卸売の業務において行われる顧客に対する便益の提供」（３５Ｋ２０）

　このサービスには、天然原石を彫刻、研磨した宝玉そのものと、これら宝玉を模造した商品、及びその類似商品を取り扱う小売又は卸売の業務において行われる顧客に対する便益の提供が含まれます。

　なお、ネックレスやブレスレット等の身飾品の小売又は卸売の業務において行われる顧客に対する便益の提供については、このサービスには含まれず、本類「身の回り品の小売又は卸売の業務において行われる顧客に対する便益の提供」に属します。

［小売等役務関連商品］

第１４類　宝玉及びその模造品

「ペットの小売又は卸売の業務において行われる顧客に対する便益の提供」（３５Ｋ２１）

　このサービスには、生きている獣類や魚類、鳥類、昆虫類をはじめ、下記の［小売等役務関連商品］を取り扱う小売又は卸売の業務において行われる顧客に対する便益の提供が含まれます。

　なお、ペットフードの小売又は卸売の業務において行われる顧客に対する便益の提供については、このサービスには含まれず、動物の飼育に使用される飼料を取り扱う本類「農耕用品の小売又は卸売の業務において行われる顧客に対する便益の提供」に属します。

［小売等役務関連商品］

第３１類　獣類・魚類（食用のものを除く。）・鳥類及び昆虫類（生きているものに限る。）

第３６類　金融、保険及び不動産の取引

【類見出し】
金融・財務及び銀行サービス；
保険サービス；
不動産業務.

【注釈】
第３６類には、主として、銀行業務及びその他の金融又は財務取引、財務評価、並びに保険及び不動産活動を含む。

この類には、特に、次のサービスを含む：
金融又は財務取引及び支払の代行サービス、例えば、両替、電子的な資金の振替、クレジットカード及びデビットカード利用者に代わってする支払代金の決済、旅行者用小切手の発行；
財務管理、金融又は財務に関する調査；
金融評価、例えば、宝石、美術品の評価、建物又は土地の鑑定評価、修繕額の査定；
小切手の検証；
資金の貸付け及び信用貸しサービス、例えば、資金の貸付け、クレジットカード利用者に代わってする支払代金の清算、分割払い購入資金の貸付け又は賃借り満期購入方式の金融；
インターネットを介して行う事業プロジェクトの資金調達を目的とする出資・融資の募集・仲介・取次（クラウドファンディング）；
有価証券・貴金属その他の物品の保護預かり；
財政保証；
土地・建物の売買又は貸借の代理又は媒介、土地・建物の管理、アパートの貸与、賃貸料の徴収の代行；
保険の引受け、保険数理；
仲介サービス、例えば、有価証券の売買の媒介・取次ぎ又は代理、保険契約の締結の仲介、建物・土地の売買又は貸借の代理又は媒介、カーボンクレジットに関する取引の代理又は媒介、質屋による資金の貸付.

この類には、特に、次のサービスを含まない：
商取引及び財務記録に関する管理サービス、例えば、簿記、財務書類の作成、会計監査及び業務監査並びに財務会計監査、事業の評価、税務書類の作成及び納税申告に関する役務の提供（第 35 類）；
スポンサー探し、スポーツイベントの後援を通じて行う商品及び役務の販売促進・提供促進のための企画及びその実行の代理（第 35 類）；
現金自動預払機への現金補充（第 39 類）；

貨物の輸送の媒介又は取次ぎ、輸送の媒介又は取次ぎ（第 39 類）；
羊毛及び立木の品質評価（第 42 類）.

【解説】

「預金の受入れ（債券の発行により代える場合を含む。）及び定期積金の受入れ　資金の貸付け及び手形の割引　内国為替取引　債務の保証及び手形の引受け　有価証券の貸付け　金銭債権の取得及び譲渡　有価証券・貴金属その他の物品の保護預かり　両替　金融先物取引の受託　金銭・有価証券・金銭債権・動産・土地若しくはその定着物又は地上権若しくは土地の賃借権の信託の引受け　債券の募集の受託　外国為替取引　信用状に関する業務　信用購入あっせん　暗号資産の管理　暗号資産の売買又は他の暗号資産との交換　暗号資産の売買又は他の暗号資産との交換の媒介・取次ぎ又は代理」（３６Ａ０１）

１.「預金の受入れ（債券の発行により代える場合を含む。）及び定期積金の受入れ」

債券の発行により代える場合とは、割引金融債の発行又は利付金融債の発行のように、預金の受入れに代えて債券を発行する場合をいいます。

２.「有価証券・貴金属その他の物品の保護預かり」

このサービスは、銀行法でいう保護預かりです。

なお、「寄託を受けた物品の倉庫における保管」「他人の携帯品の一時預かり」「配達物の一時預かり」は第３９類に属します。

３.「暗号資産の管理　暗号資産の売買又は他の暗号資産との交換　暗号資産の売買又は他の暗号資産との交換の媒介・取次ぎ又は代理」

これらのサービスは、資金決済に関する法律（平成２１年法律第５９号）に規定する「暗号資産」に関するサービスが該当します。

なお、「暗号資産の発行」は、そのサービス自体が独立して市場において取引の対象にはならないと考えられるため、サービスの表示として採択することはできません。

「前払式支払手段の発行」（３６Ａ０２）

このサービスは、商品券やカタログギフト券、磁気型やＩＣ型のプリペイドカード等の前払式支払手段を発行するサービスが該当します。

なお、商品販売店やサービスの提供者が、自らの店舗のみで利用できる前払式支払手段は、他人のためではなく自らのために行うものであるため、この役務に該当しないと考えられますが、複数の他人の店舗で利用できる前払式支払手段を発行する場合は、このサービスにあたります。

「ガス料金又は電気料金の徴収の代行　商品代金の徴収の代行」（３６Ａ０３）

これらのサービスは、特定（多数）の契約による集金の代行のほか、金融機関、コンビニエンスストア等による料金の収納の代行等が該当します。

なお、「債権の回収の代行」は、本類（３６Ａ０１）に属します。

「有価証券の売買　有価証券指数等先物取引　有価証券オプション取引　外国市場証券

先物取引　有価証券の売買・有価証券指数等先物取引・有価証券オプション取引及び外国市場証券先物取引の媒介・取次ぎ又は代理　有価証券市場における有価証券の売買取引・有価証券指数等先物取引及び有価証券オプション取引の委託の媒介・取次ぎ又は代理　外国有価証券市場における有価証券の売買取引及び外国市場証券先物取引の委託の媒介・取次ぎ又は代理　有価証券先渡取引・有価証券店頭指数等先渡取引・有価証券店頭オプション取引若しくは有価証券店頭指数等スワップ取引又はこれらの取引の媒介・取次ぎ若しくは代理　有価証券等清算取次ぎ　有価証券の引受け　有価証券の売出し　有価証券の募集又は売出しの取扱い　株式市況に関する情報の提供」（３６Ｂ０１）

これらのサービスは、主として証券取引所や証券会社等によって提供されるものです。

「商品市場における先物取引の受託」（３６Ｂ０２）

このサービスは、商品先物取引市場における商品取引が対象となり、現物の商品取引は該当しません。

「生命保険契約の締結の媒介　生命保険の引受け　損害保険契約の締結の代理　損害保険に係る損害の査定　損害保険の引受け　保険料率の算出」（３６Ｃ０１）

これらのサービスは、主として生命保険会社や損害保険会社等によって提供されるものです。

なお、「社会保険に関する手続の代理」は、第４５類に属します。

「建物の管理　建物の貸借の代理又は媒介　建物の貸与　建物の売買　建物の売買の代理又は媒介　建物又は土地の鑑定評価　建物又は土地の情報の提供　土地の管理　土地の貸借の代理又は媒介　土地の貸与　土地の売買　土地の売買の代理又は媒介」（３６Ｄ０１）

これらのサービスは、主として不動産の売買、貸借、管理又は不動産の売買、貸借の代理若しくは媒介を例示したものです。

なお、不動産に関するサービスであっても、例えば、保管のための空間と設備の貸与は第３９類であるため、「倉庫の提供」「駐車場の提供」は第３９類に、一時的な施設の貸与は第４３類であるため「会議室の貸与　展示施設の貸与」は第４３類に属します。

また、「建物の売買　土地の売買」は、建物の建築施工又は土地の造成をした者がその建物又は土地を譲渡（例えば、自ら建築施工した住宅の建売）するサービスを含みます。

「骨董品の評価　美術品の評価　宝玉の評価」（３６Ｆ０１）

これらのサービスは、骨董品、美術品、宝玉の経済価値を判定し、その結果を価格に表示するような金融目的を持つものが該当します。

なお、美術品の真偽等を見分ける「美術品の鑑定」のサービスは、第４２類に属します。

「中古自動車の評価」（３６Ｆ０２）

このサービスは、中古自動車の価格を決めるサービスが該当し、中古自動車の売買を行うものではありません。

なお、中古自動車に関するサービスについて、このサービスとは類似群が異なりますが、「中古車の売買の媒介・取次ぎ又は代理」も本類に属します。

参照：役務のアルファベット順一覧表
第３６類「car broker services」（中古車の売買の媒介・取次ぎ又は代理　３５Ｂ０１）

「企業の信用に関する調査」（３６Ｈ０１）

「企業の信用」とは、企業の財務状態を指し、このサービスは、取引上必要な企業の経営、業務、財産状態等に関する信用の調査が該当します。

また、個人の資産などの財政・金融に関する信用調査である「個人の金融の信用に関する調査」も、このサービスに類似するものとして本類に属します。

なお、個人を対象とした経歴、人物の調査及び追跡調査に当たる「個人の身元又は行動に関する調査」は第４５類に属します。

「税務相談　税務代理」（３６Ｊ０１）

これらのサービスは、主として税理士が行うものが該当します。

また、「税務書類の作成」の表示は第３５類に属します。

「慈善のための募金」（３６Ｋ０１）

このサービスは、主として募金の事業の運営を行うものが該当します。

「紙幣・硬貨計算機の貸与　現金支払機の貸与　現金自動預け払い機の貸与」（３６Ｍ０１）

これらのサービスは、金融業で使用する機器の貸与が該当します。

第３７類　建設、設置工事及び修理

【類見出し】
建設工事サービス；
取付け及び修理サービス；
採鉱、石油及びガスの掘削.

【注釈】
第３７類には、主として、建設工事の分野におけるサービス及び物品の原状への修復又はその物理的若しくは化学的な性質を変えない保存に係るサービスを含む。

この類には、特に、次のサービスを含む：
建築物、道路、橋、ダム又は送電線の建設及び取壊し並びに建設工事の分野におけるサービス、例えば、屋内及び屋外の塗装、左官工事、配管工事、暖房設備工事及び屋根工事；
船舶の建造；
建設用の工具、機械及び器具の貸与、例えば、ブルドーザーの貸与、クレーンの貸与；
各種の修理サービス、例えば、電気、コンピュータハードウェア、家具、器具、工具の分野における修理サービス；
各種の修理サービス、例えば、建築物の修理、家具の修理、美術品の修復；
物品の性質を変えずに原状のまま保存するための保守サービス、例えば、家具の保守、乗物の整備、スイミングプールの保守，及びコンピュータハードウェアの保守；
様々な物品、例えば、窓及び乗物の洗浄、被服のクリーニング並びに被服の洗濯及びプレス.

この類には、特に、次のサービスを含まない：
物品の物理的な保管（第 39 類）；
物品又は物質の本質的性質を変える工程を伴う変形、例えば、布地の裁断、染色、耐火加工（第 40 類）、金属の鋳造、めっき、加工（第 40 類）、裁縫、洋服の仕立て、刺しゅう（第 40 類）、食品及び飲料の保存加工（第 40 類）；
コンピュータソフトウェアのインストール、保守、バージョンアップ（第 42 類）、ウェブサイトの作成及びホスティング（第 42 類）；
建築物に関する設計及び建築物の設計（第 42 類）.

【解説】
「建設工事」（３７Ａ０１）
　このサービスは、建設業法第２条第１項の別表の上欄に掲げられた「建設工事」を参考にして、日本標準産業分類順に従って、総合工事、職別工事、設備工事に区分けしたものです。

「建築一式工事　土木一式工事」は、総合的な企画、指導、調整のもとに建築物又は土木工作物を建設する工事です。

なお、「庭園又は花壇の手入れ」「庭園樹の植樹」は第４４類に属します。

「建設工事に関する助言」（３７Ａ０２）

このサービスは、建設工事に関する助言を行うサービスが該当し、「建築一式工事の指導」「工事監理」「土木一式工事の助言」等のサービスもこれに類似するサービスとして本類に該当します。

「建築設備の運転・点検・整備」（３７Ａ０３）

建築設備とは、建築物に設ける電気、ガス、給水、排気、換気、暖房、冷房、消火、排煙若しくは汚物処理の設備又は昇降機等をいいます。

「船舶の建造　船舶の修理又は整備」（３７Ｂ０１）

「船舶の建造」とは、注文を受けて、主に、海洋を航海する大型の船舶を建造するサービスです。

なお、船舶を量産して販売する場合は第１２類「船舶」に属し、また、量産して販売するボート等の船舶（大型船舶を除く。）を受託により製造する場合は第４０類「受託による船舶の製造」に属します。

参照：役務のアルファベット順一覧表

第４０類「custom manufacturing of boats」（受託によるボートの製造　４０Ｈ９９）

＜乗物（船舶を除く）の修理又は整備に関する役務＞

「航空機の修理又は整備」（３７Ｃ０１）

「自転車の修理」（３７Ｃ０２）

「自動車の修理又は整備」（３７Ｃ０３）

「鉄道車両の修理又は整備」（３７Ｃ０４）

「二輪自動車の修理又は整備」（３７Ｃ０５）

＜機械器具の修理又は保守に関する役務＞

「映画機械器具の修理又は保守　光学機械器具の修理又は保守　写真機械器具の修理又は保守」（３７Ｄ０１）

「荷役機械器具の修理又は保守」（３７Ｄ０２）

「火災報知器の修理又は保守」（３７Ｄ０３）

「事務用機械器具の修理又は保守」（３７Ｄ０４）

「業務用暖冷房装置の修理又は保守　バーナーの修理又は保守　ボイラーの修理又は保守　ポンプの修理又は保守　業務用冷凍機械器具の修理又は保守」（３７Ｄ０５）

「電子応用機械器具の修理又は保守」（３７Ｄ０６）

このサービスは、コンピュータハードウェアの修理又は保守が該当します。

なお、電気計算機のプログラムの保守は、第４２類に属します。

「電気通信機械器具の修理又は保守」（３７Ｄ０７,３７Ｄ０９,３７Ｄ１０）

１．「電話機械器具の修理又は保守」（３７Ｄ０７）

２．「ラジオ受信機又はテレビジョン受信機の修理」（３７Ｄ０９）

３．「電気通信機械器具（「電話機械器具・ラジオ受信機及びテレビジョン受信機」を除く。）の修理又は保守」（３７Ｄ１０）

「土木機械器具の修理又は保守」（３７Ｄ０８）

「民生用電気機械器具の修理又は保守」（３７Ｄ１１）

「照明用器具の修理又は保守」（３７Ｄ１２）

「電動機の修理又は保守　配電用又は制御用の機械器具の修理又は保守　発電機の修理又は保守」（３７Ｄ１３）

「理化学機械器具の修理又は保守」（３７Ｄ１４）

「測定機械器具の修理又は保守」（３７Ｄ１５）

「医療用機械器具の修理又は保守」（３７Ｄ１６）

「銃砲の修理又は保守」（３７Ｄ１７）

「印刷用又は製本用の機械器具の修理又は保守」（３７Ｄ１８）

「化学機械器具の修理又は保守」（３７Ｄ１９）

「ガラス器製造機械の修理又は保守」（３７Ｄ２０）

「漁業用機械器具の修理又は保守」（３７Ｄ２１）

「金属加工機械器具の修理又は保守」（３７Ｄ２２）

「靴製造機械の修理又は保守」（３７Ｄ２３）

「工業用炉の修理又は保守」（３７Ｄ２４）

「鉱山機械器具の修理又は保守」（３７Ｄ２５）

「ゴム製品製造機械器具の修理又は保守」（３７Ｄ２６）

「集積回路製造装置の修理又は保守　半導体製造装置の修理又は保守」（３７Ｄ２７）

「食料加工用又は飲料加工用の機械器具の修理又は保守」（３７Ｄ２８）

「製材用・木工用又は合板用の機械器具の修理又は保守」（３７Ｄ２９）

「繊維機械器具の修理又は保守」（３７Ｄ３０）

「たばこ製造機械の修理又は保守」（３７Ｄ３１）

「塗装機械器具の修理又は保守」（３７Ｄ３２）

「農業用機械器具の修理又は保守」（３７Ｄ３３,３７Ｄ３４,３７Ｄ３５,３７Ｄ３６）

１．「耕うん機械器具（手持工具に当たるものを除く。）の修理又は保守　栽培機械器具の修理又は保守　収穫機械器具の修理又は保守　植物粗製繊維加工機械器具の修理又は保守　飼料圧搾機の修理又は保守　飼料裁断機の修理又は保守　飼料配合機の修理又は保守　飼料粉砕機の修理又は保守」（３７Ｄ３３）

２．「牛乳ろ過器の修理又は保守　搾乳機の修理又は保守」（３７Ｄ３４）

３．「育雛器の修理又は保守　ふ卵器の修理又は保守」（３７Ｄ３５）

４．「蚕種製造用又は養蚕用の機械器具の修理又は保守」（３７Ｄ３６）

「パルプ製造用・製紙用又は紙工用の機械器具の修理又は保守」（３７Ｄ３７）

「プラスチック加工機械器具の修理又は保守」（３７Ｄ３８）

「包装用機械器具の修理又は保守」（３７Ｄ３９）

「ミシンの修理又は保守」（３７Ｄ４０）
「貯蔵槽類の修理又は保守」（３７Ｄ４１）
「ガソリンステーション用装置の修理又は保守」（３７Ｄ４２）
「機械式駐車装置の修理又は保守　自転車駐輪器具の修理又は保守」（３７Ｄ４３）
「業務用加熱調理機械器具の修理又は保守　業務用食器洗浄機の修理又は保守」（３７Ｄ４４）
「業務用電気洗濯機の修理又は保守」（３７Ｄ４５）
「乗物用洗浄機の修理又は保守」（３７Ｄ４６）
「自動販売機の修理又は保守」（３７Ｄ４７）
「動力付床洗浄機の修理又は保守」（３７Ｄ４８）
「遊園地用機械器具の修理又は保守」（３７Ｄ４９）
「美容院用又は理髪店用の機械器具の修理又は保守」（３７Ｄ５０）
「水質汚濁防止装置の修理又は保守」（３７Ｄ５１）
「業務用浄水装置の修理又は保守」（３７Ｄ５２）
「業務用廃棄物圧縮装置の修理又は保守　業務用廃棄物破砕装置の修理又は保守」（３７Ｄ５３）
「潜水用機械器具の修理又は保守」（３７Ｄ５４）
「化学プラントの修理又は保守　原子力発電プラントの修理又は保守」（３７Ｄ５５）
「３Ｄプリンターの修理又は保守」（３７Ｄ５６）

＜家具、雑貨及び日用品等の修理又は保守に関する役務＞
「家具の修理」（３７Ｅ０１）
「傘の修理」（３７Ｅ０２）
「楽器の修理又は保守」（３７Ｅ０３）
「金庫の修理又は保守」（３７Ｅ０４）
「靴の修理」（３７Ｅ０５）
「時計の修理又は保守」（３７Ｅ０６）
「はさみ研ぎ及びほうちょう研ぎ」（３７Ｅ０７）
「錠前の取付け又は修理」（３７Ｅ０８）
「ガス湯沸かし器の修理又は保守　家庭用加熱器（電気式のものを除く。）の修理又は保守　鍋類の修理又は修理」（３７Ｅ０９）
「看板の修理又は保守」（３７Ｅ１０）
「かばん類又は袋物の修理」（３７Ｅ１１）
「身飾品の修理」（３７Ｅ１２）
「おもちゃ又は人形の修理」（３７Ｅ１３）
「運動用具の修理」（３７Ｅ１４）
「ビリヤード用具の修理　遊戯用器具の修理」（３７Ｅ１５）
「浴槽類の修理又は保守」（３７Ｅ１６）
「洗浄機能付き便座の修理」（３７Ｅ１７）
「釣り具の修理」（３７Ｅ１８）

「眼鏡の修理」（３７Ｅ１９）

<毛皮製品、被服等の洗濯又は修理、布団綿の打直し及び畳類の修理に関する役務>

「毛皮製品の手入れ又は修理」（３７Ｆ０１）

「洗濯　被服のプレス」（３７Ｆ０２）

「洗濯」は、委託された洗濯物（衣類その他の繊維製品又は皮革製品）を溶剤又は洗剤を使用して原形のまま洗濯するサービスです。

「被服のプレス」は、洗濯の一工程として行われる被服のプレスではなく、独立して提供される被服のプレスです。

なお、「耐久プレス加工」は第４０類「布地・被服又は毛皮の加工処理（乾燥処理を含む。）」に属します。

「被服の修理」（３７Ｆ０３）

「被服の修理」は、被服が消耗、損傷、劣化又は部分的破損をした場合において、これを良好な状態に戻すサービス（例えば、被服のかけはぎ）です。

なお、被服を変形させ又は被服の本質的性質を変化させるサービス（例えば、被服の仕立直し）は第４０類に属します。

「布団綿の打直し」（３７Ｆ０４）

「畳類の修理」（３７Ｆ０５）

<清掃に関する役務>

「煙突の清掃」（３７Ｇ０１）

「建築物の外壁の清掃　窓の清掃　床敷物の清掃　床磨き」（３７Ｇ０２）

「し尿処理槽の清掃」（３７Ｇ０３）

「浴槽又は浴槽がまの清掃」（３７Ｇ０４）

「道路の清掃」（３７Ｇ０５）

「貯蔵槽類の清掃」（３７Ｇ０７）

<消毒等に関する役務>

「電話機の消毒」（３７Ｈ０１）

「有害動物の防除（農業・水産養殖業・園芸又は林業に関するものを除く。）」（３７Ｈ０２）

有害動物の駆除のうち、農業・水産養殖業・園芸又は林業に関するもの以外のサービスが本類に属し、農業・水産養殖業・園芸又は林業に関するサービスは第４４類に属します。

「医療用機械器具の殺菌・滅菌」（３７Ｈ０３）

<本類に属する貸与の役務>

「土木機械器具の貸与」（３７Ｊ０１）

「床洗浄機の貸与　モップの貸与」（３７Ｊ０２）

「洗車機の貸与」（３７Ｊ０３）

「衣類乾燥機の貸与　衣類脱水機の貸与　電気洗濯機の貸与」（３７Ｊ０４）
「鉱山機械器具の貸与」（４２Ｘ１６）
「排水用ポンプの貸与」（４２Ｘ２０）
「業務用食器乾燥機の貸与　業務用食器洗浄機の貸与」（４２Ｘ２４）

参照：役務のアルファベット順一覧表
第３７類「sanitizing of upholstery」（室内装飾品の消毒　３７Ｈ０２　３７Ｈ９９）
第３７類「deodorizing of upholstery」（室内装飾品の脱臭　３７Ｃ０１　３７Ｃ０２　３７Ｃ０３　３７Ｃ０４　３７Ｃ０５　３７Ｅ０１　３７Ｆ９９　３７Ｇ０２　３７Ｈ０２　３７Ｈ９９）
第３７類「rental of battery chargers」（バッテリーチャージャーの貸与　３８Ｄ０１　４２Ｘ１１　４２Ｘ１３）
第３７類「rental of dishwashing machines」（食器洗浄機の貸与　４２Ｘ１３　４２Ｘ２４）
第３７類「rental of dish drying machines」（食器乾燥機の貸与　４２Ｘ１３　４２Ｘ２４）

第３８類　電気通信

【類見出し】
電気通信サービス.

【注釈】
第３８類には、主として、少なくとも一の当事者が他方と通信することを可能にするサービス、及び放送及びデータの伝送のためのサービスを含む。

この類には、特に、次のサービスを含む：
デジタルファイルの伝送交換及び電子メールによる通信；
電子計算機端末による通信ネットワークへの接続の提供；
ラジオ及びテレビジョン放送；
ビデオオンデマンドによる送信；
インターネット利用のチャットルーム形式による電子掲示板通信及びオンラインフォーラム形式による通信；
電話による通信及びボイスメール通信；
遠隔会議用及びビデオ会議用通信端末による通信.

この類には、特に、次のサービスを含まない：
ラジオによる広告（第 35 類）；
テレマーケティング（第 35 類）；
通信活動に含まれる内容又は主題、例えば、インターネットを利用して受信し及び保存することができる画像ファイル（第 9 類）、ウェブサイト経由による事業に関する情報の提供（第 35 類）、ビデオオンデマンドによるダウンロード不可能な映画及びテレビジョン番組の配給（第 41 類）；
電気通信接続を用いて行われるサービス、例えば、オンラインによるダウンロード可能なデジタル音楽の小売の業務において行われる顧客に対する便益の提供（第 35 類）、オンラインによる銀行業務（第 36 類）；
ラジオ及びテレビジョンの番組の制作（第 41 類）；
電気通信技術に関する助言（第 42 類）；
オンラインによるソーシャルネットワーキングサービスの提供（第 45 類）.

【解説】
「電気通信」（３８Ａ０１，３８Ｂ０１）
１．「電気通信（「放送」を除く。）」（３８Ａ０１）
　このサービスは、有線、無線その他の電磁的方法により、符号、音響又は映像を送り、伝え又は受けるものが該当します。

ただし、このサービスには、「テレビジョン放送　有線テレビジョン放送　ラジオ放送」に該当するサービス又は情報の処理若しくは提供を行うサービスは含まれません。

（１）「移動体電話による通信」

このサービスは、無線通信機器を用いて電気通信を提供するものが該当します。

移動体電話とは、セルラー式電話と称される場合もあり、一般には自動車電話、携帯電話等があります。

（２）「電子計算機端末による通信」

このサービスは、電子計算機を端末として利用して電気通信を提供するものが該当します。

なお、例えば、第３６類「建物又は土地の情報の提供」や第４４類「医療情報の提供」等、情報の提供を行うサービスは提供される情報の内容により各類に分かれます。

２．「放送」（３８Ｂ０１）

このサービスは、公衆によって直接受信されることを目的とする無線通信・有線電気通信の送信を例示したものです。

なお、このサービスはその送信に供される内容を問わないものであるのに対し、第４１類「オンラインによる画像の提供」は、「映画・絵画・写真」等の具体的な内容の画像及びこれに伴う音声を提供するものが該当します。

（１）「テレビジョン放送」

テレビジョン音声多重放送、テレビジョン文字多重放送、衛星テレビジョン放送も含まれます。

（２）「ラジオ放送」

ラジオ放送には中波放送、短波放送、超短波放送、超短波音声多重放送があります。

「報道をする者に対するニュースの供給」（３８Ｃ０１）

このサービスは、通信社が、新聞社や放送事業者等の報道機関に対して内外のニュースを供給するものが該当します。

なお、一般需要者に対する「ニュースの提供」は、このサービスに含まれず、提供されるニュースの内容によって各類に属します。

「電話機・ファクシミリその他の通信機器の貸与」（３８Ｄ０１）

このサービスは、電話機、ファクシミリ、テレビジョン送信機、ラジオ送信機その他の通信機器を貸与するものが該当します。

なお、テレビジョン受信機やラジオ受信機を貸与するサービスは、第４１類に属します。

第３９類　輸送、こん包及び保管並びに旅行の手配

【類見出し】
輸送；
物品のこん包及び保管；
旅行の手配.

【注釈】
第３９類には、主として、鉄道、道路、水路、空路又はパイプラインによる、人、動物又は物品のある場所から他の場所への輸送において提供するサービス及び当該輸送に必然的に関連するサービス並びに物品を保存するためのあらゆる種類の保管設備、倉庫又は他の類型の建築物に保管するサービスを含む。

この類には、特に、次のサービスを含む：
駅、橋、鉄道、フェリー及びその他の輸送機関の運営又は操作；
輸送用の乗物の貸与並びに運転の請け負い及び水先案内；
輸送、保管及び旅行に関する貸与サービス、例えば、駐車場の貸与、ガレージの貸与及び保管用コンテナの貸与；
海上曳航、荷揚げ、港湾及びドックの操作、並びに難破船及びその積荷の引揚げ；
物品のこん包、ボトリング、包装及び配達；
自動販売機及び現金自動預払機への補充；
仲介業者及び旅行代理店による旅行又は物品の輸送に関する情報を提供するサービス、及び運賃、時刻表及び輸送方法に関する情報を提供するサービス；
輸送のための乗物又は物品の点検；
エネルギーの供給及び電気の配給、並びに水の配給及び給水.

この類には、特に、次のサービスを含まない：
旅行又は輸送の広告（第 35 類）；
人又は物品の輸送中の保険サービス（第 36 類）；
人若しくは物品の輸送に関連する乗物又はその他の商品の保守及び修理（第 37 類）；
ガイド付き見学ツアーの実施（第 41 類）；
電子データの保存用記憶領域の貸与（第 42 類）；
旅行代理店又は仲介業者によるホテルの部屋又はその他の一時宿泊施設の予約（第 43 類）.

【解説】
「鉄道による輸送」（３９Ａ０１）
　このサービスには、他人の依頼に応じて、鉄道（ロープウェイ等を含む。）により旅客又は貨物の輸送を行うサービスが含まれます。

「車両による輸送」（３９Ｂ０１）

このサービスには、他人の依頼に応じて、自動車、二輪自動車、原動機付自転車及び軽車両により旅客又は貨物の輸送を行うものが該当します。

「貨物自動車による輸送」は、宅配便業者、引越請負業者が行うサービスも含まれます。

「軽車両による輸送」は、人力若しくは畜力により陸上を移動させる用具（自転車、荷車、リヤカー、牛馬車、そり等）により輸送を行うサービスです。

「道路情報の提供」（３９Ｂ０２）

このサービスは、輸送のための道路交通情報を提供するものであり、例えば、道路上の車両の位置情報移動のための運転の道順に関する情報を提供するものが該当します。

なお、「オンラインによるダウンロードできない地図の提供」や「地理情報の提供」は第４２類に属します。

「自動車の運転の代行」（３９Ｂ０３）

「船舶による輸送」（３９Ｃ０１）

このサービスには、他人の依頼に応じて、海洋、沿海、港湾、河川、湖沼において船舶により旅客、又は貨物の輸送を行うものが該当します。

「航空機による輸送」（３９Ｄ０１）

このサービスには、他人の依頼に応じて、航空機により旅客又は貨物の輸送を行うサービスが該当します。

なお、航空機を使用した薬剤散布（第４４類）や宣伝広告（第３５類）、ドローンによる写真撮影（第４１類）等は、航空機やドローンを利用して輸送を行うわけではないため、本類に属しません。

参照：役務のアルファベット順一覧表

第４１類「photographic imaging services by drone」（ドローンによる写真撮影　４２Ｅ０１）

第４５類「surveillance services by drone」（ドローンによる監視　４２Ｔ０１）

「貨物のこん包」（３９Ｅ０１）

このサービスは、輸送のために物品の荷造り又はこん包の引受を行うものが該当します。

なお、商品の加工又は製造工程の一部として、小分け包装加工や充填包装加工を行うサービスは、第４０類に属します。

「貨物の輸送の媒介」（３９Ｅ０２）

このサービスは、荷主と貨物運送業者との間にあって貨物の輸送のあっせんを行うものが該当します。

「貨物の積卸し」（３９Ｅ０３）

このサービスは、例えば、他人の依頼を受けて、船舶に貨物の積卸しを行うものが該当します。

「引越の代行」（３９Ｅ０４）

このサービスは、主として、引越事業者によって提供されるもので、依頼を受けて引越を代行するものが該当します。

なお、引越荷物のこん包は「貨物のこん包」に類似するサービスとして、引越の取次ぎは「貨物の輸送の媒介」に類似するサービスとして、本類に属します。

「船舶の貸与・売買又は運航の委託の媒介」（３９Ｆ０１）

このサービスは、 船主と船舶を運航する業者との間にあって船舶の貸与、売買又は運航の委託のあっせんを行うものが該当します。

「船舶の引揚げ」（３９Ｆ０２）

このサービスは、例えば、サルベージ業者が沈没船の引揚げ作業を行うものが該当します。

「水先案内」（３９Ｆ０３）

このサービスは、水先区において、船舶に乗り込み当該船舶を導くことを行うものが該当します。

「寄託を受けた物品の倉庫における保管」（３９Ｈ０１）

このサービスは、倉庫（冷蔵倉庫及び水面木材倉庫を含む。）に物品を保管するものが該当します。

「他人の携帯品の一時預かり　配達物の一時預かり」（３９Ｈ０２）

１.「他人の携帯品の一時預かり」

このサービスは、手荷物等の一時預かり所が行うサービスが該当し、このサービスに類似するものとして、「コインロッカーによる携帯品の一時預かり」も本類に属します。

なお、「有価証券、貴金属その他の物品の保護預かり」は第３６類に属します。

２.「配達物の一時預かり」

このサービスは、宅配便等配達物の一時預かりを行うサービスです。

なお、「有価証券、貴金属その他の物品の保護預かり」は第３６類に属します。

「ガスの供給」（３９Ｊ０１）

このサービスは、 一般の需要に応じ、導管によりガスを供給するものが該当します。

なお、容器に詰めて個別売りするガスは商品です。

「電気の供給」（３９Ｊ０２）

「水の供給」（３９Ｊ０３）

このサービスは、一般の需要に応じ、水道管により水を供給するものが該当します。

また、供給する水は、飲料水に限定されず、温泉、工業、農林水産業、消火等の用途の水の供給も含まれます。

「熱の供給」（３９Ｊ０４）

このサービスは、一般の需要に応じ、ボイラー、冷凍機等により発生させた蒸気、温水、冷水等を媒体とする熱エネルギー又は蒸気若しくは温水を導管により供給するものが該当します。

「倉庫の提供」（３９Ｋ０１）

このサービスは、寄託を受けた物品を保管することではなく、倉庫を貸与するものが該当します。

「駐車場の提供」（３９Ｋ０２）

このサービスは、不動産に関するサービスのうち、駐車場の提供が該当します。

このサービスとは類似群が異なりますが、「駐車場の管理」も本類に属します。

「有料道路の提供」（３９Ｋ０３）

「係留施設の提供」（３９Ｋ０４）

「飛行場の提供」（３９Ｋ０５）

このサービスは、主として飛行場を航空機に使用させるものが該当します。

「駐車場の管理」（３９Ｋ０６）

このサービスには、ビルメンテナンス事業者が許認可を受けて行うものが含まれます。

なお、このサービスと類似群が異なる「土地の管理」は第３６類に属します。

「信書の送達」（３９Ｍ０１）

「企画旅行の実施　旅行者の案内　旅行に関する契約（宿泊に関するものを除く。）の代理・媒介又は取次ぎ」（４２Ａ０２）

１．「企画旅行の実施」

このサービスは、旅行業を営む者が、あらかじめ、旅行の目的地及び日程、旅行者が提供を受けることができる運送又は宿泊のサービスの内容並びに旅行者が旅行業を営む者に支払うべき対価に関する事項を定めた旅行に関する計画を作成し、これに参加する旅行者を広告その他の方法により募集して実施するものが該当します。

２．「旅行者の案内」

このサービスは、例えば、ガイド又は添乗サービスが該当します。

３．「旅行に関する契約（宿泊に関するものを除く。）の代理・媒介又は取次ぎ」

このサービスは、旅行に伴う運送等のサービスの提供について、提供者又は旅行者を代理して契約を締結する等の行為を行うものが該当します。

なお、これらのサービスと類似群は同じですが、「宿泊施設の提供の契約の媒介又は取次ぎ」は第４３類に属します。

「廃棄物の収集」（４２Ｋ０１,４２Ｋ０２）

このサービスは、主として、ごみの収集事業者により提供され、一般家庭又は事業所を回り、廃棄物を収集して処分施設まで運搬するものが該当します。

なお、このサービスと同じ類似群ですが、「廃棄物の分別及び処分」は第４０類に属します。

１．「一般廃棄物の収集」（４２Ｋ０１）

２．「産業廃棄物の収集」（４２Ｋ０２）

＜本類に属する貸与の役務＞

「荷役機械器具の貸与」（３９Ｌ０１）

「自動車の貸与」（３９Ｌ０２）

「船舶の貸与」（３９Ｌ０３）

「自転車の貸与」（３９Ｌ０４）

「航空機の貸与」（３９Ｌ０５）

「機械式駐車装置の貸与」（３９Ｌ０６）

「包装用機械器具の貸与」（３９Ｌ０７）

「家庭用冷凍庫の貸与　家庭用冷凍冷蔵庫の貸与」（３９Ｌ０９）

「車椅子の貸与」（３９Ｌ１０）

「航空機用エンジンの貸与」（４２Ｘ１９）

「業務用冷凍機械器具の貸与」（４２Ｘ２１）

「ガソリンステーション用装置（自動車の修理又は整備用のものを除く。）の貸与」（４２Ｘ２５）

第４０類　物品の加工その他の処理

【類見出し】
材料処理；
廃棄物の再生；
空気の浄化処理及び水処理；
印刷サービス；
食品及び飲料の保存加工.

【注釈】
第４０類には、主として、受託による製造を含む、物品又は無機若しくは有機の物質を機械的又は化学的に加工し又は変形又は生産することにより提供するサービスを含む。
分類上、商品の生産又は製造は他の者の注文及び仕様に応じて、当該生産又は製造を行う場合にのみサービスとみなされる。
もし、生産又は製造が、顧客の特定のニーズ、要求又は仕様に合致する商品の注文を満たすために行われるのでない場合、生産又は製造は、生産者の第一次営業活動又は商品に付随するものである。
もし、物質又は物品の加工、変形又は生産を行った者がこれらを第三者に販売する場合には、これは通常サービスとは見なされない。

この類には、特に、次のサービスを含む：
物品又は物質の変形及びその本質的性質の変化を伴うあらゆる工程、例えば、衣類の染色；
そのような変形サービスは、たとえ修理又は保守の枠組みで提供されるとしても、第 40 類に分類される。例えば、自動車用バンパーのクロムめっき；
建築物以外の物質又は物品の製造工程における材料処理のサービス、例えば、切断、成形、研磨又は金属被覆のサービス；
材料の接合、例えば、はんだ付け又は溶接；
食品の加工及び処理、例えば、果実の圧搾、製粉、食品及び飲料の保存加工、食品のくん製、食品の冷凍加工；
（特定の官庁は生産される商品の記載を要求することを踏まえた上での）他者の注文及び仕様に応じた商品の受託による製造、例えば、受託による自動車の製造；
歯の技工；
キルティング加工、刺しゅう、裁縫、織物の染色及び織物の仕上げ加工.

この類には、特に、次のサービスを含まない：
物品又は物質の本質的性質の変化を伴わないサービス、例えば、家具の保守又は修理（第 37 類）；
建設工事の分野におけるサービス、例えば、塗装工事及び左官工事（第 37 類）；

クリーニングサービス、例えば、洗濯、窓の洗浄、建築物の内部及び外側の清掃（第37類）;
乗物及び建築物の防錆処理、例えば、乗物の防錆処理（第37類）;
特定の特注製造サービス、例えば、受託による自動車の塗装（第37類）;
食品の装飾、食品の彫刻（第43類）.

【解説】
「除染」（３７Ｇ０６）
　このサービスは、他人の依頼を受けて、放射性物質や有害化学物質による汚染を取り除くサービスが該当します。

「布地・被服又は毛皮の加工処理（乾燥処理を含む。）」（４０Ａ０１）
　このサービスは、主として、繊維や毛皮に関する加工処理が該当します。
　なお、物品の現状への修復である「被服の修理」や、クリーニングサービスである「洗濯　被服のプレス」は第３７類に属します。

＜材料処理に関する役務＞
「裁縫　刺しゅう」（４０Ｂ０１）
「金属の加工」（４０Ｃ０１）
「ゴムの加工　プラスチックの加工」（４０Ｃ０２）
「セラミックの加工」（４０Ｃ０３）
「木材の加工」（４０Ｃ０４）
「紙の加工」（４０Ｃ０５）
「石材の加工」（４０Ｃ０６）
「剥製」（４０Ｃ０７）
「竹・木皮・とう・つる・その他の植物性基礎材料の加工（「食物原材料の加工」を除く。）」（４０Ｃ０８）
「食料品の加工」（４０Ｃ０９）
「義肢又は義歯の加工（「医療材料の加工」を含む。）」（４０Ｃ１０）
「映画用フィルムの現像　写真の引き伸ばし　写真のプリント　写真用フィルムの現像」（４０Ｄ０１）
　これらのサービスは、いわゆる写真店で提供されるアナログ写真に関するものが該当し、デジタル写真の画像自体を操作して修整・合成するサービスも、これらに類似するものとして本類に属します。
　また、「写真のプリント」は、主に写真店が印画紙に画像を焼き付けるサービスですが、主に印刷業者が写真や写真を含む文章等を印刷するサービスである「写真の印刷」は本類「印刷」に属します。
　なお、これらのサービスと類似群は同じですが、「録音又は録画済み記録媒体の複製」は第４１類に属します。
「製本」（４０Ｅ０１）

「核燃料の再加工処理」（４０Ｇ０１）
「印章の彫刻」（４０Ｈ０１）
「材料処理情報の提供」（４０Ｋ０１）

＜水処理に関する役務＞
「浄水処理」（４０Ｆ０１）

＜廃棄物に関する役務＞
「廃棄物の再生」（４０Ｆ０２）
「廃棄物の分別及び処分」（４２Ｋ０１,４２Ｋ０２）

このサービスは、一般廃棄物及び産業廃棄物を分別し、処分するものが該当します。
なお、「廃棄物の収集」は、輸送に関わるサービスであるため第３９類に属します。

１．「一般廃棄物の分別及び処分」（４２Ｋ０１）
２．「産業廃棄物の分別及び処分」（４２Ｋ０２）

＜印刷に関する役務＞
「グラビア製版」（４０Ｈ０２）
「印刷」（４２Ｆ０１）

＜本類に属する貸与の役務＞
「繊維機械器具の貸与」（４０Ｊ０１）
「写真の現像用・焼付け用・引き伸ばし用又は仕上げ用の機械器具の貸与」（４０Ｊ０２）
「金属加工機械器具の貸与」（４０Ｊ０３）
「製本機械の貸与」（４０Ｊ０４）
「食料加工用又は飲料加工用の機械器具の貸与」（４０Ｊ０５）
「製材用・木工用又は合板用の機械器具の貸与」（４０Ｊ０６）
「パルプ製造用・製紙用又は紙工用の機械器具の貸与」（４０Ｊ０７）
「浄水装置の貸与」（４０Ｊ０８）
「廃棄物圧縮装置の貸与　廃棄物破砕装置の貸与」（４０Ｊ０９）
「化学機械器具の貸与」（４０Ｊ１０）
「ガラス器製造機械の貸与」（４０Ｊ１１）
「靴製造機械の貸与」（４０Ｊ１２）
「たばこ製造機械の貸与」（４０Ｊ１３）
「３Ｄプリンターの貸与」（４０Ｊ１４）
「編み機の貸与　ミシンの貸与」（４２Ｘ０１）
「家庭用暖冷房機の貸与　家庭用加湿器の貸与　家庭用空気清浄器の貸与　発電機の貸与」（４２Ｘ１３）

これらのサービスは、主として家庭用電熱用品類のうち、家庭用の暖冷房機や加湿器などの貸与が該当します。

「印刷用機械器具の貸与」（４２Ｘ１８）

「ボイラーの貸与」（４２Ｘ１９）
「業務用加湿器の貸与　業務用空気清浄器の貸与　業務用暖冷房装置の貸与」（４２Ｘ２２）

参照：役務のアルファベット順一覧表
第４０類「custom manufacturing of aircraft」（受託による航空機の製造　４０Ｈ９９）
第４０類「production of energy」（ガス・電気・熱エネルギーの生産　４０Ｈ９９）
第４０類「air purification」（空気の浄化処理　４０Ｚ９９）
第４０類「air deodorizing」（空気の脱臭処理　４０Ｚ９９）

第４１類　教育、訓練、娯楽、スポーツ及び文化活動

【類見出し】

教育；
訓練の提供；
娯楽；
スポーツ及び文化活動.

【注釈】

第４１類には、主として、あらゆる形態の教育又は訓練のサービス、娯楽又はレクリエーションを基本的な目的とするサービス、並びに文化又は教育のための視覚的美術品の展示及び文献の供覧を含む。

この類には、特に、次のサービスを含む：
文化又は教育のための展示会の企画・運営、会議・議会及びシンポジウムの手配及び運営；
翻訳及び通訳；
書籍の制作（広告物を除く。）；
ニュースレポーターによる取材・報告、写真による報道；
写真の撮影；
映画の演出及び制作（広告用映画を除く。）；
遊園地、サーカス、動物園、画廊及び美術館による文化・教育又は娯楽に関する役務の提供；
スポーツ及びフィットネストレーニング指導；
動物の調教；
オンラインによるゲームの提供；
賭博の提供、当せん金付証票の企画・運営；
娯楽、教育及びスポーツイベント用のチケットの予約の代行；
特定の執筆サービス、例えば、映画の脚本の作成、受託による作詞及び作曲.

この類には、特に、次のサービスを含まない：
商業又は広告のための展示会の企画・運営（第 35 類）；
広告文の作成及び広告物の出版（第 35 類）；
報道をする者に対するニュースの供給（第 38 類）；
ラジオ及びテレビジョン放送（第 38 類）；
ビデオ会議用通信端末による通信（第 38 類）；
技術文書の作成（第 42 類）；
保育所における乳幼児の保育（第 43 類）；

温泉療法用施設の提供（第44類）;
結婚式の企画及び手配（第45類）.

【解説】

「当せん金付証票の発売」（３６Ｇ０１）

このサービスは、都道府県及び市が当せん金付証票法の定めるところに従って宝くじを発売することをいい、受託銀行が行う「当せん金付証票（宝くじ）の作成、売さばきその他発売及び当せん金品の支払又は交付」の事務行為に関するものは、これには含まれず、第３５類に属します。

「録音又は録画済み記録媒体の複製」（４０Ｄ０１）

このサービスは、録音又は録画済の記録媒体をダビングする行為が該当します。

なお、このサービスと類似群は同じですが、「映画用フィルムの現像　写真の引き伸ばし　写真のプリント　写真用フィルムの現像」は第４０類に属します。

「技芸・スポーツ又は知識の教授」（４１Ａ０１）

このサービスには、教養、趣味、遊芸、スポーツ、学習等の指導を行う教授所、学校教育法で定める学校及び自動車教習所、理容学校、洋裁学校等の各種学校が教授し又は教育するものが該当します。

なお、通信の方法による教授又は教育も、このサービスに含まれます。

「学習塾における教授」における学習塾には、進学塾及び予備校も含みます。

「国家資格取得講座における教授」は、例えば、宅地建物取引士、行政書士、中小企業診断士の国家資格を取得するために教授するサービスです。

「献体に関する情報の提供　献体の手配」（４１Ａ０２）

「セミナーの企画・運営又は開催」（４１Ａ０３）

このサービスは、文化又は教育のためのものが該当します。

なお、商業又は広告のための展示会の企画等のサービスは第３５類に属します。

参照：役務のアルファベット順一覧表

第３５類「organization of exhibitions for commercial or advertising purposes」（商業又は広告のための展示会の企画・運営　３５Ａ０１）

第４１類「organization of exhibitions for cultural or educational purposes」（文化又は教育のための展示会の企画・運営　４１Ａ０３　４１Ｆ０６）

「動物の調教」（４１Ｂ０１）

このサービスは、動物を調教するものが該当し、動物の訓練が含まれます。

なお、このサービスと類似群が異なりますが、「動物の飼育　動物の治療　動物の美容」は第４４類に、「ペットの世話」は第４５類に属します。

「植物の供覧　動物の供覧」（４１Ｃ０１）

これらのサービスは、一般公衆に対して植物、動物を供覧させる施設（例えば、植物園、動物園）が提供するものが該当します。

「電子出版物の提供　図書及び記録の供覧　図書の貸与」（４１Ｃ０２）

１．「電子出版物の提供」

このサービスは、電気通信回線を通じて電子出版物を供覧させるものが該当します。

２．「図書及び記録の供覧」

このサービスは、図書、記録その他必要な資料を収集し、整理し、保存して、一般公衆の利用に供する施設（例えば、図書館）が提供するものが該当します。

「美術品の展示」（４１Ｃ０３）

このサービスは、例えば、美術館のように、絵画、彫刻、工芸美術、写真美術等の美術品を展示するものが該当します。

なお、このサービスとは類似群が異なりますが、他人に対し美術館の施設を一時的に利用させる「美術館の施設の提供」は、「映画・演芸・演劇・音楽又は教育研修のための施設の提供」に類似するサービスとして、本類に属します。

参照：役務のアルファベット順一覧表

第４１類「presenting museum exhibitions」（美術館における展示　４１Ｃ０３）

第４１類「providing museum facilities」（美術館の施設の提供　４１Ｋ０２）

「庭園の供覧　洞窟の供覧」（４１Ｃ０４）

これらのサービスは、庭園や洞窟などの名所旧跡を供覧させるものが該当します。

「書籍の制作」（４１Ｄ０１）

このサービスは、委託を受けて書籍の制作を行うものが該当します。

なお、書籍の出版は、販売を目的として著作物を印刷し、これを頒布することですから、第１６類の商品「書籍」に属します。

また、このサービスには書籍の「印刷」及び「製本」（第４０類）は含まれません。

「映画・演芸・演劇又は音楽の演奏の興行の企画又は運営」（４１Ｅ０１）

このサービスは、主として映画、演芸、演劇又は音楽の演奏の興行を請け負う事業所に係るものが該当します。

「インターネットを利用して行う映像の提供　映画の上映・制作又は配給」（４１Ｅ０２）

「インターネットを利用して行う映像の提供」は、インターネットを利用して映像そのものを提供するもので、ダウンロードできないサービスが該当します。

なお、ダウンロード可能な映像を提供する場合は第９類の商品に属します。

「インターネットを利用して行う音楽の提供　演芸の上演　演劇の演出又は上演　音楽

の演奏」（４１Ｅ０３）

「インターネットを利用して行う音楽の提供」は、インターネットを利用して音楽を提供するもので、ダウンロードできないサービスが該当します。

「演芸の上演」「演劇の上演」「音楽の演奏」は、主として実演家に係るものが該当します。

「放送番組の制作」（４１Ｅ０４）

このサービスは、テレビジョン・ラジオ等の放送番組を制作するものが該当します。

「教育・文化・娯楽・スポーツ用ビデオの制作（映画・放送番組・広告用のものを除く。）」（４１Ｅ０５）

このサービスは、映画・放送番組・広告用以外の教育・文化・娯楽・スポーツ用ビデオを制作するものが該当します。

なお、このサービスと類似群が同じ「受託による作曲」や「文章の執筆」も、本類に属します。

参照：役務のアルファベット順一覧表
第４１類「music composition services」（受託による作曲　４１Ｅ０５）
第４１類「writing of texts」（文章の執筆　４１Ｅ０５）

「放送番組の制作における演出」（４１Ｅ０６）

「映像機器・音声機器等の機器であって放送番組の制作のために使用されるものの操作」（４１Ｅ０７）

「スポーツの興行の企画・運営又は開催」（４１Ｆ０１）

このサービスは、ゴルフ、サッカー、相撲、ボクシング、野球などのスポーツの興行を企画、運営又は開催するものが属します。

なお、このサービスには、競馬、競輪、競艇及び小型自動車競走に関するものは含まれません。

「興行の企画・運営又は開催（映画・演芸・演劇・音楽の演奏の興行及びスポーツ・競馬・競輪・競艇・小型自動車競走の興行に関するものを除く。）」（４１Ｆ０６）

このサービスは、原則として映画・演芸・演劇・音楽の演奏の興行及びスポーツ・競馬・競輪・競艇・小型自動車競走の興行以外の興行が該当します。

なお、興行の目的が、商品及び役務の販売促進や広告のためのサービスは、第３５類に属します。

「競馬の企画・運営又は開催」（４１Ｇ０１）

「競輪の企画・運営又は開催」（４１Ｇ０２）

「競艇の企画・運営又は開催」（４１Ｇ０３）

「小型自動車競走の企画・運営又は開催」（４１Ｇ０４）

「音響用又は映像用のスタジオの提供」（４１Ｈ０１）

　このサービスは、音声の収録又は映像記録物製作のためのスタジオを一時的に利用させるものが該当します。

　なお、ある程度長期にわたって貸借関係を有するサービスは、例えば、音響用又は映像用スタジオとしての建物の貸与として、第３６類に属します。

「運動施設の提供」（４１Ｊ０１）

　このサービスは、スポーツを行うための施設を一時的に利用させるものが該当します。

　なお、ある程度長期にわたって貸借関係を有するサービスは、例えば、運動施設としての建物の貸与として、第３６類に属します。

「娯楽施設の提供」（４１Ｋ０１）

　このサービスは、遊戯場、遊園地等の娯楽施設を一時的に利用させるものが該当します。

　なお、ある程度長期にわたって貸借関係を有するサービスは、例えば、遊戯場としての建物の貸与や遊園地のための土地の貸与として、第３６類に属します。

　また、「ナイトクラブの提供」も、このサービスに類似するものとして本類に属しますが、「ナイトクラブにおける飲食物の提供」は第４３類に属します。

　さらに、「オンラインによるゲームの提供」も、このサービスに類似するものとして本類に属します。

参照：役務のアルファベット順一覧表

第４１類「nightclub services [entertainment]」（ナイトクラブの提供（娯楽の提供）　４１Ｋ０１）

第４１類「game services provided online from a computer network」（オンラインによるゲームの提供　４１Ｋ０１　４１Ｚ９９）

「映画・演芸・演劇・音楽又は教育研修のための施設の提供」（４１Ｋ０２）

　このサービスは、演芸ホールやコンサート会場などの教育や文化のための施設を一時的に利用させるものが該当します。

　なお、「美術館の施設の提供」も、このサービスに類似するものとして本類に属し、また、このサービスとは類似群が異なりますが、美術品を展示するサービスは、本類「美術品の展示」に該当します。

　また、ある程度長期にわたって貸借関係を有するサービスは、例えば、映画館としての建物の貸与や美術館のための土地の貸与として、第３６類に属します。

参照：役務のアルファベット順一覧表
第４１類「presenting museum exhibitions」（美術館における展示　４１Ｃ０３）
第４１類「providing museum facilities」（美術館の施設の提供　４１Ｋ０２）

「興行場の座席の手配」（４１Ｌ０１）
　このサービスは、映画、演劇、演芸、音楽及びスポーツ等を、公衆に見せ、又は聞かせる施設の座席の手配（予約の取次ぎを含む。）をするものが該当します。

「写真の撮影」（４２Ｅ０１）

「通訳　翻訳」（４２Ｓ０１）

＜本類に属する貸与の役務＞
「映画機械器具の貸与　映写フィルムの貸与」（４１Ｍ０１）
「楽器の貸与」（４１Ｍ０２）
「運動用具の貸与」（４１Ｍ０３）
「テレビジョン受信機の貸与　ラジオ受信機の貸与」（４１Ｍ０４）
　これらのサービスは、テレビジョン受信機やラジオ受信機を貸与するものが該当します。
　なお、テレビジョン送信機、ラジオ送信機その他の通信機器を貸与するサービスは第３８類に属します。
「レコード又は録音済み磁気テープの貸与　録画済み磁気テープの貸与」（４１Ｍ０６）
「ネガフィルムの貸与　ポジフィルムの貸与」（４１Ｍ０７）
「おもちゃの貸与　遊園地用機械器具の貸与　遊戯用器具の貸与」（４１Ｍ０８）
　これらのサービスは、おもちゃ、遊園地用機械器具などを貸与するものが該当します。
　なお、家庭用テレビゲーム機用プログラム又は業務用テレビゲーム機用プログラムを記憶させた物理的な記録媒体（カートリッジ、ディスクなど）の貸与は、第４２類に属します。
「書画の貸与」（４１Ｍ０９）
「カメラの貸与」（４２Ｘ１５）

第４２類　科学技術又は産業に関する調査研究及び設計並びに電子計算機又はソフトウェアの設計及び開発

【類見出し】
科学的及び技術的サービス並びにこれらに関する調査及び設計；
工業上の分析、工業上の調査及び工業デザインの考案サービス；
品質管理及び認証サービス；
コンピュータのハードウェア及びソフトウェアの設計及び開発.

【注釈】
第４２類には、主として、複雑な活動分野の理論的又は実用的な側面に関する人により提供されるサービスを含む。例えば、科学に関する実験及び研究、土木・工学に関するエンジニアリング、電子計算機のプログラムの設計・作成又は保守、建築物の設計又はインテリアデザインの考案。

この類には、特に、次のサービスを含む：
技術に関する助言を含む、科学的及び技術的分野における評価、見積もり、研究及び報告を行うエンジニア及び科学者によるサービス；
コンピュータデータ、個人、金融又は財務の情報の安全確保のため、及びデータ及び情報への不正アクセスの検知のためのコンピュータ及び技術に関するサービスの提供、例えば、コンピュータウィルスの侵入防止用プログラムの設計・作成・保守又はそのプログラムの提供、データの暗号化処理、インターネット経由での個人情報の盗難を検出するための個人識別情報の電子的な監視；
オンラインによるアプリケーションソフトウェアの提供（ＳａａＳ）、コンピュータソフトウェアプラットフォームの提供（ＰａａＳ）；
医学用科学的研究サービス；
建築計画及び都市計画の設計サービス；
特定のデザインサービス、例えば、工業デザインの考案、コンピュータソフトウェア及びシステムの設計、インテリアデザインの考案、包装デザインの考案、グラフィックアートデザインの考案、服飾デザインの考案；
測量（土木・工学に関するエンジニアリング）；
石油、ガス及び採鉱の探査.

この類には、特に、次のサービスを含まない：
特定の調査サービス、例えば、事業の調査（第 35 類）、市場調査（第 35 類）、金融又は財務に関する調査（第 36 類）、教育に関する研究（第 41 類）、系図の調査（第 45 類）、法律的事項に関する研究（第 45 類）；
会計監査及び業務監査（第 35 類）；

コンピュータによるファイルの管理（第 35 類）;
財務の評価サービス（第 36 類）;
採鉱、石油及びガスの掘削（第 37 類）;
コンピュータハードウェアの設置工事、保守及び修理（第 37 類）;
音響機器の操作（第 41 類）;
特定のデザインサービス、例えば、景観の設計（第 44 類）;
医療及び獣医サービス（第 44 類）;
法律業務（第 45 類）.

【解説】

「気象情報の提供」（４２Ｇ０１）

このサービスは、天気予報や津波情報などを提供するものが該当します。

なお、このサービスと類似群が同じ「地震情報の提供」も、本類に属します。

「建築物の設計　測量」（４２Ｎ０１）

これらのサービスは、「土木工事に係る設計」を含みます。

なお、これらのサービスと同じ類似群ですが、園芸に関するサービスに該当する「景観の設計」は第４４類に属します。

「地質の調査」（４２Ｎ０２）

このサービスは、地質又は土質の調査のための計測、解析及び試錐（ボーリング）も含まれます。

「機械・装置若しくは器具（これらの部品を含む。）又はこれらの機械等により構成される設備の設計」（４２Ｎ０３）

このサービスは、例えば、「自動車の設計」「工作機械器具の設計」「コンピュータハードウェアの設計」等が該当します。

なお、コンピュータハードウェア等機械器具の保守のサービスは、このサービスには含まれず、第３７類に属します。

「デザインの考案」（４２Ｐ０１）

このサービスは、工業デザイン、クラフトデザイン、インテリアデザイン、商業デザイン、服飾デザイン、テキスタイルデザイン及びパッケージデザイン等の「デザインの考案」に関するものであり、デザイナー等の専門家によって提供されるものです。

なお、デザインの対象を広告物とする「広告物のグラフィックデザインの考案」や「販売促進用材料のグラフィックデザインの考案」もこのサービスに類似するものとして本類に属しますが、広告のコンセプト開発等のサービスである「広告用コンセプトの開発」は第３５類に属します。

参照：役務のアルファベット順一覧表

第４２類「graphic design of promotional materials」（販売促進用材料のグラフィックデザインの考案　４２Ｐ０１）
第３５類「development of advertising concepts」（広告用コンセプトの開発　３５Ａ０１）

「電子計算機のプログラムの設計・作成又は保守」（４２Ｐ０２）

このサービスは、いわゆる、ソフトウェアの開発業者等が提供するものが該当し、コンピュータプログラムの開発もこのサービスに含まれます。

また、オンライン又はオフラインを問わず「コンピュータによる情報処理」や、「インターネットのホームページの設計・作成又は保守」も、このサービスに類似するものとして本類に属します。

「電子計算機・自動車その他その用途に応じて的確な操作をするためには高度の専門的な知識・技術又は経験を必要とする機械の性能・操作方法等に関する紹介及び説明」（４２Ｐ０３）

このサービスは、電子計算機、各種産業用機械（複写機等の事務用機器を含む。）又は自動車等、用途に応じた的確な操作をするためには、高度の専門的知識、技術又は経験を必要とするものについて紹介及び説明を行う業務（実演を含む。）で、これらの機械器具等のデモンストレーションを行うものが該当します。

「医薬品・化粧品又は食品の試験・検査又は研究」（４２Ｑ０１）

このサービスは、依頼に基づき、医薬品、化粧品又は食品に関連する専門的知識を活用して試験、検査又は研究を行うものが該当します。

「建築又は都市計画に関する研究　公害の防止に関する試験又は研究　電気に関する試験又は研究　土木に関する試験又は研究」（４２Ｑ０２）

これらのサービスは、依頼に基づき、建築又は都市計画、公害、電気又は土木に関連する専門的知識を活用して試験、検査又は研究を行うものが該当します。

また、工学・技術に関する試験又は研究も、これらのサービスに類似するものとして本類に属します。

「農業・畜産又は水産に関する試験・検査又は研究」（４２Ｑ０３）

このサービスは、依頼に基づき、農業、畜産又は水産に関する専門的知識を活用して試験、検査又は研究を行うものが該当します。

また、林業に関する試験又は研究も、これらのサービスに類似するものとして本類に属します。

「機械器具に関する試験又は研究」（４２Ｑ９９）

このサービスは、上記の「医薬品・化粧品又は食品の試験・検査又は研究」に属する製品以外の製品に関する試験又は研究を行うものが該当します。

「織物の検査」「機械器具の検査・測定」「発掘分野に関する調査」も、このサービスに類似するものとして本類に属します。

なお、美術品の真偽を見分ける「美術品の鑑定」は本類に属しますが、売却や課税等のために価格を決める「美術品の評価」は第３６類に属します。

また、このサービスと同じ類似群ですが「教育に関する研究」は第４１類に、「法律的事項に関する研究」は第４５類に属します。

＜本類に属する貸与の役務＞

「計測器の貸与」（４２Ｘ０４）

「電子計算機の貸与　電子計算機用プログラムの提供」（４２Ｘ１１）

「電子計算機用プログラムの提供」は、電気通信回線を通じて、電子計算機用プログラムを利用させるサービスが該当します。

なお、ゲームプログラムを記憶させた物理的な記録媒体（カートリッジ、ディスクなど）の貸与も、本類（４１Ｍ０８　４２Ｘ１１）に属します。

「理化学機械器具の貸与」（４２Ｘ１４）

「望遠鏡の貸与」（４２Ｘ１５）

「製図用具の貸与」（４２Ｘ３１）

第４３類　飲食物の提供及び宿泊施設の提供

【類見出し】
飲食物の提供；
一時宿泊施設の提供.

【注釈】
第４３類には、主として、消費のための飲食物の用意に関連して提供されるサービス及び一時宿泊施設を提供するサービスを含む。

この類には、特に、次のサービスを含む：
宿泊の予約の取次ぎ、例えば、ホテルの予約の取次ぎ；
動物の宿泊施設の提供；
会議室、テント及び可搬式建築物の貸与；
高齢者用入所施設の提供（介護を伴うものを除く。）；
保育所における乳幼児の保育；
食品の装飾、食品の彫刻；
調理用機械器具の貸与；
椅子・テーブル・テーブル用リネン・ガラス食器の貸与；
水たばこの喫煙施設の提供；
個々の需要に応じた料理人による飲食物の提供.

この類には、特に、次のサービスを含まない：
ホテルの事業の管理（第 35 類）；
住居用の不動産、例えば、家又はアパートの貸与サービス（第 36 類）；
室内清掃（第 37 類）；
旅行及び輸送の予約（第 39 類）；
他人のためのビールの醸造及びぶどう酒の醸造、受託によるパンの製造（第 40 類）；
食品のくん製、食品及び飲料の保存加工（第 40 類）；
例えば、全寮制学校、保育所、スポーツキャンプ、ディスコ及びナイトクラブにより提供される、宿泊又は飲食物の提供が付随しうるものを含む、知識又は技芸の教授及び娯楽の提供（第 41 類）；
美術館の提供（第 41 類）；
予後保養所及び保養所・療養所における治療・介護・栄養の指導（第 44 類）；
ベビーシッティング、ペットの世話（第 45 類）.

【解説】
「宿泊施設の提供」（４２Ａ０１）

このサービスは、ホテル、旅館等の宿泊施設を一時的に利用させるものが該当します。

なお、「キャンプ場施設の提供」も、このサービスに類似するものとして本類に属します。

参照：役務のアルファベット順一覧表

第４３類「providing campground facilities」（キャンプ場施設の提供　４２Ａ０１）

「宿泊施設の提供の契約の媒介又は取次ぎ」（４２Ａ０２）

このサービスは、宿泊施設の利用について、提供者又は宿泊者を代理して契約の媒介又は取次ぎを行うものが該当します。

なお、このサービスと類似群は同じですが、宿泊に関するもの以外の旅行に関する契約の媒介又は取次ぎは第３９類に属します。

「飲食物の提供」（４２Ｂ０１）

このサービスは、食堂、レストラン、そば店、うどん店、すし店、喫茶店、料亭、バー、酒場及びビヤホール等が、料理及び飲料を飲食させるものが該当します。

なお、キャバレー又はナイトクラブにおける飲食物の提供も、このサービスに該当しますが、「ナイトクラブの提供」は、「娯楽施設の提供」に類似するサービスとして第４１類に属します。

参照：役務のアルファベット順一覧表

第４１類「nightclub services [entertainment]」（ナイトクラブの提供（娯楽の提供）４１Ｋ０１）

「動物の宿泊施設の提供」（４２Ｖ０４）

このサービスは、動物の宿泊施設を利用させるものが該当します。

なお、このサービスと類似群は同じですが、第４４類（動物の飼育　動物の治療　動物の美容）、第４５類（ペットの世話）に属するサービスも存在します。

「保育所における乳幼児の保育」（４２Ｗ０１）

このサービスは、児童福祉法に規定される児童福祉施設のうち「保育所」が提供する保育に関するものが該当します。

なお、学校教育法で定める学校の範囲に含まれる幼稚園が提供するサービスは、このサービスには含まれず、第４１類「技芸・スポーツ又は知識の教授」に属します。

また、ベビーシッター等によって提供されるサービスの需要者の自宅等で提供される乳幼児の一時保育に関するサービスについては、このサービスには含まれず、第４５類「乳幼児の保育（施設において提供されるものを除く。）」に属します。

「高齢者用入所施設の提供（介護を伴うものを除く。）」（４２Ｗ０２）

このサービスは、主として健常な高齢者のための一時的な滞在施設を提供するものが該当します。

なお、このサービスと類似群は同じですが、特別養護老人ホームのように介護の提供を前提とする施設を提供するサービスは、このサービスには含まれず、第４４類「介護」に属します。

＜本類に属する貸与の役務＞

「会議室の貸与　展示施設の貸与」（４２Ｘ１０）

これらのサービスは、主として、会議室や展示施設等、特定の用途に限定されない場所及び空間を一時的に貸与するものが該当します。

また、「テントの貸与」も、このサービスに類似するものとして本類に属します。

なお、教育・文化のための絵画・彫刻その他の美術品等の展示のための施設の貸与は、第４１類に属します。

また、ある程度の長期間にわたり賃貸借契約を結び、建物を貸与するサービスは、例えば、会議室としての建物の貸与や展示施設のための土地の貸与として、第３６類に属します。

「布団の貸与　まくらの貸与　毛布の貸与」（４２Ｘ１２）

「家庭用電気式ホットプレートの貸与　家庭用電気トースターの貸与　家庭用電子レンジの貸与」（４２Ｘ１３）

これらのサービスは、家庭用電熱用品類のうち、主として電気式調理機械器具を貸与するものが該当します。

「業務用加熱調理機械器具の貸与　業務用調理台の貸与　業務用流し台の貸与」（４２Ｘ２４）

「家庭用加熱器（電気式のものを除く。）の貸与　家庭用調理台の貸与　家庭用流し台の貸与　食器の貸与」（４２Ｘ２７）

これらのサービスは、主として電気式以外の家庭用の加熱器、調理台、流し台及び食器を貸与するものが該当します。

「カーテンの貸与　家具の貸与　壁掛けの貸与　敷物の貸与」（４２Ｘ２８）

「おしぼりの貸与　タオルの貸与」（４２Ｘ２９）

第４４類　医療、動物の治療、人又は動物に関する衛生及び美容並びに農業、園芸又は林業に係る役務

【類見出し】
医療サービス；
獣医サービス；
人又は動物に関する衛生及び美容；
農業、水産養殖業、園芸及び林業サービス.

【注釈】
第４４類には、主として、人又は事業所が人及び動物に提供する、代替医療を含む医療ケア、衛生及び美容ケア、並びに農業、水産養殖業、園芸及び林業の分野に関連するサービスを含む。

この類には、特に、次のサービスを含む：
病院における医療；
遠隔医療；
歯科医業、検眼及びメンタルヘルスサービス；
病院における医療及び臨床検査室における診断及び治療目的の医療分析、例えば、X線検査及び血液サンプルの採取；
セラピー、例えば、物理療法又は理学療法による治療及び言語療法による治療；
薬局における助言及び薬剤師による調剤；
輸血用血液及びヒト組織の管理・提供；
予後保養所及び保養所・療養所における治療・介護・栄養の指導；
栄養に関する助言；
温泉療法用施設の提供；
人工授精及び試験管内授精；
動物の飼育；
動物の美容；
ボディピアスの穴あけ及び入れ墨；
庭の手入れに関するサービス、例えば、苗の育成、景観の設計、庭園の手入れ、芝生の手入れ；
花の芸術に関するサービス、例えば、花の飾り付け、花輪の作成；
雑草の除去、有害動物及び害虫の駆除（農業・水産養殖業・園芸・林業に関するもの).

この類には、特に、次のサービスを含まない：
有害動物及び害虫の駆除（農業、水産養殖業、園芸及び林業用に関するものを除く。）（第 37 類）；

灌漑用機械器具の設置及び修理サービス（第 37 類）；
救急車による輸送（第 39 類）；
と殺及び剥製（第 40 類）；
木材の伐採及び加工（第 40 類）；
動物の調教サービス（第 41 類）；
運動のためのヘルスクラブの提供（第 41 類）；
医学用科学的研究サービス（第 42 類）；
動物の宿泊施設の提供（第 43 類）；
高齢者用入所施設の提供（介護を伴うものを除く。）（第 43 類）；
葬儀の執行（第 45 類）.

【解説】

「美容　理容」（４２Ｃ０１）

「美容」は、パーマネントウェーブ、結髪、化粧等の方法により、容姿を美しくするものが該当します。

「理容」は、頭髪の刈り込み、顔そり等の方法により、容姿を整えるものが該当します。

また、これらのサービスと類似群が同じですが、「着物の着付け」は第４５類に属します。

なお、愛玩動物の美容又は理容は、これらのサービスには含まれず、本類「動物の美容」に属します。

「入浴施設の提供」（４２Ｄ０１）

このサービスは、日常生活の用に供するため又は湯治、美容等の特殊な効果を目的として、公衆に入浴施設（例えば、銭湯、サウナぶろ）を利用させるものが該当します。

「庭園樹の植樹　庭園又は花壇の手入れ　肥料の散布」（４２Ｌ０１）

これらのサービスは、庭の手入れに関するものが該当します。

なお、「造園工事」は第３７類に属します。

「雑草の防除」（４２Ｍ０１）

「有害動物の防除（農業・水産養殖業・園芸又は林業に関するものに限る。）」（４２Ｍ０２）

このサービスは、「有害動物の防除」のうち、農業、水産養殖、園芸又は林業に関するものが該当します。

なお、農業、水産養殖、園芸又は林業に関するもの以外の有害動物の防除は第３７類に属します。

「景観の設計」（４２Ｎ０１）

このサービスは、園芸に関するものが該当します。
なお、このサービスと類似群は同じですが、「建築物の設計　測量」は第４２類に属します。

「あん摩・マッサージ及び指圧　カイロプラクティック　きゅう　柔道整復　整体　はり治療」（４２Ｖ０１）

これらのサービスは、あん摩、マッサージ及び指圧、カイロプラクティックなどが該当します。
また、「接骨」や「リフレクソロジー」もこれらのサービスに類似するものとして本類に属します。

「医業　医療情報の提供　健康診断　歯科医業　調剤」（４２Ｖ０２）

これらのサービスについては、主に、「医業」は医師又は医療法人により、「歯科医業」は歯科医師又は医療法人により、「調剤」は薬剤師、医師、歯科医師、医療法人又は調剤薬局により、それぞれ提供されるサービスが該当します。
また、「医療看護」及び「訪問看護」もこれらのサービスに類似するものとして本類に属します。
参照：役務のアルファベット順一覧表
第４４類「nursing, medical」（医療看護　４２Ｖ０２）
第４４類「home-visit nursing care」（訪問看護　４２Ｖ０２）

「栄養の指導」（４２Ｖ０３）

このサービスは、栄養に関する指導が該当します。

「動物の飼育　動物の治療　動物の美容」（４２Ｖ０４）

「動物の飼育」は、飼育動物への飼料の提供や巣箱の清掃の他、繁殖活動のサポート等、動物の飼育活動に関するサービスが該当します。
ただし、ペットシッター等が提供するサービスであって、飼い主に代わって一時的に行うペットの世話は、「動物の飼育」には含まれず、このサービスと類似群が同じですが、第４５類「ペットの世話」に該当します。
「動物の治療」は、動物に対して提供される医療に関するサービスが該当します。
「動物の美容」は、トリミングやグルーミングといわれる動物に対して行われる美容に関するサービスが該当します。
なお、これらのサービスと類似群は同じですが、「動物の宿泊施設の提供」は第４３類に属します。
また、これらのサービスとは類似群が異なりますが、「動物の調教」は第４１類に属します。

「介護」（４２Ｗ０２）

このサービスは、高齢者・病人等を介抱し、日常生活を助ける介護に関するものが該当します。

「施設における介護」は、特別養護老人ホーム等の施設において提供される介護に関するものが該当します。

なお、介護を伴わず、主として健常な高齢者のための一時滞在施設を提供するためのサービスは、このサービスには含まれず、第４３類「高齢者用入所施設の提供（介護を伴うものを除く。）」に属します。

「訪問による介護」は、在宅介護といわれる需要者の自宅等において提供される介護に関するものが該当します。ただし、「訪問看護」は、このサービスには含まれず、「医業　医療情報の提供　健康診断　歯科医業　調剤」に類似するものとして本類に属します。

参照：役務のアルファベット順一覧表
第４４類「home-visit nursing care」（訪問看護　４２Ｖ０２）

＜本類に属する貸与の役務＞

「植木の貸与」（４２Ｘ０３）

「農業用機械器具の貸与」（４２Ｘ０５）

「医療用機械器具の貸与」（４２Ｘ０９）

このサービスは、専ら医療に用いられる機械器具の貸与が該当し、例えば、「医療用Ｘ線装置の貸与」及び「超音波診断装置の貸与」が属します。

ただし、このサービスと類似群が同じですが、「医療用器具の滅菌装置の貸与」は第３７類に属します。

参照：役務のアルファベット順一覧表
第３７類「rental of sterilizers for medical instruments」（医療用器具の滅菌装置の貸与　４２Ｘ０９）

「漁業用機械器具の貸与」（４２Ｘ１７）

「美容院用又は理髪店用の機械器具の貸与」（４２Ｘ２３）

「芝刈機の貸与」（４２Ｘ２６）

第４５類　冠婚葬祭に係る役務その他の個人の需要に応じて提供する役務（他の類に属するものを除く。）、警備及び法律事務

【類見出し】
法律業務；
有形財産及び個人の身体的保護のためのセキュリティサービス；
交際相手の紹介、オンラインによるソーシャルネットワーキングサービスの提供；
葬儀サービス；
ベビーシッティング.

【注釈】
第４５類には、主として、法律及び警備、並びに個々の需要に応じて他人が提供する特定の人的及び社会的サービスを含む。

この類には、特に、次のサービスを含む：
仲裁及び調停；
インターネットドメイン名の登録；
法令遵守及び法規制遵守のための監査；
個人の身体的安全及び有形財産の安全に関する調査及び監視サービス、例えば、護衛、探偵による調査、身元調査、手荷物のセキュリティ検査；
社会的イベントに関し、個人に提供されるサービス、例えば、社交界における付き添い、結婚式の企画及び手配；
宗教儀式の実施、埋葬；
ペットの世話、犬の散歩の代行；
衣服の貸与.

この類には、特に、次のサービスを含まない：
個々の需要に応じて他人が提供する、賃貸の目的物によって提供されるサービスが他の類に属する、特定の賃貸サービス、例えば、アパートの貸与（第 36 類）、自動車の貸与（第 39 類）、一時宿泊施設の提供（第 43 類）
旅行者の添乗又は案内（第 39 類）；
安全な輸送、例えば、貴重品の警備輸送、装甲車両による輸送（第 39 類）；
パーティの企画（第 41 類）；
宗教教育を含む、あらゆる形態の教育を行うサービス（第 41 類）；
娯楽又はレクリエーションを基本的な目的とするサービス（第 41 類）；

コンピュータセキュリティ及びインターネットセキュリティに関する指導及び助言並びにデータの暗号化処理（第42類）;
人又は動物のための医療ケア、衛生又は美容ケア（第44類）.

【解説】

「着物の着付け」（４２Ｃ０１）

このサービスは、他人に着物を体裁よく着せることが該当します。

なお、このサービスと類似群が同じですが、「美容　理容」は第４４類に属します。

「ファッション情報の提供」（４２Ｇ０３）

このサービスは、ファッションに関する情報の提供が該当します。

「結婚又は交際を希望する者へのパートナーの紹介」（４２Ｈ０１）

このサービスは、結婚紹介業者及び結婚相談所等が提供するものが該当します。

また、「オンラインによるソーシャルネットワーキングサービスの提供」もこのサービスに類似するものとして本類に属します。

参照：役務のアルファベット順一覧表

第４５類「online social networking services」（オンラインによるソーシャルネットワーキングサービスの提供　４２Ｈ０１）

「婚礼（結婚披露を含む。）のための施設の提供」（４２Ｈ０２）

このサービスは、結婚式又は結婚披露のための施設を利用させるものが該当します。

なお、このサービスと類似群は異なりますが、「研修施設の提供」は第４１類、「会議室の貸与　展示施設の貸与」は第４３類に属します。

「葬儀の執行」（４２Ｊ０１）

このサービスは、葬儀業者が提供するものが該当します。

「墓地又は納骨堂の提供」（４２Ｊ０２）

このサービスは、墓地又は納骨堂を使用させるものが該当します。

「工業所有権に関する手続の代理又は鑑定その他の事務　訴訟事件その他に関する法律事務　登記又は供託に関する手続の代理」（４２Ｒ０１）

これらのサービスには、法律家によって提供される法律事務に関するものが含まれます。

「工業所有権に関する手続の代理又は鑑定その他の事務」は、主に弁理士又は弁理士法人によって提供される法律事務に関するサービスです。

「訴訟事件その他に関する法律事務」は、主に弁護士又は弁護士法人によって提供される法律事務に関するサービスです。

「登記又は供託に関する手続の代理」は、主に司法書士又は司法書士法人によって提供される法律事務に関するサービスです。

「著作権の利用に関する契約の代理又は媒介」（４２Ｒ０２）

このサービスは、著作権の利用に関する契約の代理又は媒介が該当します。

また、「著作権の管理」もこのサービスに類似するものとして本類に属します。

「社会保険に関する手続の代理」（４２Ｒ０３）

このサービスには、主に社会保険労務士等によって提供される法律事務に関するサービスが含まれます。

なお、生命保険及び損害保険に関する手続の代行に関しては、このサービスには含まれず、第３６類に属します。

「施設の警備　身辺の警備　雑踏警備」（４２Ｔ０１）

「施設の警備」は、事務所、住宅、倉庫、工場、興行場、駐車場、遊園地等における盗難、火災等の事故の発生を警戒し防止するサービスです。

「身辺の警備」は、人身の安全を確保するサービスです。

「雑踏警備」は、人若しくは車両の雑踏する場所又はこれらの通行に危険のある場所における負傷等の事故の発生を警戒し、防止するサービスです。

「個人の身元又は行動に関する調査」（４２Ｕ０１）

このサービスは、個人を対象とした経歴、人物の調査及び追跡調査等をするものが該当します。

なお、個人の資産などの財政・金融に関する信用調査である「個人の金融の信用に関する調査」は第３６類に属します。

「占い　身の上相談」（４２Ｕ０２）

これらのサービスは、星占いや手相占いなどの「占い」や、「身の上相談」が該当します。

「ペットの世話」（４２Ｖ０４）

このサービスは、ペットシッター等が飼い主に代わって一時的に「ペットの世話」を行うことに関するものが該当します。

なお、このサービスと類似群は同じですが、「動物の宿泊施設の提供」は第４３類に、また、「動物の飼育　動物の治療　動物の美容」は第４４類に属します。

このサービスと類似群は異なりますが、「動物の調教」は第４１類に属します。

「乳幼児の保育（施設において提供されるものを除く。）」（４２Ｗ０１）

このサービスは、ベビーシッター等によって提供される、需要者の自宅等における乳幼児の一時保育に関するものが該当します。

なお、児童福祉法に規定される児童福祉施設のうち保育所が提供する保育に関するサービスについては、このサービスには含まれず、第４３類「保育所における乳幼児の保育」に属します。

「家事の代行」（４２Ｗ０３）

このサービスは、専ら日常的な家事（家庭内での買い物・調理・清掃・洗濯等）全般を、その家の人に代わって、行うものが該当します。

「後見」（４２Ｗ０５）

＜本類に属する貸与の役務＞

「金庫の貸与」（３９Ｌ０８）

このサービスは、金庫（金銭その他重要書類をおさめ、盗難や火難を防ぐための鉄製の箱）を貸与するものが該当します。

なお、銀行が貴重品や有価証券などを、持主から料金をとって保管する「有価証券・貴金属その他の物品の保護預かり」は第３６類に属します。

「衣服の貸与」（４２Ｘ０２）

「祭壇の貸与」（４２Ｘ０６）

「火災報知機の貸与　消火器の貸与」（４２Ｘ０８）

「装身具の貸与」（４２Ｘ３０）

3
備　考

備考

別表に掲げられていない商品又は役務の分類に際しては、千九百六十七年七月十四日にストックホルムで及び千九百七十七年五月十三日にジュネーヴで改正され並びに千九百七十九年十月二日に修正された標章の登録のための商品及びサービスの国際分類に関する千九百五十七年六月十五日のニース協定第一条に規定する国際分類の一般的注釈に即するものとし、次のいずれかに従うこととする。

（1）完成品である商品は、その機能又は用途に従って、別表に掲げられている比較の可能な他の完成品から類推して分類する。

（2）原材料となる商品は、別表に掲げられている比較の可能な他の原材料から類推して分類する。

（3）他の特定の商品の一部となることのみを用途とする商品は、当該他の特定の商品と同一の類に分類する。

（4）商品は、その主たる原材料に従って分類する。

（5）容器は、その収容する商品と同一の類に分類する。

（6）役務は、別表に掲げられている比較の可能な他の役務から類推して分類する。

（7）役務の提供の用に供される物品の貸与は、当該役務と同一の類に分類する。

（8）助言、指導及び情報の提供は、その内容に対応する役務と同一の類に分類する。

デザイン原案　株式会社丸井工文社

商品及び役務の区分解説
〔国際分類第１２－２０２４版対応〕

1960年（昭和35年）６月１日　初　版　発　行
1980年（昭和55年）４月７日　改　訂　版　発　行
1992年（平成４年）３月25日　改訂第２版発行
1996年（平成８年）12月25日　改訂第３版発行
2001年（平成13年）12月25日　改訂第４版発行
2007年（平成19年）11月30日　改訂第５版発行
2012年（平成24年）７月31日　改訂第６版発行
2024年（令和６年）７月23日　改訂第７版発行

編　集　　特許庁商標課

発　行　　一般社団法人　発明推進協会

発行所　　一般社団法人　発明推進協会
〒105-0001　東京都港区虎ノ門２－９－１
（編集）電　話　東　京　03（3502）5433
（販売）電　話　東　京　03（3502）5491
Ｆａｘ．東　京　03（5512）7567

ISBN978-4-8271-1405-8 C3032　　印刷・製本　株式会社丸井工文社

乱丁・落丁本はお取替えいたします。　　Printed in Japan

発明推進協会 HP：https://www.jiii.or.jp/